中等职业教育"十二五"规划教材

中职中专会计类专业系列教材

企业会计信息化应用教程

张建强　主　编

闵亨锋　副主编

科学出版社

北　京

内 容 简 介

用友 T3 管理系统是由用友公司开发，针对中小企业财务、业务一体化管理的财务软件，功能全面、操作简单。

本书以用友 T3 为载体，采用项目化的编排方式，以企业业务发生顺序和工作任务为中心组织教材内容，以企业一个月内所发生的经济业务为主线，把每一个知识点分解成若干简单易懂、易于操作的任务，将"教、学、做"有机地融为一体，保证了每一个教学目标的有效实现。同时，在本书最后还提供了该企业第二个月所发生的经济业务，通过综合性训练，强化财务软件的基本操作技能。在编写体例上，本书充分考虑到中职学生的学习规律和实践操作教学的组织形式，遵循了"由浅入深、强化技能、理论够用"的原则，同时以"解惑小贴士"、"助力小贴士"等栏目，补充相关操作知识，真正实现了重点突出，知识全面。

本书既可作为中等职业教育财会类专业相关课程的教材，也可作为会计人员岗位培训、会计从业人员资格考试以及用友 T3 认证考试教材。

图书在版编目(CIP)数据

企业会计信息化应用教程/张建强主编. —北京：科学出版社，2012
（中等职业教育"十二五"规划教材·中职中专会计类专业系列教材）
ISBN 978-7-03-032803-8

Ⅰ.①企… Ⅱ.①张… Ⅲ.①信息技术-应用-企业管理-会计-中等专业学校-教材 Ⅳ.①F275.2-39

中国版本图书馆 CIP 数据核字（2011）第 235154 号

责任编辑：李 伟 / 责任校对：柏连海
责任印制：吕春珉 / 封面设计：耕者设计工作室

科学出版社 出版
北京东黄城根北街 16 号
邮政编码：100717
http://www.sciencep.com

铭浩彩色印装有限公司 印刷
科学出版社发行 各地新华书店经销

*

2012 年 1 月第 一 版 开本：787×1092 1/16
2014 年12月第三次印刷 印张：12
字数：274 000

定价：26.00 元
（如有印装质量问题，我社负责调换〈骏杰〉）
销售部电话 010-62134988 编辑部电话 010-62130874

前　言

在长期从事财会专业教学工作中，编者一直想编写一本针对性强、易于操作、便于教学的会计电算化教材。

目前，中小型企业占我国企业数量的比重超过 95%，这些企业在选择 ERP 软件时不得不面对这样的现实：有些软件功能太过强大，用在中小企业中，犹如大炮打蚊子，既浪费又不实用；有些软件功能又太过单一，无法满足企业全面信息化的需求。用友 T3 软件就是针对中小企业开发，功能涉及财务核算、购销存管理、工资管理、固定资产管理等功能于一身，完全可以满足中小企业财务、业务一体化管理的需求。另一方面，职业学校财会专业的学生，毕业后大部分都是在中小企业从事与会计岗位相关的工作，因此，熟练掌握用友 T3 软件的操作与应用，对学生今后的就业有着举足轻重的作用。用友 T3 软件的成功开发和今年全国中职财会专业学生技能大赛的成功举办，为本教材的编写提供了契机。

基于中小企业信息化的用人需求以及职业学校教学工作的需要，我们编写了这本书。本书特点主要有如下几个方面。

突出技能　强化应用　本书以工作任务为中心，以企业的业务实例为载体，将"教、学、做、练"有机地融合在一起。以学生的"做"为起点，"学"为辅助，"教"为引导，"练"为巩固，应用为目的，通过实际业务与软件的结合，将各方面的知识融会贯通，使学生学会举一反三，从而提高学生解决实际工作问题的能力。

结构清晰　内容完整　本书采用教学项目的组织形式，每个项目既独立又相互联系，同时，将每个项目分解成若干工作任务，工作任务之间循序渐进，所有工作任务的完成，也即整个教学项目的完成。本书除了安排总账、固定资产以及工资核算项目外，还将购销存模块分解为采购核算、销售核算、库存核算以及核算模块的操作等四个部分，详细讲解了购销存各个模块的操作要领，同时还专门开辟了一个教学项目，用以综合讲解购销存模块的集成使用，真正做到了结构清晰、内容完整。

通俗易懂　适用广泛　本书主要是针对中职会计类专业学生的实习实训课程而开发，并与会计电算化全国技能大赛所使用的用友软件相结合。目前，针对中职学生的会计电算化教材比较缺乏，已经出版的同类书籍存在理论性强、操作性差的弊端，不适合中职学生的学习习惯。本教材依据理论够用的原则，尽量减少理论性的阐述，更加注重实践操作。内容上以某一企业一个月所发生的经济业务为主线，将企业财务会计中所涉及的各类常见经济业务串联在一起，打破以往以业务环节或岗位分工为基础的编写体系，以此强化学生对企业运行的总体把握。本书既可作为中等职业教育会计类专业相关课程的教材，也可作为会计人员岗位培训、会计从业人员资格考试以及用友 T3 认证考试教材。

本书参考教学学时数为 90 学时，其学时安排建议方案如下表所列。

课程内容	参考课时
项目 1：创建企业账套	3
项目 2：设置基础信息	6
项目 3：子系统参数设置	6
项目 4：采购业务核算	6
项目 5：销售业务核算	6
项目 6：库存业务核算	4
项目 7：成本业务核算	12
项目 8：购销存集成应用	4
项目 9：工资业务核算	6
项目 10：固定资产核算	6
项目 11：总账业务核算	8
项目 12：会计报表处理	3
项目 13：综合模拟训练	20
合　计	90

本书由张建强担任主编，闵亨锋担任副主编。本书在编写过程中得到了用友软件股份有限公司陈恒老师以及宁波市职成教教研室的具体指导与大力支持，在此一并表示感谢。

由于编者水平所限，书中难免有不足和错误之处，恳请读者批评指正。

目　录

项目 1
创建企业账套

项目描述

在财务、业务一体化管理应用模式下，用友 T3 管理系统为各个子系统提供了一个公共平台——系统管理。在系统管理中实现的主要功能包括：系统账套的建立、修改、备份与恢复，子系统的启用，操作员管理等。本项目是在熟悉企业基本概况后，根据企业的基本资料，为企业创建系统账套，启用包括固定资产、总账、核算、工资管理及购销存管理等在内的各模块，指定账套主管，根据各模块的需要设置相应操作员并赋予相应权限。

教学目标

◇ 了解模拟企业的基本概况。
◇ 掌握企业账套的建立与子系统的启用。
◇ 掌握操作员的管理及相应操作权限的设置。

任务 1.1　了解模拟企业的基本概况

在创建模拟企业账套之前，首先必须了解企业的基本情况，包括企业所属的行业类型、单位信息及与财务核算有关的其他信息。在后续项目中的所有操作均围绕该企业进行，因此，完成本任务是学习后续操作流程的前提和基础。

一、企业简介

宁波飞达制衣有限公司（简称飞达制衣）是宁波市一家专业生产服装的工业企业，其主打产品是男西装套装。该公司成立于 2010 年，占地面积 15 000 平方米，建筑面积 6 000 平方米，现有专业技术人员十余人，操作工人 100 多人，属于劳动密集型企业。该企业生产的男女西装套装主要销往浙江省的各个地区，且销量稳定。

飞达制衣的生产部门设有裁剪车间、制衣车间和整烫车间，公司的管理部门主要设有办公室及主要职能科室，如采购科、销售科和财务科等。公司还设有材料仓库、辅料仓库、成品仓库，各仓库设有相应的后勤管理人员。

二、企业基本信息

企业名称	宁波飞达制衣有限公司（简称飞达制衣）
企业地址	宁波市鄞州区古林路 1 号
邮政编码	315000
联系电话	0574-88888888
传真	0574-88888888
电子邮箱	feidazhiyi@163.com
法人代表	刘德江
企业性质	工业企业
注册资金	300 万元整
经营范围	生产、销售服装，全部国内销售
纳税人登记号	33026765432
企业代码	12345678-9
基本存款账户	中国工商银行宁波市鄞州支行
基本存款账号	6222020101231

三、企业核算信息

飞达制衣为一般纳税人，适用增值税税率为 17%，城建税税率为 7%，教育费附加为 4%，企业所得税税率为 25%。税金在期末计提，次月 15 日前上缴，所得税采用每季预缴，年终汇算清缴。财务核算执行 2007 年《企业会计准则》和《会计基础工作规范》。记账本位币为人民币，无外币核算业务。

存货要求分类核算，计价采用实际成本法，购入的材料按运输发票上的运输费用的7%计算进项税额进行抵扣。领用的原材料、发出的库存商品均采用加权平均法计价，其中领用的周转材料，在发出时一次性计入相关的成本费用。

四、企业生产工艺流程

飞达制衣属于小型服装加工厂，设有裁剪车间、制衣车间、整烫车间及若干管理科室。主要产品的生产工艺流程是：裁剪车间从材料仓库领用成品布匹，根据打样片进行裁剪，制衣车间从裁剪车间领用裁减后的布片及在辅料仓库领用服装辅料进行流水线缝制，成衣后发往整烫车间，整烫车间进行整烫、包装及装箱，经检验合格后，送往成品仓库。

企业的内部财务制度、人员分工及其他具体信息将在系统各模块初始化阶段详细介绍。

任务 1.2   建立企业账套

在运行账务系统之前，首先要建立本单位的账套，建立账套的过程就是在系统中建立企业的基本信息、核算方法、业务流程、编码方案的过程。在手工条件下，企业要根据本身经济业务的特点和管理的需要，设置总账、明细账等若干账簿，用以记录企业资金运动变化及其结果，并且当企业存在多个会计主体时，需要设立不同的账簿体系进行单独核算。每个会计主体的账簿体系在计算机中表现为单独的账套，即一个账套包含了手工条件下的总账、明细账等若干账簿，它在计算机中以数据库的方式存储。账套一旦建立，企业财务处理的整套数据都将保存在这个账套中。

用友 T3 管理系统最多允许建立 999 套企业账套，账套编号为 001～999，不能重复。但一般情况下，一个企业只需建立一个账套就够了。账套的建立在"系统管理"中进行。

一、进入系统

用友 T3 管理系统由多个相对独立又相互关联的子系统构成，在企业财务、业务一体化管理的模式下，用友 T3 管理系统为各个子系统提供了一个共同的平台——系统管理，其主要功能是对各个子系统进行统一的操作管理和数据维护。由于系统管理在整个财务软件中具有重要的地位和作用，所以，系统管理只允许系统管理员和账套主管进入。

系统管理员具有系统里最高的权限，除了负责整个系统的安全运行和数据维护外，还可以指定账套主管，建立、备份及恢复账套，也可以设置其他操作员，并赋予他们相应的权限。

账套主管是系统管理员在创建企业账套时指定管理相应账套的操作员，除了负责指定账套的维护工作外，也可以设置该账套的操作员并赋予其相应权限。

一般情况下，软件的说明书中会写明系统管理员的用户名和密码，直接询问售后服务人员也可得到系统管理员的用户名和密码。

本任务是用系统管理员身份注册登录系统并添加操作员。

本任务中系统管理员的用户名为"admin"，密码为空。

具体操作步骤如下所示。

第一步　选择"开始"→"所有程序"→"用友 T3 系列管理软件"→"用友 T3"→"系统管理"命令，打开"T3-用友通标准版【系统管理】"窗口。

第二步　在系统管理窗口上方选择"系统"→"注册"命令，打开"注册【控制台】"对话框，在"用户名"文本框中输入"admin"后单击"确定"按钮进入系统，如图 1.1 所示。

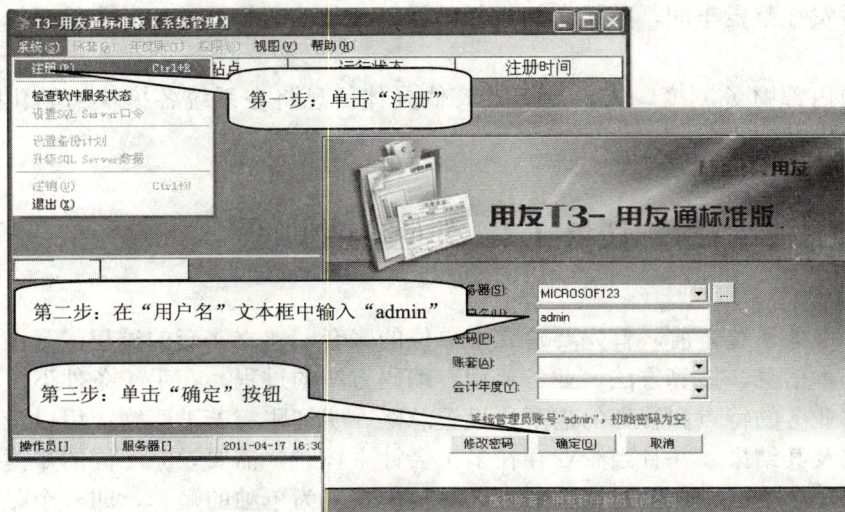

图 1.1　以系统管理员身份进入系统

自己做

请同学们以系统管理员的身份进入系统。

解惑小贴士：

1）当第一次在"注册【控制台】"对话框的"用户名"文本框中输入"admin"后，"确定"按钮呈灰色不可用状态，这时候不要着急，单击下面密码空白处就可以了。

2）当进行系统注册，计算机提示无法连接服务器时，这很有可能是用友通服务尚未开启，尝试以下操作，看能否解决问题：在"T3-用友通标准版【系统管理】"窗口，选择"系统"→"检查软件服务状态"命令，在弹出的对话框中单击"确定"按钮即可。如果这样还解决不了问题，那只有请教老师或者用友公司的技术人员了。

二、企业账套的创建与启用

在用友 T3 管理系统中，系统已经设置了建账向导，用来引导用户的建账过程，用户只需要按向导提示，将相关信息填入相应栏内即可。本任务将为模拟企业建立账套并启用相关模块。

具体操作步骤如下所示。

　　第一步　以系统管理员 admin 的身份注册进入"T3-用友通标准版【系统管理】"窗口。

　　第二步　在"T3-用友通标准版【系统管理】"窗口中选择"账套"→"建立"命令，打开"创建账套"对话框的"账套信息"页面，如图 1.2 所示。

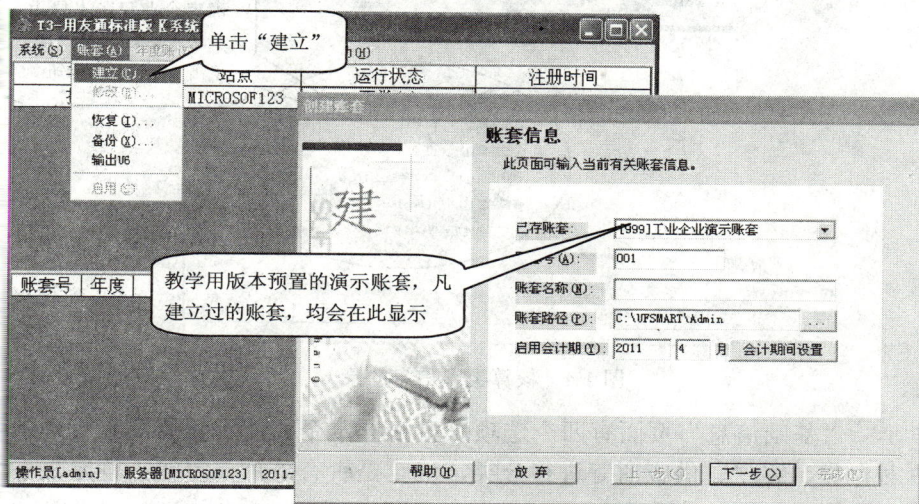

图 1.2　输入账套信息

　　解惑小贴士： 已存账套的作用是告诉用户系统已经存在了哪些账套，以防止重复建账。账套号是企业账套的唯一标志，在使用同一数据库的情况下，账套号不得重复。账套保存的路径与启用会计期间可根据企业的实际需要进行修改。

　　第三步　账套信息输入完毕后，单击"下一步"按钮，出现"单位信息"页面，这一部分内容主要包括单位名称、单位简称、单位地址、法人代表、邮政编码、联系电话、传真、电子邮件及税号等信息。将上述信息输入相应的栏目内后单击"下一步"按钮，如图 1.3 所示。

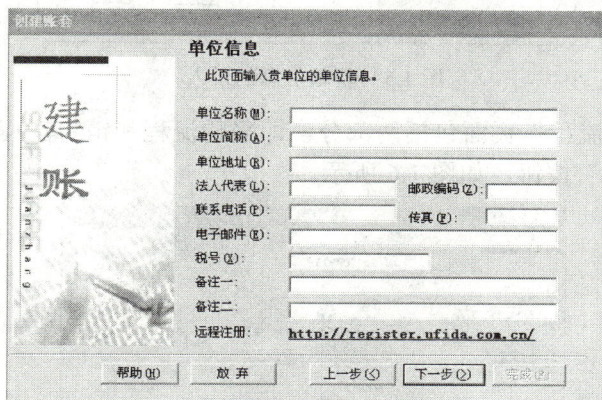

图 1.3　输入单位信息

　　第四步　在"核算类型"页面中，主要包括企业的记账本位币、企业的类型和性质及账套的主管等信息，如图 1.4 所示。在最下面有一个"按行业性质预置科目"复选框，若选中，则系统会自动按照上面所选择的企业类型将该类型企业适用的一级会计科目预置在系统内，免去了操作者逐个录入的麻烦。核算类型确定后单击"下一步"按钮，出现分类基础信息页面。

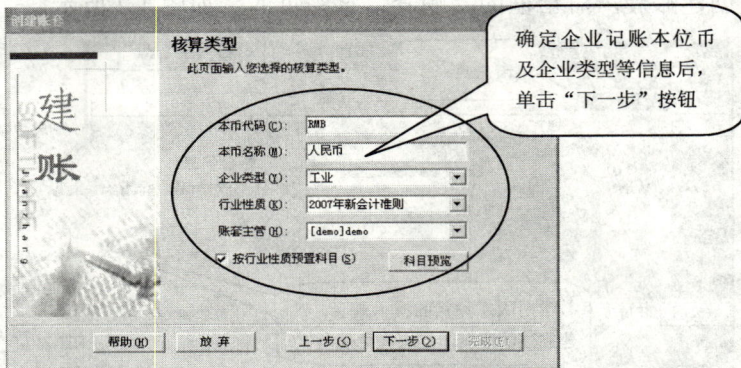

图 1.4　核算类型信息的录入

第五步　"基础信息"页面有四个选项，可根据本企业的实际情况和管理的需要，决定是否对存货、客户、供应商等进行分类，确定是否有外币核算等。确定之后，单击"下一步"按钮，如图 1.5 所示。

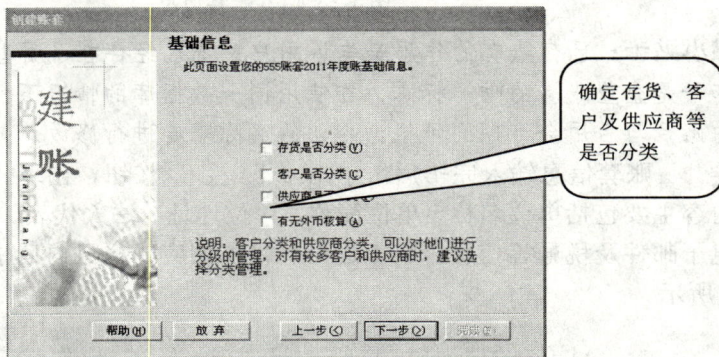

图 1.5　基础信息的录入

第六步　"业务流程"页面包括两部分，即采购流程和销售流程，默认标准流程即可。然后单击"完成"按钮，如图 1.6 所示。

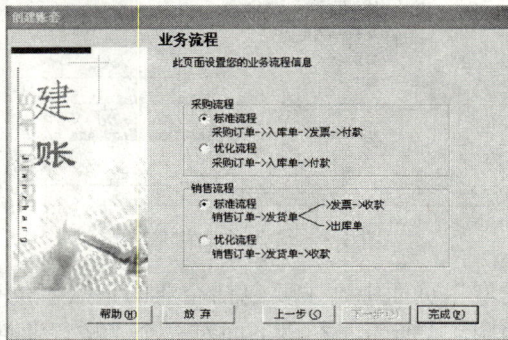

图 1.6　业务流程选择

　　第七步　在单击"完成"按钮确认创建账套后，会弹出"分类编码方案"对话框。分类编码方案是为了方便计算机操作而对会计科目等内容设置的数字编码，对账套中所有涉及的代码，都应遵循相应的编码定级规则对其进行分级定义。每一类编码都规定了最大级数、代码最大长度及单级最大长度，比如会计科目的编码级次最大级数为 9 级，代码最长为 15 位，每一级最大长度为 9 位数。如 4－2－2－2 表示会计科目代码由 4 级组成，第一级表示总分类科目，由 4 位数表示，第二级表示二级明细科目，由 2 位数表示，第三级表示三级明细科目，由 2 位数表示，第四级表示四级明细科目，由 2 位数表示，以此类推，但级数最多不能超过 9 级，每一级最大不能超过 9 位数，代码总长不能超过 15 位数，具体如图 1.7 所示。

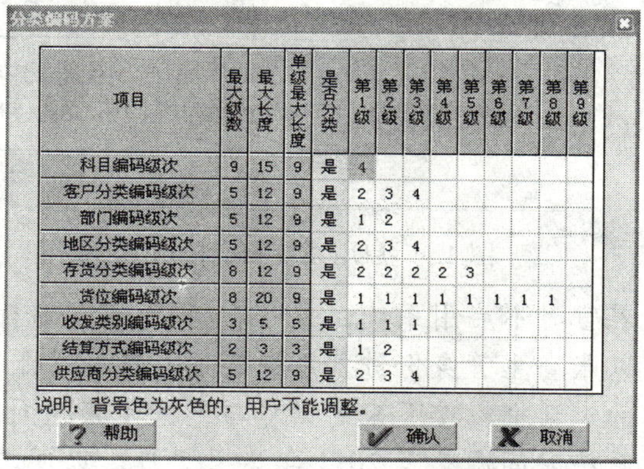

项目	最大级数	最大长度	单级最大长度	是否分类	第1级	第2级	第3级	第4级	第5级	第6级	第7级	第8级	第9级
科目编码级次	9	15	9	是	4								
客户分类编码级次	5	12	9	是	2	3	4						
部门编码级次	5	12	9	是	1	2							
地区分类编码级次	5	12	9	是	2	3	4						
存货分类编码级次	8	12	9	是	2	2	2	2	3				
货位编码级次	8	20	9	是	1	1	1	1	1	1	1	1	
收发类别编码级次	3	5	9	是	1	1	1						
结算方式编码级次	2	3	9	是	1	2							
供应商分类编码级次	5	12	9	是	2	3	4						

说明：背景色为灰色的，用户不能调整。

图 1.7　确定各个项目的分类编码方案

　　第八步　确定了分类编码方案之后，接下来要确定财务核算过程中的数据精度定义，即小数点后保留几位。一般情况下，存货数量、单价、件数都保留小数点后 2 位即可，换算率一般保留小数点后 4 位。单击"确认"按钮后，系统提示创建账套成功，如图 1.8 所示。

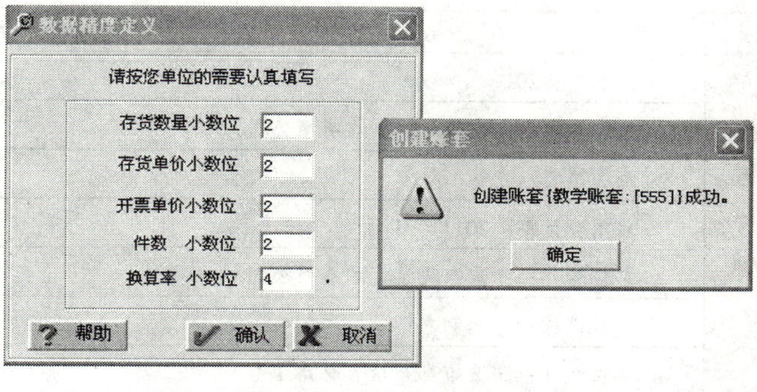

图 1.8　数据精度定义

　　第九步　在确定创建账套成功后，系统会提示"是否立即启用账套"，单击"是"按钮，出现"系统启用"对话框，根据企业需要，可以在此选择相应系统的复选框，在弹出的"日历"对话框中确定系统启用的日期，在弹出的提示信息中单击"是"按钮，则相应的系统启用完毕，然后根据需要选中其他系统的复选框。启用完毕后，单击"退出"按钮，如图 1.9 所示。

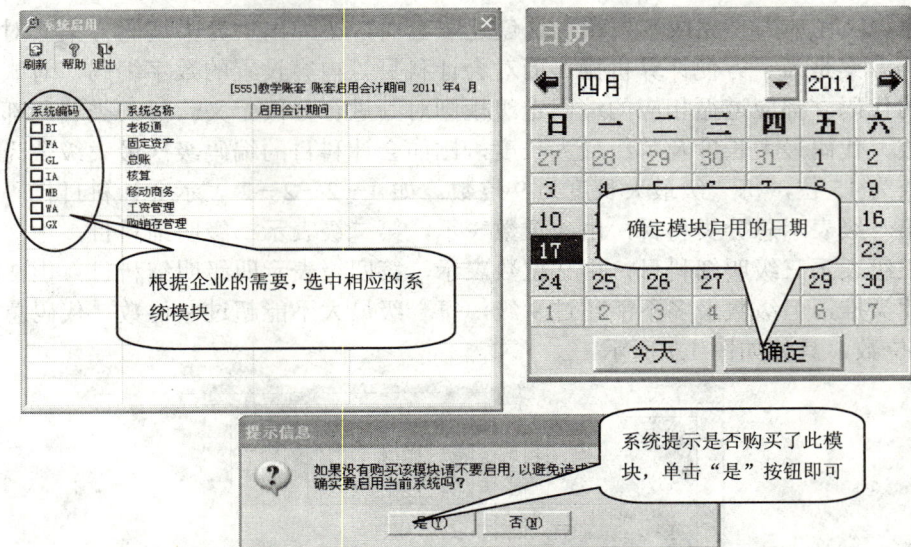

图 1.9　启用系统相应模块

解惑小贴士：此处若暂时不启用系统，也可在"T3-用友通标准版【系统管理】"窗口启用，具体方法是：以账套主管身份进入系统管理，选择"账套"→"启用"命令，也会出现如图 1.9 所示的对话框，接下来的操作与上述步骤相同。另外，在模拟建账之前，首先需要将计算机系统时间调整至 2011 年 1 月 1 日，以便与模拟企业时间相一致。具体方法为：双击计算机屏幕右下角的时间标志，在出现的对话框中将时间调整为要求时间，然后单击"确定"按钮。当然，在实际工作中，则无需调整系统时间，何时建账、保时使用，均根据企业的实际情况而定。在进行模拟操作时，也可以电脑系统日期为准，若如此，则此后凡涉及日期的操作均以系统日期为准。

■ **自己做**

账套信息	账套号：201
	账套名称：宁波市飞达制衣有限公司
	账套路径：默认
	启用会计期：2011 年 1 月
单位信息	单位名称：宁波市飞达制衣有限公司
	单位简称：飞达制衣
	单位地址：宁波市鄞州区古林路 1 号
	法人代表：刘德江
	邮政编码：315000
	联系电话：0574-88888888
	传真：0574-88888888
	电子邮件：feidazhiyi@163.com
	税号：33026765432

续表

核算类型	本币代码：RMB
	本币名称：人民币
	企业类型：工业企业
	行业性质：2007年新会计准则
	账套主管：刘德水（此时可以demo代替）
	预置科目：预置
基础信息	存货、客户、供应商均分类，无外币核算
业务流程	标准
编码方案	科目编码：4-2-2-2-2
	客户分类编码：2-2-3
	供应商分类编码：2-2-3
	存货分类编码：2-2-2-2
	其余编码方案采用默认值
数据精度	除换算率小数位为4位外，其余均为2位
启用模块	固定资产、总账、核算、工资管理、购销存管理
启用日期	2011年1月1日

助力小贴士

为保障企业财务数据的安全，定期将企业数据备份到不同的介质上是非常必要的，一旦系统内的数据遭到破坏，可以通过将最近一次备份的数据引入系统使损失降到最低。账套可以通过手动进行备份，也可以设置自动备份计划让系统自动备份。

手动备份的具体操作步骤如下所示。

第一步 以系统管理员身份注册进入"T3-用友通标准版【系统管理】"窗口。

第二步 选择"账套"→"备份"命令，弹出"账套输出"对话框。

第三步 在"账套号"下拉列表中选择将要备份的账套，单击"确定"按钮。注意：不可选中"删除当前输出账套"复选框，否则，在备份账套的同时，会自动删除系统内的账套（如果想要删除没用的账套，可以用这个方法）。

第四步 之后，系统对将要备份的账套进行压缩处理，在压缩完成后弹出的"选择备份目标"对话框中选择存放备份的文件夹后，单击"确定"按钮，完成备份。

自动备份的具体操作步骤如下所示。

第一步 以系统管理员身份注册进入"T3-用友通标准版【系统管理】"窗口。

第二步 选择"系统"→"设置备份计划"命令，在弹出的"备份计划设置"对话框中单击"增加"按钮。

第三步 在弹出的"增加备份计划"对话框中，依次输入如下信息。

计划编号：为自动备份计划指定编号，如"001"。

计划名称：为自动备份计划确定名称，如"备份001账套数据"。

备份类型：是账套备份还是年度备份，一般平时的备份可选择"账套备份"。

发生频率：是指多长时间备份一次，可选"每天"、"每周"和"每月"。

发生天数：发生频率选择"每周"时，发生天数为 1～7 的数字，对应星期一至星期日；发生频率选择"每月"时，发生天数为 1～31 的数字，若某月份中并无发生天数所指定的日期，则系统自动选择当月最后一天进行备份。

开始时间：是指开始自动备份的时间点，可输入下班前的某个时间点。

有效触发：是指在备份开始后，每隔一定时间进行一次触发检查，若备份不成功，则系统会自动重新备份。

保留天数：是指被备份的数据在计算机里的保存时间，若选择 0，则系统永不删除备份（对于日常数据的备份，最好不要选择 0，否则重复备份的数据会挤占大量的硬盘资源）。

备份路径：选择备份数据存放的地点。

选择账套和年度：选中在列表中出现的将要被备份的账套，然后单击"增加"按钮。

恢复账套的具体操作步骤如下所示。

第一步　以系统管理员身份注册进入"T3-用友通标准版【系统管理】"窗口。

第二步　选择"账套"→"恢复"命令，在弹出的"恢复账套数据"对话框中找到存放数据的文件夹，选中要恢复的文件后，单击"打开"按钮，在弹出的"此项操作将覆盖××账套当前的所有信息，继续吗？"警告框中单击"是"按钮完成账套数据的引入。

任务 1.3　增加操作员

　　企业级的财务软件为了数据的安全，具有操作员管理功能。在使用财务软件时，必须输入用户名和密码才能登录到系统进行相应的操作。而且，由于各个岗位的职能不同，每个操作员都有不同的权限。通过对系统操作员的分工和权限的管理，在明确各自职责、达到相互制约目的的同时，又可避免业务无关人员对系统的操作，保证系统的安全与保密。财务软件的操作员管理一般是按照企业各相关部门的人员分工进行设置。增加或删除操作员及对操作员的权限进行设置，都是由系统管理员或系统管理员指定的账套主管来进行的。本任务将为模拟企业增加操作员并为其赋予相应的权限。

　　具体操作步骤如下所示。

第一步　在"T3-用友通标准版【系统管理】"窗口，选择"权限"→"操作员"命令，打开"操作员管理"对话框，单击"增加"按钮，如图 1.10 所示。

第二步　单击"增加"按钮后，弹出"增加操作员"对话框，然后根据具体资料，将操作员的编号、姓名及口令等资料输入相应栏内，若要继续输入则再单击"增加"按钮，输入完毕后单击"退出"按钮，如图 1.11 所示。

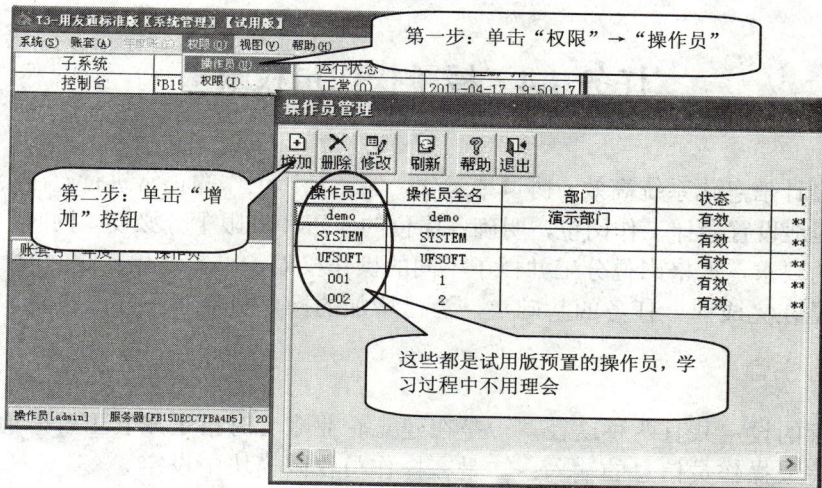

图 1.10　增加操作员

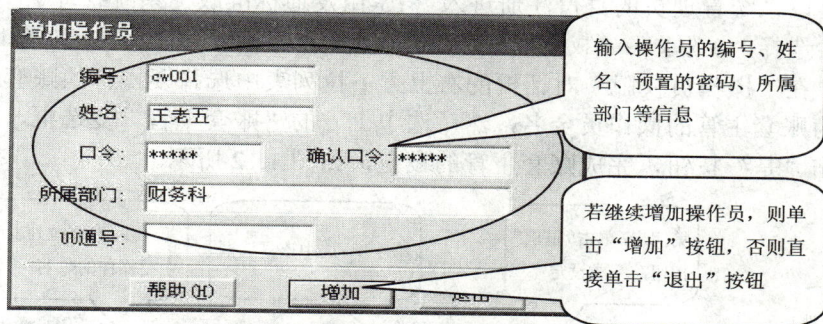

图 1.11　输入操作员信息

自己做

增加操作员：除刘德水口令为 1 外，其余为空。

编号	姓名
201	刘德水
202	赵　萍
203	刘德丽
204	朱少龙
205	李金书

助力小贴士

当某一操作员离开公司或者暂时不使用系统时，需要将该操作员删除或暂时注销。删除操作员的操作仍然在"操作员管理"对话框中完成，具体方法是：首先选中要删除的某一操作员，单击"删除"按钮，然后单击"是"按钮。如果要修改某一操作员的资料（编号不能修改），则选中该操作员后单击"修改"按钮，在弹出的"修改操作员信息"对话框中进行相应的操作即可；若要注销某一操作员，则单击"注销"按钮。

任务 1.4 授予操作员权限

为了使会计信息化系统高效、协调地运作，保证会计工作的正常进行，在会计信息化下科学、合理地设置会计工作岗位，明确各岗位的职责和权限十分必要。同时，应根据企业内部控制的要求，严格岗位分工并授予不同的操作权限，以实现相互制约的目的。

本任务是在完成前一任务的基础上，为已增加的操作员赋予不同的权限。

一、指定账套主管

账套主管的设定共有两种途径，一是在建立企业账套时指定账套主管，前提是在建账之前必须完成操作员信息的输入；二是在操作员权限模块中设定。

具体操作步骤如下所下。

第一步 以系统管理员的身份注册进入"T3-用友通标准版【系统管理】"窗口。

第二步 选择"权限"→"权限"命令，弹出"操作员权限"对话框，如图 1.12 所示。

第三步 在"操作员权限"对话框的右上方下拉列表中选择要操作的账套，左边选中将要指定为账套主管的操作员全名，然后选中上方的"账套主管"复选框，在弹出的警告框上单击"是"按钮，完成账套主管的设定，如图 1.12 所示。

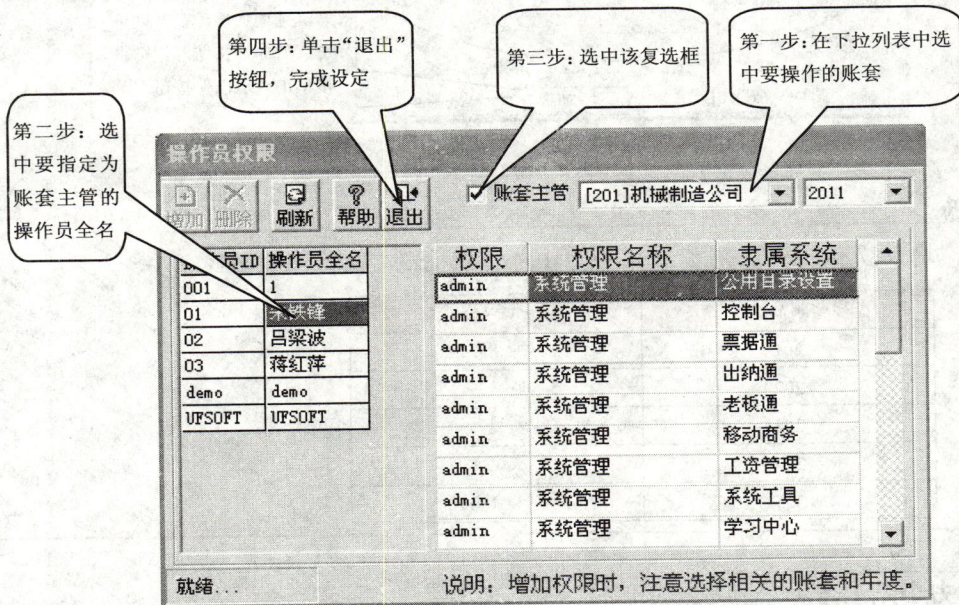

图 1.12 设定账套主管

自己做

指定刘德水为该企业账套主管。

解惑小贴士：同学们一定会发现，当你选择"[201]机械制造公司"账套并选中"朱铁锋"后，账套主管的复选框已经是选中的。这是因为我们在前面建账时已经指定了朱铁锋为账套主管，所以此处才会如此显示。但若由于工作岗位调动等原因，账套主管不再是朱铁锋时，系统管理员可以在此处取消朱铁锋的账套主管职位而改换其他人。取消某账套主管只需要取消选中该复选框即可。

二、设置操作员权限

除账套主管外的其他操作员的权限赋予，可由系统管理员进行，也可由账套主管进行。区别在于，系统管理员可为所有账套的操作员设定权限，而账套主管只能为自己所管辖账套的操作员设定权限。

具体操作步骤如下所示。

第一步　以系统管理员（或账套主管）的身份注册进入"T3-用友通标准版【系统管理】"窗口。

第二步　选择"权限"→"权限"命令，弹出"操作员权限"对话框，先在账套列表中选择要操作的账套，然后在左边操作员列表中选中要赋权的操作员全名，单击左上角"增加"按钮，如图 1.13 所示。

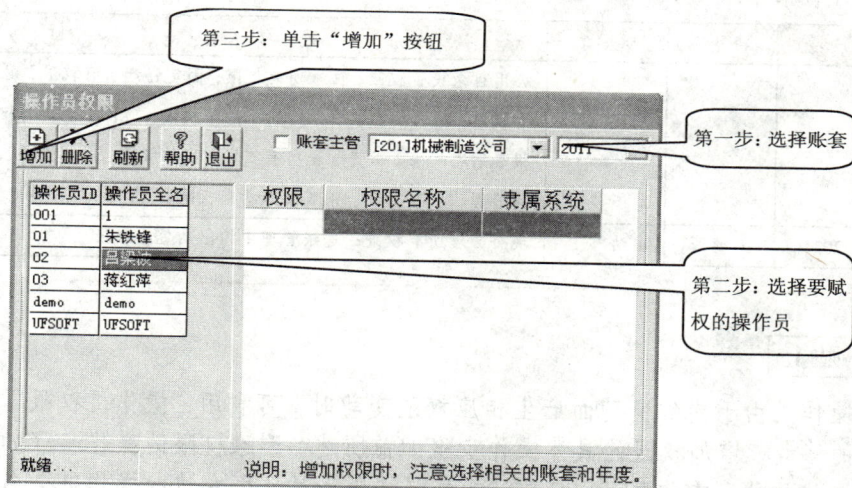

图 1.13　选定操作员

第三步　在弹出的"增加权限"对话框中，双击左边"总账"选项，为指定操作员赋予有关总账的所有权限，如图 1.14 所示。

解惑小贴士：在"增加权限"对话框中有左右两个部分，左边为"产品分类选择"，是用友 T3 管理系统中不同模块的总权限，比如，要赋予某操作员所有总账的权限，则在"增加权限"对话框左边双击"总账"即可，此时总账权限下的所有明细权限均已被授权。右边为"明细权限选择"，为各个模块总权限下的明细权限项目，若某操作员只享有模块总权限下的部分权限，则可在右边明细权限中双击选择，或者在选中模块总权限的情况下，双击右边需要删除的权限即可。

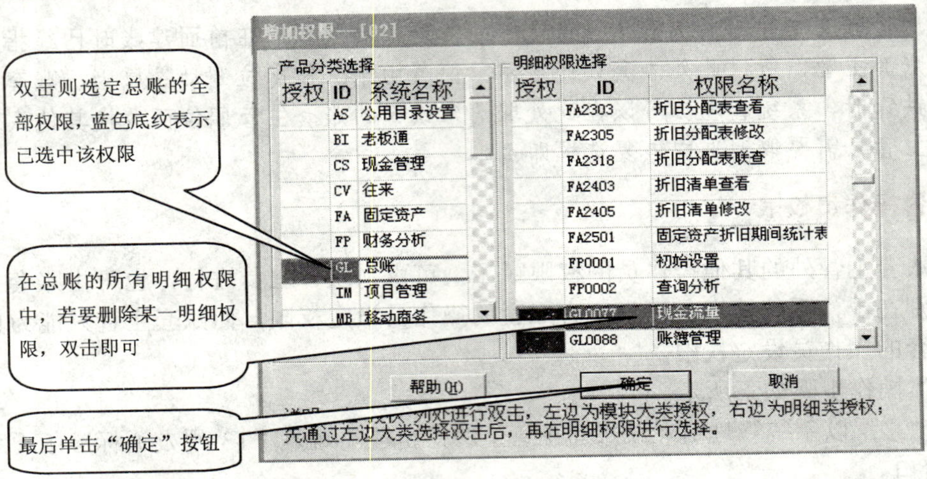

双击则选定总账的全部权限，蓝色底纹表示已选中该权限

在总账的所有明细权限中，若要删除某一明细权限，双击即可

最后单击"确定"按钮

图 1.14　增加操作员权限

自己做

为以下操作员增加相应的权限。

编号	姓名	职责	权　限
202	赵萍	会计	公用目录设置权限；往来所有权限；固定资产所有权限；财务分析所有权限；除出纳签字以外的所有总账权限；项目管理所有权限；财务报表所有权限；工资管理所有权限；应付管理、应收管理、核算、采购管理、库存管理、销售管理所有权限
203	刘德丽	出纳	现金管理所有权限；总账管理中的出纳签字权限

助力小贴士

当某操作员由于岗位变动而产生相应权限变动时，可利用"操作员权限"对话框进行权限的修改。增加权限的具体操作步骤如前所述，删除权限的操作步骤如下：若要删除某操作员的所有权限，则选中"操作员权限"对话框左边的操作员全名，单击上方的"删除"按钮，然后单击"确定"按钮；若只删除个别明细权限，则选中操作员全名后，在右边再选中将要删除的具体明细权限，然后单击上方的"删除"按钮。所有操作完成后，单击"退出"按钮即可。

如果要对已经存在的账套信息进行修改，则必须以账套主管的身份登录系统，系统管理员无法修改账套信息。在关闭系统管理模块或以账套主管身份重新登录系统管理模块时，必须首先进行注销操作，具体步骤为：选择"系统"→"注销"命令，再单击"退出"按钮或以账套主管的身份重新注册。

项目 2
设置基础信息

项目描述

在开始使用用友 T3 管理系统处理各项经济业务之前，首先要为账套设置各种基础信息，如机构设置、往来单位、存货、财务、收付结算及业务等。它不仅涉及财务部门，还会涉及业务管理部门。用友 T3 管理系统由多个子系统构成，有很多信息是各个子系统都要用到的，是整个系统运行的基础。因此，根据企业的实际情况，结合用友 T3 管理系统技术信息设置的要求，将企业的基础信息录入系统中，是运用该系统处理各种业务的前提和基础。从这个项目开始，所有操作均在用友 T3 管理系统中完成。本项目将为模拟企业设置主要基础信息。

教学目标

- ✧ 了解基础信息设置的种类与意义。
- ✧ 掌握主要基础信息的设置方法，为模拟企业设置基础信息。

任务 2.1　设置企业机构信息

企业机构信息包括部门档案和职员档案两部分，本任务就是在掌握企业机构信息设置方法的基础上，将模拟企业的部门档案和职员档案录入系统。在录入职员档案前，先要设置部门档案。

一、设置部门档案

会计信息化系统中的部门是指在会计信息化核算条件下与企业财务核算或业务管理相关的职能单位，与企业现实部门不一定一一对应。也就是说，如果某部门不进行财务核算或业务管理，则不必在系统中设置该部门。设置部门档案的目的在于按部门进行数据汇总和分析，便于信息化管理。

具体操作步骤如下所示。

第一步　双击桌面的用友 T3 管理系统图标，以账套主管的身份登录"注册【控制台】"窗口（或者选择"开始"→"所有程序"→"用友 T3 系列管理软件"→"用友 T3"→"用友 T3"命令打开程序。若使用的软件为试用版，在弹出的要求注册的警告框中单击"以后注册"按钮即可），如图 2.1 所示。

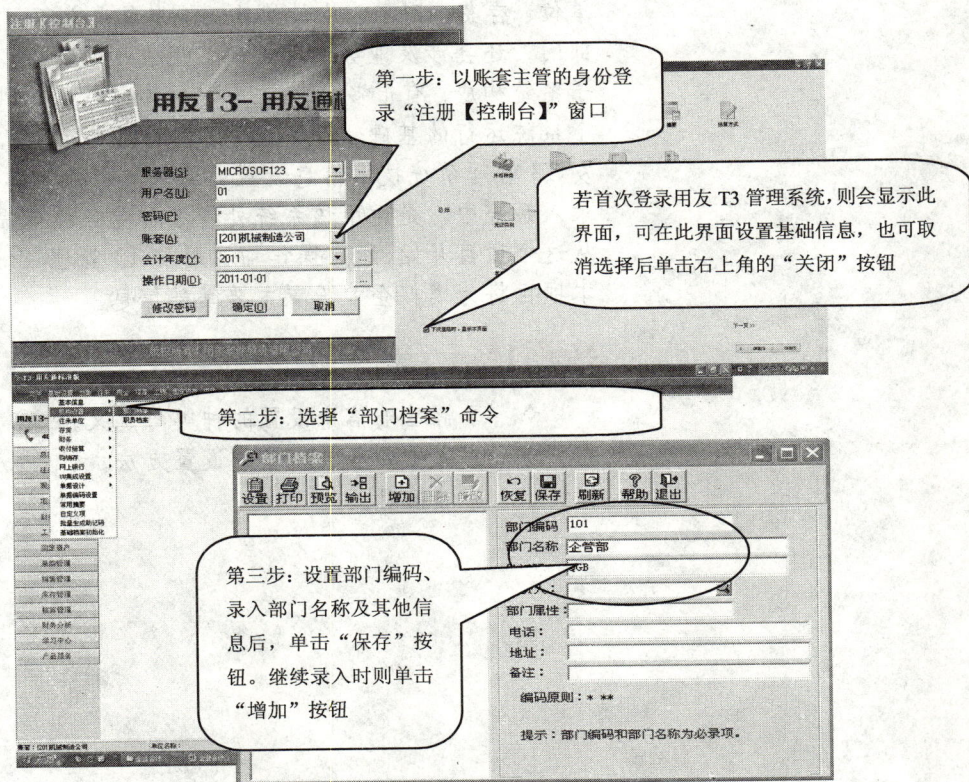

第一步：以账套主管的身份登录"注册【控制台】"窗口

若首次登录用友 T3 管理系统，则会显示此界面，可在此界面设置基础信息，也可取消选择后单击右上角的"关闭"按钮

第二步：选择"部门档案"命令

第三步：设置部门编码、录入部门名称及其他信息后，单击"保存"按钮。继续录入时则单击"增加"按钮

图 2.1　设置部门档案

第二步 如果是首次登录，则会弹出"期初档案录入"界面，此时可以选择在这里设置基础信息，也可以选择在主界面设置。取消选中界面左下角的复选框后单击"关闭"按钮，进入"T3-用友通标准版"窗口，如图2.1所示。

第三步 在"T3-用友通标准版"窗口选择"基础设置"→"机构设置"→"部门档案"命令，打开"部门档案"对话框。按照部门编码方案设置部门编码，比如模拟企业部门编码方案为1-2，则可设财务处为2，再将财务处下设的几个部门分别编码为201、202等，完成除负责人以外的信息设置后单击"保存"按钮完成某一部门档案设置，增加另外部门时再单击"增加"按钮，信息输入完毕后单击"保存"按钮，其他以此类推，如图2.1所示。

■ **自己做**

请同学们将模拟企业的以下部门信息录入系统。

部 门 编 码	部 门 名 称
1	办公室
2	财务科
3	采购科
4	销售科
5	生产车间

解惑小贴士： 在设置部门档案时，助记码无需录入，由系统自动生成。在没有设置职员档案之前，负责人一栏无需录入，其他信息的录入则根据具体情况确定。

二、设置职员档案

职员档案是指企业各职能部门中需要进行核算或业务管理的职员信息，不必将公司所有员工的信息都设置进来。比如，生产部门只需设置生产部门负责人，不用设置生产工人。具体操作步骤如下所示。

第一步 在"T3-用友通标准版"窗口选择"基础设置"→"机构设置"→"职员档案"命令打开"职员档案"对话框。

第二步 单击或双击"职员编号"、"职员名称"、"所属部门"等栏目，输入相应信息后单击"增加"按钮或按回车键，继续输入其他职员信息，输入完毕后单击"退出"按钮，在弹出的"是否保存当前记录"提示对话框中单击"是"按钮完成设置，如图2.2所示。

■ **自己做**

请同学们将以下职员档案信息录入系统。

职 员 编 号	职 员 姓 名	所 属 部 门	职 员 属 性
101	刘德江	办公室	总经理
201	刘德水	财务科	科长
202	赵萍	财务科	会计

17

续表

职 员 编 号	职 员 姓 名	所 属 部 门	职 员 属 性
203	刘德丽	财务科	出纳
301	朱少龙	采购科	科长
401	李金书	销售科	科长
501	田忠军	生产车间	车间主任

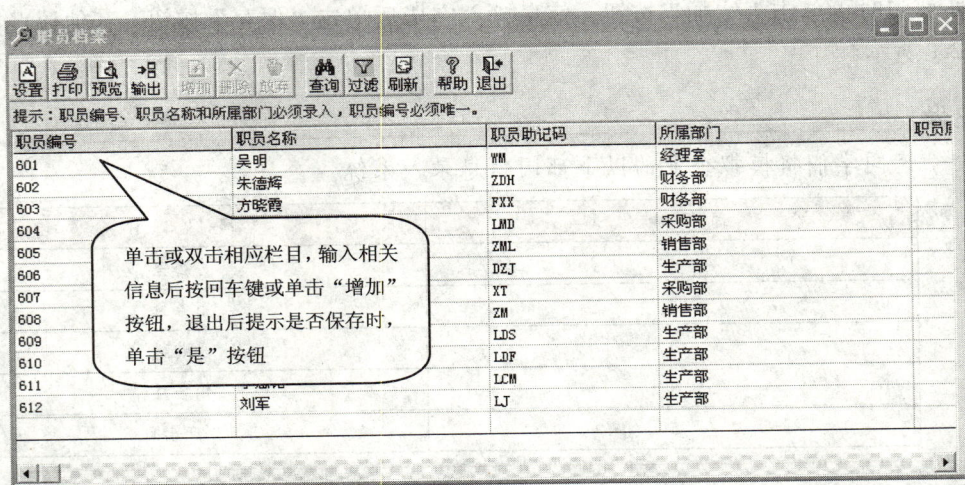

图 2.2　录入职员档案

解惑小贴士：在录入职员档案后，可重新进入"部门档案"对话框，通过部门档案的"修改"功能增加部门负责人信息。

> **助力小贴士**
>
> 　　为部门档案设置编码时须满足部门编码方案，本例中的部门编码方案为"1-2"，即一级部门编号是 1 位数字（1～9），其下属部门编号为 2 位数字（01～99）。系统并未为职员档案设置编码方案，但在同一账套内，职员的编号必须是唯一的。在设置部门档案和职员档案信息时，任何字段都禁止使用"* _ %' | ? < > & ; [ ]"等字符。

任务 2.2　设置往来单位信息

　　往来单位信息主要包括客户分类、客户档案、供应商分类、供应商档案及地区分类等，为了管理的需要及便于企业对客户和供应商进行分类管理，企业可将客户和供应商按行业、地区进行划分，然后可以根据不同的分类建立客户和供应商档案（建账时若未选中客户分类和供应商分类，则无法使用此功能）。本任务将为模拟企业设置往来单位的分类信息及档案。

一、设置客户分类

客户分类和客户档案是分开设置的，将客户分类之后，可根据不同的分类建立客户档案。对客户既可以根据行业、地区进行分类，也可以按合作时间分为长期客户、中期客户和短期客户，还可以按信用等级进行分类。

具体操作步骤如下所示。

第一步　以账套主管的身份注册进入"T3-用友通标准版"窗口。

第二步　选择"基础设置"→"往来单位"→"客户分类"命令，打开"客户分类"窗口，输入类别编码和类别名称后单击"保存"按钮，如图 2.3 所示。

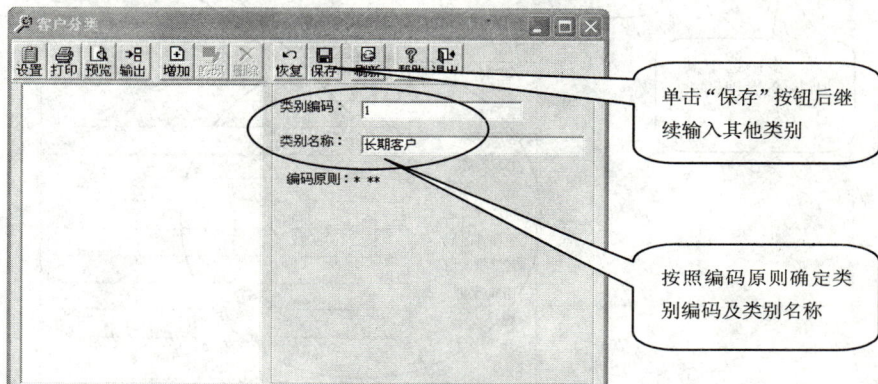

图 2.3　设置客户分类

■ 自己做

请同学们将企业客户分类信息录入系统。

客户分类编码	客户分类名称
01	宁波客户
02	浙江客户
03	外省客户

解惑小贴士：如果在此发现客户分类编码方案不合适，则可以在客户分类数据为空时修改客户分类编码方案，如果已经添加了客户档案，可先将客户档案删除后再修改。修改编码方案的具体操作步骤是：在"T3-用友通标准版窗口"选择"基础设置"→"基本信息"→"编码方案"命令，打开"编码方案"对话框进行修改，然后保存。

二、设置客户档案信息

客户档案是企业的重要资源，建立客户档案主要是为企业的销售管理、库存管理和应收管理服务的。在填制销售出库单、销售发票及进行销售结算、应收款结算时都会用到客户档案，因此必须正确设置客户档案，以减少工作差错。

具体操作步骤如下所示。

第一步　在"T3-用友通标准版"窗口，选择"基础设置"→"往来单位"→"客户档案"命令，打开"客户档案"窗口，在选中左边的客户分类后，单击"增加"按钮，弹出"客户档案卡片"窗口，如图2.4所示。

第二步 在弹出的"客户档案卡片"窗口输入客户相关信息后，单击"保存"按钮，然后继续输入其他客户信息。如果客户所属分类不同，则单击"退出"按钮后重复步骤1，具体如图2.4所示。

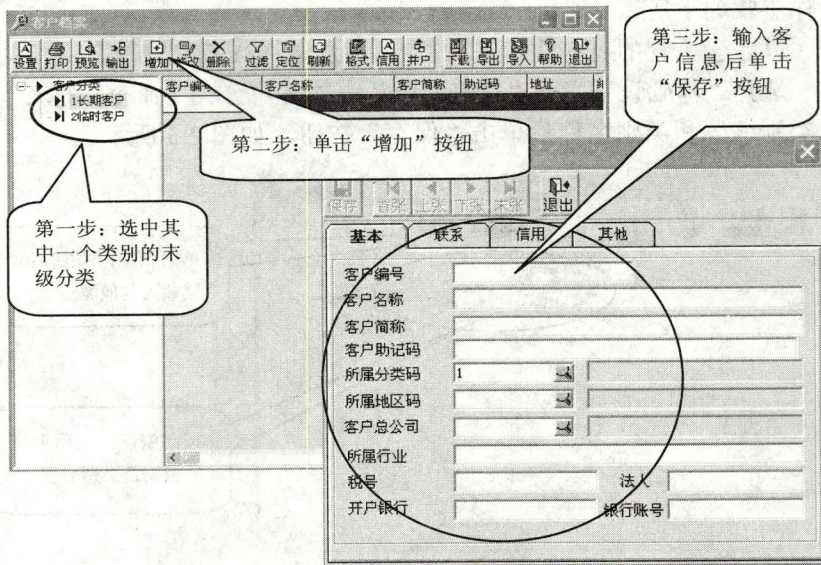

图2.4 设置客户档案

■ **自己做**

请同学们将企业客户档案信息录入系统。

客户编号	客户名称	所属分类	税 号	开户银行	账 号	地 址	电 话
0101	宁波甬江商厦	01	1102201101	中国工商银行宁波分行	3302201101	宁波中山路80号	0574-81111111
0102	宁波四明超市	01	1102201102	中国建设银行宁波分行	6301302058	宁波四明路26号	0574-81111118
0103	宁波泰华商厦	01	1102201103	中国工商银行宁波分行	3302201136	宁波泰华路18号	0574-81111116
0201	绍兴利华商场	02	3303304215	中国工商银行绍兴分行	3303201125	绍兴利华路88号	0575-81111115
0202	温州联谊商厦	02	3304205045	中国银行温州分行	5206201108	温州瓯海路8号	0577-81111116
0203	杭州飞跃商场	02	3301201106	中国工商银行杭州分行	3301206069	杭州延安路6号	0571-61111119
0204	金华双龙商厦	02	3306201108	中国工商银行金华分行	3306110066	金华凤栖路36号	0579-51111118
0301	上海东方商厦	03	2011201108	中国工商银行上海黄埔分行	1022408806	上海黄埔路79号	020-81111116

解惑小贴士： 在"客户档案"窗口显示了客户的主要信息，如果要改变显示内容，可单击窗口上方的"格式"按钮，在弹出的对话框中选中所需显示的内容后保存即可。在"客户档案卡片"窗口有"基本"、"联系"、"信用"和"其他"四个选项卡，在"基本"选项卡中主要记录客户的基本信息，如果企业为一般纳税人，则需输入客户税号，否则专用发票的税号栏为空。

客户档案必须建立在最末级的客户分类之下，比如，一级客户分类为"本地"，其下有二级分类如"长期客户"、"临时客户"，则在增加客户档案前必须选中二级分类中的某个分类。

三、设置供应商分类

当企业的供应商较多时，可以按照某种分类标准对供应商进行分类管理，以便进行分类汇总统计。可以根据企业的实际情况将供应商按地区、行业、供料性质等进行分类。

具体操作步骤如下所示。

第一步　以账套主管的身份注册进入"T3-用友通标准版"窗口。

第二步　选择"基础设置"→"往来单位"→"供应商分类"命令，打开"供应商分类"窗口，按照供应商分类编码方案输入类别编码和类别名称后单击"保存"按钮，如图2.5所示。

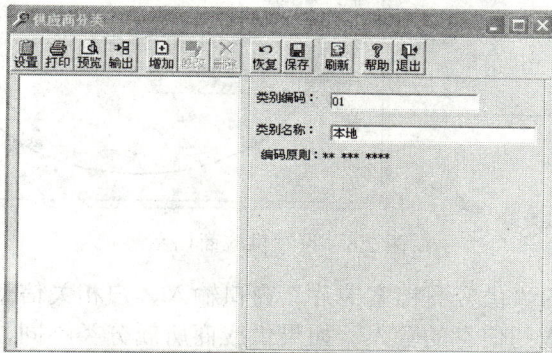

图 2.5　设置供应商分类

自己做

请同学们为模拟企业设置供应商分类信息。

类 别 编 码	类 别 名 称
01	本市供应商
02	外地供应商

解惑小贴士：一般只有在供应商较多的情况下，才会对供应商进行分类，如果企业的供应商数量不多，则无需分类。在这种情况下，建立企业账套时不必选中"供应商是否分类"复选框，但如果建账时已经选中，则必须先对供应商进行分类，然后才能建立供应商档案。当然，也可以以账套主管的身份注册进入系统管理模块对账套信息进行修改。

四、设置供应商档案

设置往来供应商的档案信息，主要是服务于企业的采购管理、库存管理和应付账管理，在填制采购入库单、采购发票及进行采购结算、应付款结算时都会用到供应商的档案信息。因此，正确设置供应商档案对减少工作差错非常重要。供应商档案的设置与客户档案设置非常相似，操作步骤基本相同。

具体操作步骤如下所示。

第一步 在"T3-用友通标准版"窗口，选择"基础设置"→"往来单位"→"供应商档案"命令，打开"供应商档案"对话框，选中左边的供应商分类后，单击"增加"按钮，弹出"供应商档案卡片"窗口，如图2.6所示。

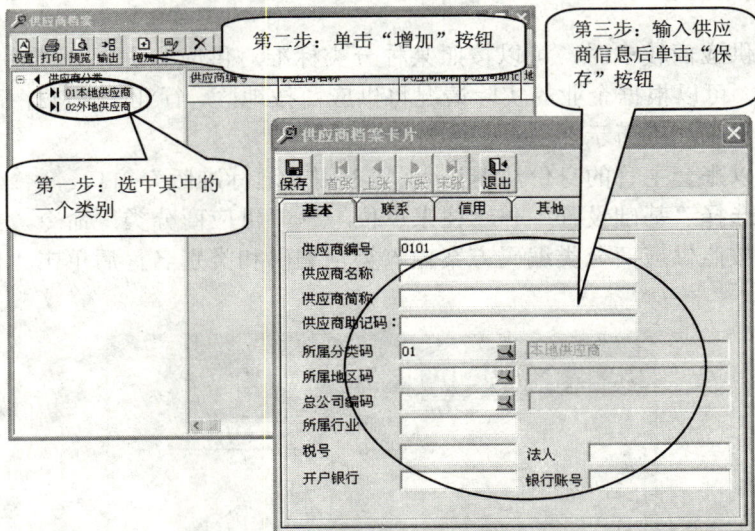

图 2.6 设置供应商档案

第二步 在弹出的"供应商档案卡片"窗口输入客户相关信息后，单击"保存"按钮，然后继续其他供应商信息的输入。如果供应商所属分类不同，则单击"退出"按钮后重复步骤1即可，也可在档案卡片中重新选择"所属分类码"。

■ 自己做

请同学们将企业供应商档案信息录入系统。

供应商编号	供应商名称	所属分类	税　号	开户银行	账　号	地　址	电　话
0101	宁波云翔纺织厂	01	1102201156	中国工商银行宁波市分行	3302201156	宁波中山路43号	0574-81111119
0102	宁波华美织造厂	01	1102201132	中国工商银行宁波市分行	3302302022	宁波古林路26号	0574-81111111
0103	宁波古林印染厂	01	1102201565	宁波银行	42386642	宁波古林路48号	0574-81111118
0104	宁波轻纺贸易公司	01	1102203262	中国工商银行宁波市分行	3302453218	宁波轻纺路6号	0574-61111111
0105	宁波市电力公司	01	略	中国工商银行宁波市分行	3302695599	略	略
0106	宁波市自来水公司	01	略	中国工商银行宁波市分行	3302695588	略	略
0201	绍兴华锦纺织厂	02	3303304215	中国工商银行绍兴市分行	3303201177	绍兴利华路88号	0575-81111113

任务 2.3　设置企业存货信息

在基础信息设置中，存货信息主要包括存货的分类和存货档案。对存货进行分类管理是为了便于企业对存货业务数据进行统计和分析,存货档案主要包括存货的基本信息、成本及控制内容等。本任务将对模拟企业的存货进行分类并录入存货档案。

一、存货分类设置

存货分类设置的前提是在建立系统账套时选中了存货分类选项。存货分类最多可分为 8 级,总的编码长度不能超过 30 位,编码方案在建立系统账套时已设置,也可在"基础信息"设置中进行修改。每个分类均包括分类编码、分类名称等信息。

具体操作步骤如下所示。

在"T3-用友通标准版"窗口中,选择"基础设置"→"存货"→"存货分类"命令,打开"存货分类"窗口,输入"类别编码"和"类别名称"后单击"保存"按钮,然后继续录入其他分类,以此类推,如图 2.7 所示。

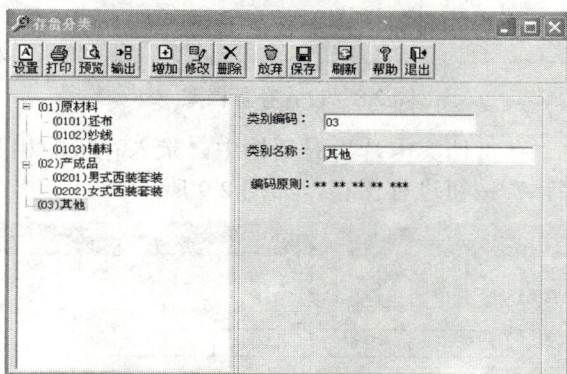

图 2.7　设置存货分类

自己做

请同学们为模拟企业设置存货分类信息。

类 别 编 码	类 别 名 称
01	原材料
0101	坯布
0102	纱线
0103	辅料
0104	运费
02	产成品
0201	男西装套装
0202	女西装套装

二、存货档案录入

存货档案用于保存企业生产经营过程中的存货信息,这些信息不但包括存货名称、规格、计量单位、属性等基本信息,还包括成本、存货控制等其他信息。

具体操作步骤如下所示。

第一步 在"T3-用友通标准版"窗口中，选择"基础设置"→"存货"→"存货档案"命令，打开"存货档案"窗口，选中窗口左边存货分类的最末级，单击"增加"按钮，如图2.8所示。

图2.8 设置存货档案

第二步 在弹出的"存货档案卡片"对话框中，录入存货的相关信息及成本、存货控制等内容，单击"保存"按钮进行保存，如图2.9所示。

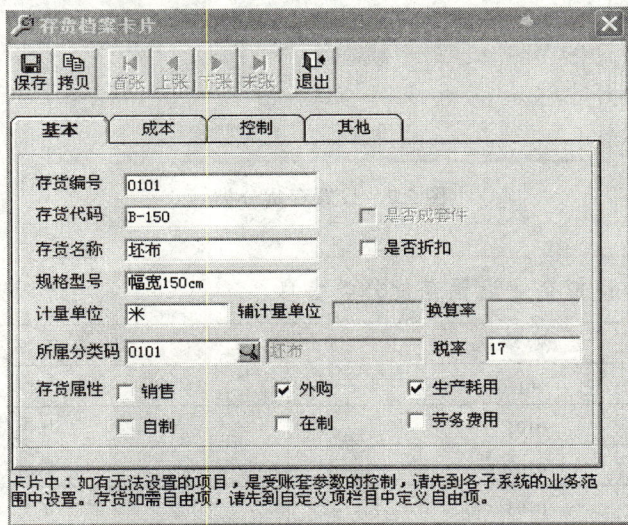

图2.9 录入存货档案卡片

自己做

请同学们为模拟企业录入存货档案。

所属 分类	存货 编号	存货名称	存货代码	规格型号	计量 单位	属性
0101	10101	坯布150		幅宽150厘米	米	外购、生产耗用
	10102	坯布120		幅宽120厘米	米	外购、生产耗用
	10103	内衬布		幅宽150厘米	米	外购、生产耗用

续表

所属分类	存货编号	存货名称	存货代码	规格型号	计量单位	属　性
0102	10201	黑纱线		黑色	轴	外购、生产耗用
	10202	彩纱线		彩色	轴	外购、生产耗用
0103	10301	男套装辅料			套	外购、生产耗用
	10302	女套装辅料			套	外购、生产耗用
0104	10401	运费			无	外购、劳务费用
0201	20101	男西装	M-M	M	套	销售、自制
	20102	男西装	M-L	L	套	销售、自制
	20103	男西装	M-XL	XL	套	销售、自制
	20104	男西装	M-XXL	XXL	套	销售、自制
0202	20201	女西装	W-S	S	套	销售、自制
	20202	女西装	W-M	M	套	销售、自制
	20203	女西装	W-L	L	套	销售、自制
	20204	女西装	W-XL	XL	套	销售、自制

助力小贴士

在"存货档案卡片"对话框中共有四个选项卡，存货的主要信息均在"基本"选项卡口，其中，同一存货可以设置多个属性，其作用在于填制相应业务单据时可以进行参照。例如，选中了存货的"外购"属性，在填制采购订单、采购入库单及采购发票时可以参照选择该存货档案。

在"成本"选项卡中，主要包含了控制存货成本方面的选项，具体如下。

1）计划价/售价：工业企业的存货采用计划价格或商业企业采用售价核算时，可在此设置计划价或售价，可参照仓库目录中各仓库的计价方式设置。

2）参考成本：在填制出入库单据时，或存货暂估入库时，可参照此处填制的参考成本。

3）最新成本：是指存货的最新入库成本，一般由系统自动维护。

4）参考售价：是指销售存货时用户参考的销售单价，填制单据时，系统将此单价作为默认的销售单价，但用户可修改。

5）最低售价：此处若设置了最低售价，则在销售商品时，销售单价若低于最低售价，则系统要求用户输入口令，目的在于对存货的销售价格进行控制。

6）最高进价：此处若设置了最高进价，则在采购材料或商品填制发票时，价格若高于最高进价，系统会警告用户，目的在于提醒用户。

7）主要供货单位：是指该存货的主要供货单位。

"控制"选项卡主要是对存货物流方面的控制，包括可以设置最高库存、最低库存、安全库存等。

"其他"选项卡中包含了存货的单位重量、单位体积、存货启用和停用日期及存货质量方面的要求等信息。

任务 2.4 设置企业财务信息

在用友 T3 管理系统中，企业财务的基础信息主要包括会计科目、凭证类别、项目目录及外币种类的设置。本任务主要是为模拟企业增设会计科目、设置凭证种类。

一、增加会计科目

会计科目是对会计核算对象具体分类后的项目的名称，是进行会计核算的前提之一。用友 T3 管理系统中已经根据企业性质按现行会计制度预设了一级会计科目（建账时已经选中"预置会计科目"复选框），企业只需根据实际需要增设部分明细科目即可。

具体操作步骤如下所示。

第一步 以账套主管的身份注册进入"T3-用友通标准版"窗口。

第二步 选择"基础设置"→"财务"→"会计科目"命令，打开"会计科目"窗口，单击"增加"按钮，打开"会计科目_新增"对话框，如图 2.10 所示。

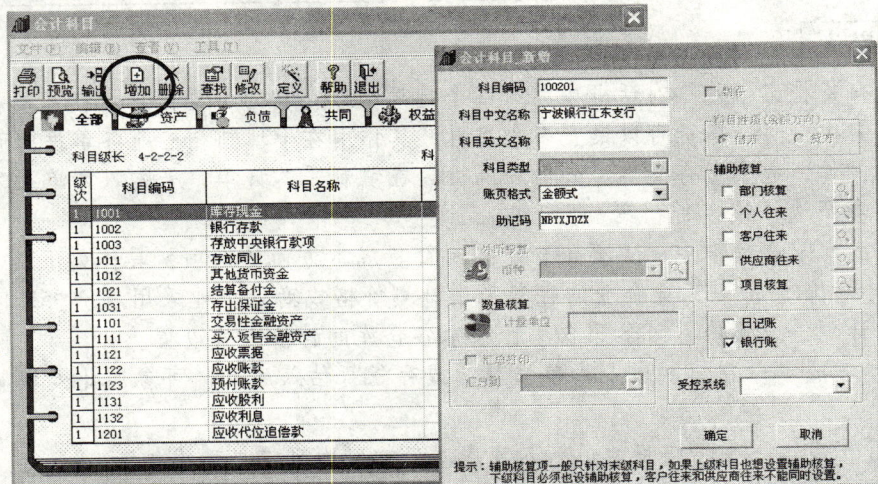

图 2.10 增加会计科目

第三步 在"会计科目_新增"对话框中，主要输入以下几项内容。

1）科目编码。其应包含上级科目编码数字，要满足建账时设定的科目编码规则，如在"银行存款"一级科目下设置"中国工商银行宁波市分行"明细账，则可将该明细科目编码设定为"100201"，其中，"1002"为上级科目代码，"01"为本级科目代码。

2）科目名称。分为中文名称和英文名称，输入中文名称后，英文名称可空。明细科目的名称必须意义明确、言简意赅。

3）账页格式。不同的明细账有不同的账页格式要求，此处可选择的范围包括金额式、外币金额式、数量金额式、数量外币式四类。一般无数量要求的，可选择金额式或外币金额式。

4）数量核算。对于存货类科目，必须选中此复选框，且需输入数量单位。

5）辅助核算。需要进行辅助核算的科目，可选中相应的复选框。

6）日记账与银行账。企业可根据管理需要将任意科目设置为日记账，银行科目需要设置为银行账。

助力小贴士

会计科目设置中的辅助核算是指该科目除了完成本科目的核算任务外，是否还有其他的辅助核算要求，目的是为了更加详细地反映科目所涉及业务内容的相关信息，相当于手工核算条件下的明细账核算。用友 T3 管理系统提供了五类辅助核算功能，即部门核算、个人往来核算、客户往来核算、供应商往来核算及项目核算。一般情况下，需要确认收入或费用归属的收入或费用类科目，可设置为部门核算；与个人债权债务结算的科目如"其他应收款"、"其他应付款"等可设为个人往来核算；与客户往来的科目如"应收账款"、"应收票据"等可设为客户往来核算；与供应商往来的科目如"应付账款"、"应付票据"等可设为供应商往来核算；需要按项目归集收入或费用的科目如"在建工程"、"生产成本"等可设为项目核算。具体应视是否启用了用友 T3 管理系统的其他子系统及企业的实际需要而进行设置。值得注意的是，当某科目设置了辅助核算项后，该科目下可不必再设明细账。比如，"应收账款"科目设置为客户往来辅助核算后，又在其下按客户名称设置了明细账，最终结果导致无法使用客户往来管理。正确的做法是将"应收账款"设置为客户往来辅助核算后，无需再另外设置明细账。一般情况下，辅助核算项必须设在末级科目上，有时为了查询或出账方便，有些科目也可以在末级科目和上级科目同时设置辅助核算项，但不可只在上级科目设置辅助核算项。

汇总打印的功能是指需要将某科目的同方向多笔分录汇总打印在同一张凭证中，则需要将该科目设置为"汇总打印"。

封存是指一旦某科目在设置时被设置成了封存科目，则在制单时该科目无法使用。

受控系统是指账务系统中的某科目可以被其他系统使用，则使用该科目的系统被称为该科目的受控系统，而该科目则成为其他系统的受控科目，成为受控系统的科目不能在总账系统中使用，只能在受控系统中使用。例如，将"应收账款"科目设置成客户往来辅助核算后，系统自动默认该科目受控于应收系统，在总账系统中将无法使用该科目制单。

二、修改会计科目

通过系统预置的会计科目只包括最基本的科目编码、科目名称和科目性质等，其他属性如账页格式、辅助核算等均未设置，此时就需要根据企业实际需要对相应科目的属性进行修改。另外，对特定科目还需要进行指定，指定会计科目是指由出纳专管的会计科目，一般是指库存现金科目和银行存款科目。科目被指定后，才能执行出纳签字，才能查看现金日记账和银行存款日记账。

具体操作步骤如下所示。

（一）修改科目属性

在"T3-用友通标准版"窗口中，选择"基础设置"→"财务"→"会计科目"命令，打开"会计科目"窗口。

在"会计科目"窗口选中需要修改的科目后单击"修改"按钮或直接双击需要修改的科目，打开"会计科目_修改"窗口，如图2.11所示。

单击"会计科目_修改"窗口下方的"修改"按钮后，上方各栏变为可输入状态，此时"修改"按钮也变为"确定"按钮，待完成各项修改后单击"确定"按钮与"返回"按钮，完成修改。其他科目的修改可重复上述步骤，如图2.11所示。

图2.11　修改会计科目

（二）指定会计科目

在"T3-用友通标准版"窗口中，选择"基础设置"→"财务"→"会计科目"命令，打开"会计科目"窗口，选择"编辑"→"指定科目"命令，打开"指定科目"对话框，如图2.12所示。

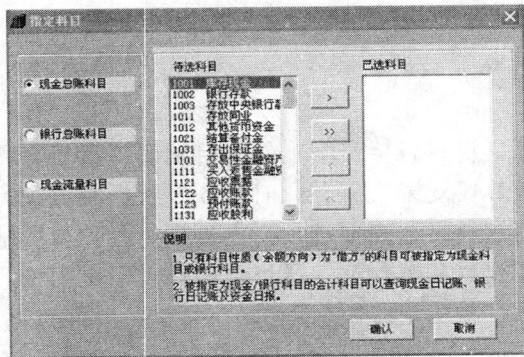

图2.12　指定会计科目

　　分别选择"现金总账科目"、"银行总账科目"和"现金流量科目"单选按钮后，选择待选科目，然后单击">"按钮，所有选择完成后单击"确认"按钮完成指定。

■ **自己做**

　　1）定义"库存现金"为现金总账科目，"银行存款"为银行总账科目。

　　2）按以下科目设置企业的会计科目，账套中已经预置的但与企业无关的科目，请予以删除。在设置过程中请定义相应科目的辅助核算项。

科目编码	科目名称	辅助账类型	账页格式	余额方向	备　注
1001	库存现金	现金账/指定	金额式	借	修改
1002	银行存款	银行账/指定	金额式	借	修改
100201	中国工商银行宁波分行		金额式	借	新增
100202	宁波银行古林分理处		金额式	借	新增
1012	其他货币资金		金额式	借	
1101	交易性金融资产		金额式	借	
1121	应收票据	客户往来	金额式	借	修改
1122	应收账款	客户往来	金额式	借	修改
1123	预付账款	供应商往来	金额式	借	修改
1131	应收股利		金额式	借	
1132	应收利息		金额式	借	
1221	其他应收款		金额式	借	
122101	备用金	部门核算	金额式	借	新增
122102	应收个人款	个人往来	金额式	借	新增
1231	坏账准备		金额式	贷	
1402	在途物资		金额式	借	
1403	原材料		金额式	借	
140301	坏布		数量金额式	借	新增
140302	纱线		数量金额式	借	新增
140303	辅料		数量金额式	借	新增
1405	库存商品		金额式	借	
140501	男西装套装		数量金额式	借	新增
140502	女西装套装		数量金额式	借	新增
1408	委托加工物资		金额式	借	
1411	周转材料		金额式	借	
1511	长期股权投资		金额式	借	
1512	长期股权投资减值准备		金额式	贷	
1601	固定资产		金额式	借	
1602	累计折旧		金额式	贷	

29

科目编码	科目名称	辅助账类型	账页格式	余额方向	备注
1606	固定资产清理		金额式	借	
1701	无形资产		金额式	借	
1702	累计摊销		金额式	贷	
1901	待处理财产损益		金额式	借	
2001	短期借款		金额式	贷	
2201	应付票据	供应商往来	金额式	贷	修改
2202	应付账款		金额式	贷	
220201	正常应付款	供应商往来	金额式	贷	新增
220202	暂估应付款		金额式	贷	新增
2203	预收账款	客户往来	金额式	贷	修改
2211	应付职工薪酬		金额式	贷	
221101	工资		金额式	贷	新增
221103	社会保险费		金额式	贷	新增
221104	住房公积金		金额式	贷	新增
2221	应交税费		金额式	贷	
222101	应交增值税		金额式	贷	新增
222102	未交增值税		金额式	贷	新增
222103	应交城建税		金额式	贷	新增
222104	应交教育费附加		金额式	贷	新增
222105	应交企业所得税		金额式	贷	新增
222106	应交个人所得税		金额式	贷	新增
2232	应付股利		金额式	贷	
2241	其他应付款		金额式	贷	
2501	长期借款		金额式	贷	
4001	实收资本		金额式	贷	
4002	资本公积		金额式	贷	
4101	盈余公积		金额式	贷	
4103	本年利润		金额式	贷	
4104	利润分配		金额式	贷	
5001	生产成本		金额式	借	
5101	制造费用		金额式	借	
6001	主营业务收入		数量金额式	贷	
6051	其他业务收入		金额式	贷	
6101	公允价值变动损益		金额式	贷	
6111	投资收益		金额式	贷	
6301	营业外收入		金额式	贷	
6401	主营业务成本		金额式	借	
6402	其他业务成本		金额式	借	
6403	营业税金及附加		金额式	借	

续表

科目编码	科目名称	辅助账类型	账页格式	余额方向	备　注
5601	销售费用		金额式	借	
5602	管理费用		金额式	借	
5603	财务费用		金额式	借	
5711	营业外支出		金额式	借	
5801	所得税费用		金额式	借	

解惑小贴士：只有科目性质为余额在借方的科目才能被指定为现金科目或银行科目，在查询库存现金日记账和银行存款日记账之前，必须指定库存现金和银行存款科目。对指定的现金流量科目，在制单时系统会自动弹出窗口，要求指定当前录入分录的现金流量项目。在编制现金流量表时，取数函数也会用到指定的现金流量科目。

如果会计科目未经使用，也可通过"删除"功能来删除。删除会计科目应遵循自下而上的原则。但已经录入期初余额的科目不能删除，已经制单使用的科目不能删除，已经被指定为现金科目和银行科目的科目不能删除，除非取消指定。

三、设置凭证种类

在开始日常业务处理之前，应根据企业核算和管理的需要决定是否对凭证进行分类。在手工条件下，为了便于分类统计汇总，企业多采用收、付、转三类凭证，但在会计信息化条件下，一般可不进行分类，只用记账凭证一种即可。若企业有特殊需要，也可自行设置凭证的种类。

在初次使用系统时，必须先定义凭证种类，方可使用。

具体操作步骤如下所示。

第一步　以账套主管的身份注册进入"T3-用友通标准版"窗口。

第二步　选择"基础设置"→"财务"→"凭证类别"命令，打开"凭证类别预置"对话框。若无需分类，则默认选中"记账凭证"单选按钮，单击"确定"按钮后弹出"凭证类别"窗口，单击其中的"退出"按钮完成设置，如图 2.13 所示。

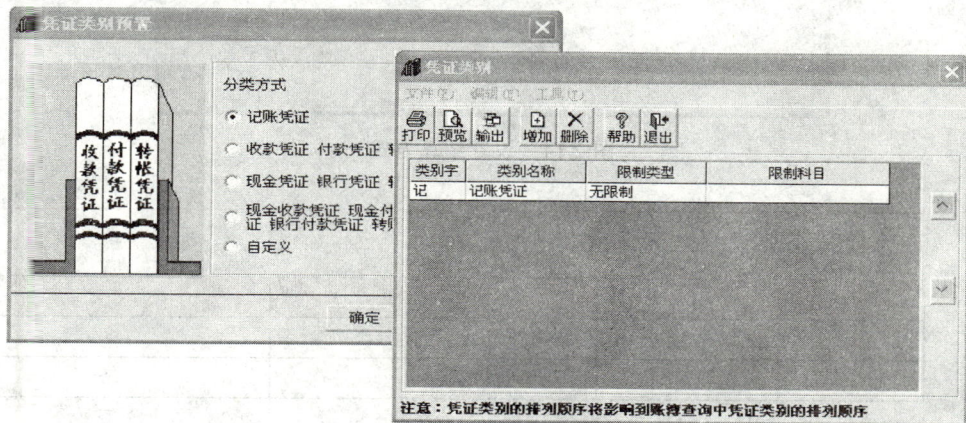

图 2.13　定义凭证类别

请为模拟企业定义记账凭证类别：只使用一种记账凭证。

任务 2.5 设置收付结算信息

设置收付结算信息的内容包括结算方式、付款条件和开户银行设置，主要目的是为了提高工作效率，便于加强收付结算的管理。本任务将为模拟企业设置结算方式和开户银行的信息。

一、设置结算方式

会计信息化系统中需要设置的结算方式与财务结算方式一致，如现金结算、支票结算、银行汇票结算等。

具体操作步骤如下所示。

第一步 以账套主管的身份注册进入"T3-用友通标准版"窗口。

第二步 选择"基础设置"→"收付结算"→"结算方式"命令，打开"结算方式"窗口，根据结算方式编码规则，输入"结算方式编码"和"结算方式名称"，视需要确定是否选择"票据管理标志"，然后单击"保存"按钮，如图 2.14 所示。

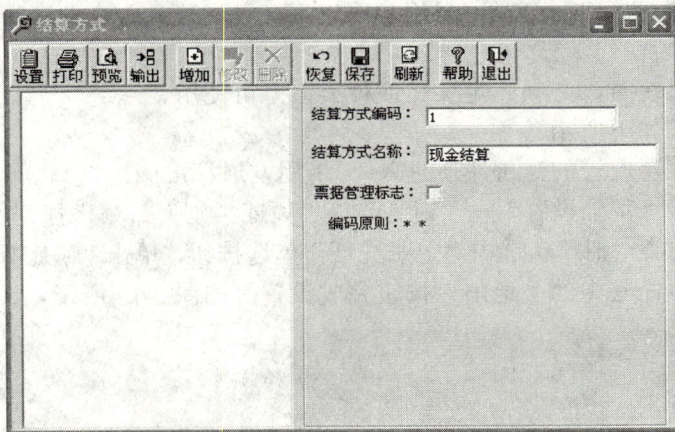

图 2.14 设置结算方式

请为模拟企业设置结算方式。

编　号	结　算　方　式	是否票据管理
1	现金	否
2	支票	否
201	现金支票	否
202	转账支票	否

续表

编　号	结 算 方 式	是否票据管理
3	银行汇票	否
4	商业汇票	否
401	商业承兑汇票	否
402	银行承兑汇票	否
5	汇兑	否

解惑小贴士：在手工核算条件下，一般对重要空白凭证都设有登记簿，用来记录和管理重要空白凭证的使用，会计信息化系统中同样提供了票据管理的功能，若某种结算方式需要进行票据管理，只需选中"是否票据管理"复选框即可。另外，结算方式一旦被引用，便不能修改或删除。

二、设置开户银行信息

将本单位的开户银行信息录入系统以便维护开户银行信息，用友 T3 管理系统支持企业拥有多个开户行及账号。需要注意的是，开户银行一旦被引用，便不能修改或删除。

具体操作步骤如下所示。

第一步　以账套主管的身份注册进入"T3-用友通标准版"窗口。

第二步　选择"基础设置"→"收付结算"→"开户银行"命令，打开"开户银行"窗口，将开户银行的信息分别录入相应栏目后，单击"增加"按钮，如图 2.15 所示。

双击空白处可进行输入，所有项目输入完成后单击其他空白地方，"增加"按钮方可使用

图 2.15　设置开户银行信息

自己做

请将模拟企业的开户银行信息录入系统。

编　号	开户银行名称	账　号	账 户 性 质
1	中国工商银行宁波市分行	3302201118	基本账户
2	宁波银行古林分理处	42386658	一般账户

任务 2.6　设置购销存信息

如果企业启用了采购、销售、库存、核算等业务系统，则需要在此设置有关购销存的基础信息。购销存业务信息的内容主要包括仓库档案、收发类别、采购类型、销售类型、产品结构、成套件、费用项目、发运方式、货位档案及非合理损耗类型等。本任务将为模拟企业设置仓库档案和收发类别。

一、设置仓库档案

当企业存货种类及存放地点较多时，通过设置仓库档案能有效提高存货的信息化管理能力，同时，进行仓库设置也是应用购销存管理系统的前提。

具体操作步骤如下所示。

第一步　以账套主管的身份注册进入"T3-用友通标准版"窗口。

第二步　选择"基础设置"→"购销存"→"仓库档案"命令，打开"仓库档案"窗口，单击"增加"按钮打开"仓库档案卡片"对话框，根据企业实际情况及管理的需要，将有关信息输入相应栏目后单击"保存"按钮，如图 2.16 所示。

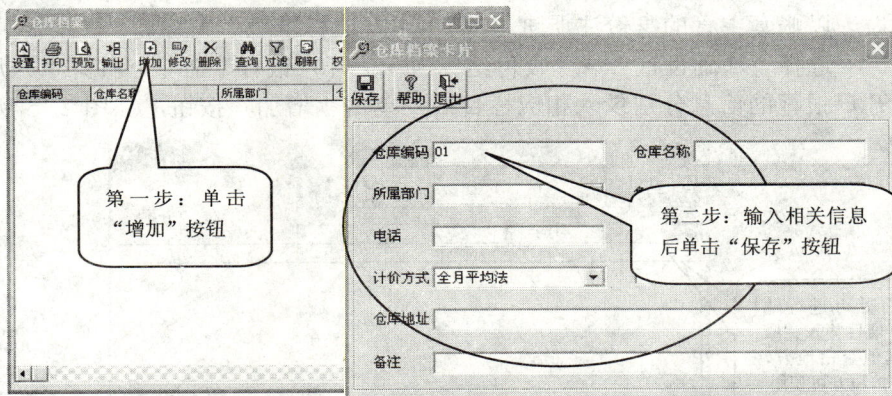

图 2.16　设置仓库档案

自己做

请将模拟企业仓库档案信息录入系统。

仓库编码	仓库名称	计价方式
01	原材料	全月平均法
02	产成品	全月平均法

解惑小贴士：仓库的编码必须是唯一的，同一套账中的仓库编码不可重复，仓库编码最多 10 位，仓库名称最多 20 个字符。当存货系统选择"按部门核算"时，则必须输入所属部门。

有些企业对仓库人员权限的控制非常严格，比如，不同的操作员只能操作相应的仓库数据，甚至不能看到仓库中有关金额的内容。对仓库人员进行权限设置的操作步骤如下：在"T3-用友通标准版"窗口，选择"基础设置"→"购销存"→"仓库档案"命令，在"仓库档案"窗口单击"权限"按钮，打开"仓库权限设置"窗口，单击该窗口上方的"编辑"按钮，打开"权限配置"窗口，首先选择要进行权限设置的操作员，然后单击"增加"按钮，双击右边栏目空白处，设置该操作员可以操作的仓库代码、是否显示金额等，完成输入后直接单击"退出"按钮完成仓库人员的权限设置。仓库权限设置中没有设置的操作员，系统默认该操作员具有所有仓库的操作权限。

二、设置收发类别

收发类别表示存货的出入库类型，用户可根据企业实际情况进行设置，目的是便于分类统计各种存货的收发业务数据。

具体操作步骤如下所示。

第一步　以账套主管的身份注册进入"T3-用友通标准版"窗口。

第二步　选择"基础设置"→"购销存"→"收发类别"命令，打开"收发类别"窗口，单击"增加"按钮后，根据企业实际情况及管理的需要，将新增的收发类别信息输入相应栏目后单击"保存"按钮，如图 2.17 所示。

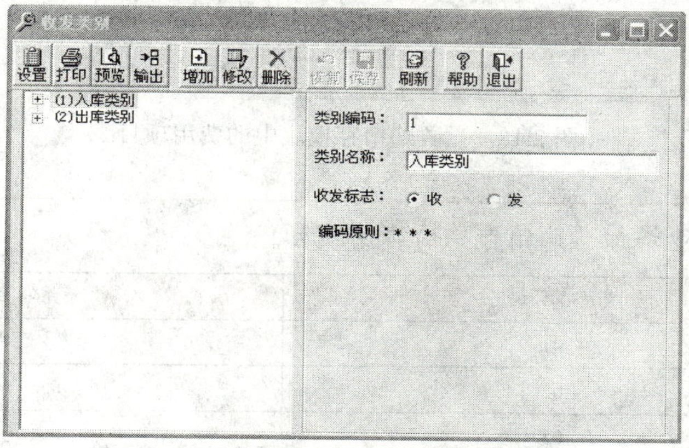

图 2.17　设置收发类别

自己做

为企业新增入库类别：17　盘盈入库

18　残料入库

为企业新增出库类别：26　盘亏出库

27　样品出库

解惑小贴士：在打开"收发类别"窗口后，你会发现系统已经存在一些常用的收发类别信息，如果要对已有收发类别信息进行修改，则选中需要修改的收发类别后单击"修改"按钮，信息修改后单击"保存"按钮。如果要删除某个收发类别，则选中需要删除的某个收发类别后，单击"删除"按钮即可。

三、设置费用项目

企业在销售过程中经常会出现代垫运费及其他销售费用支出的情况，在处理这些费用之前应首先在购销存的基础设置中设定费用项目。

具体操作步骤如下所示。

在"T3-用友通标准版"窗口选择"基础设置"→"购销存"→"费用项目"命令，打开"费用项目"窗口，单击"增加"按钮后，根据企业实际情况及管理的需要，将新增的费用项目类别信息输入相应栏目即可，如图2.18所示。

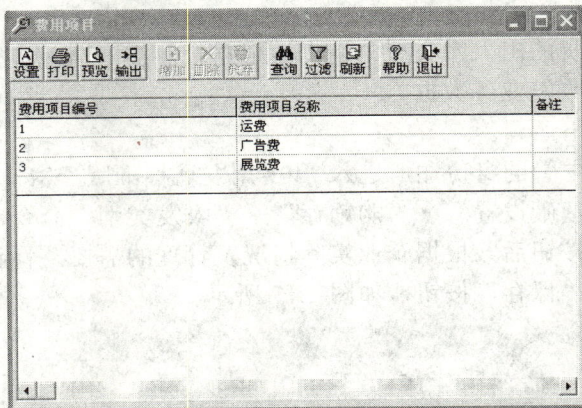

图2.18　设置购销存模块中的费用项目

自己做

为模拟企业增加"购销存"的费用项目。

费用项目编号	费用项目名称
01	运费
02	广告费
03	展览费
04	其他费用

解惑小贴士：在购销存的基础设置里，采购类型是由用户根据企业需要自行设定的项目，在使用采购系统填制采购入库单时会涉及采购类型栏目，企业可根据需要增设相应的采购类型，目的是为了便于分类统计。同样，用户在处理销售业务时，也可以根据自身需要增设相应的销售类型。用友 T3 管理系统已经预设了"普通采购"和"普通销售"类型。

项目 *3*
子系统参数设置

项目描述 ————————————————

　　通过用友 **T3** 管理系统对企业的经济业务进行信息化管理之前,先要根据企业的具体情况和对各个子系统的需求,对各个子系统进行初始化操作,这是利用各个子系统进行业务操作的前提。因为部分子系统的参数设置相互之间均有影响,因此,在进行初始化设置之前,需要予以全面考虑。本项目将为模拟企业进行总账系统、固定资产系统及进销存系统的初始化设置。

教学目标 ————————————————

- ❖　了解总账系统的参数设置。
- ❖　掌握总账系统的主要初始化工作。
- ❖　掌握固定资产系统的主要初始化工作。
- ❖　掌握购销存系统的主要初始化工作。

任务 3.1　总账系统的参数设置

在第一次使用总账系统之前，先要对控制总账应用模式和应用流程的参数进行设置，如设置输入控制、处理方式、数据流程等，以此来反映企业的具体核算要求。本任务将为模拟企业的总账设置主要参数。

具体操作步骤如下所示。

在"T3-用友通标准版"窗口选择"总账"→"设置"→"选项"命令，打开"选项"对话框，从中根据企业的具体要求选择相应的选项，如图 3.1 所示。

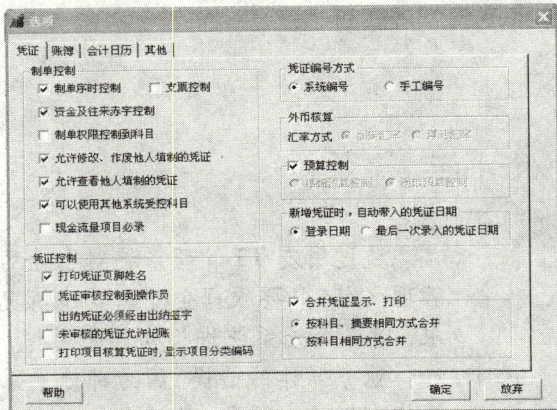

图 3.1　设置总账选项

■ 自己做

请对总账进行如下参数设置。

1）去除制单序时控制。

2）不允许使用其他系统的受控科目制单。

3）出纳凭证须由出纳进行签字。

助力小贴士

在总账选项中共有如下四个选项卡。

一、凭证

1）制单序时控制。选中此项表示在填制凭证时，凭证的日期只能按时间顺序由前往后逐次填制，比如填制了 2011 年 6 月 25 日的凭证后，就不能填制 6 月 25 日以前的凭证。

2）支票控制。选中此项，则在制单时录入了未在支票登记簿中登记的支票号，系统会提供登记支票登记簿的功能。

3）资金及往来赤字控制。选中此项，则在资金与往来科目制单时，如果最新余额出现负数，系统则给予提示。

4) 制单权限控制到科目。选中此项，则在制单使用到某科目时，只有拥有该科目制单权限的操作员才可制单。

科目制单权限的设置在总账系统的"明细权限设置"中设置，具体方法是：在"T3-用友通标准版"窗口选择"总账"→"设置"→"明细权限设置"命令，打开"明细权限设置"窗口，选择"制单科目权限设置"选项卡，选择要赋权的操作员，然后将该操作员可制单的科目从左边移至右边即可。

5) 允许修改、作废他人填制的凭证。选中此项，则允许当前操作员可以修改、作废其他操作员填制的凭证，并将修改后的凭证的制单员改为当前操作员。

6) 允许查看他人填制的凭证。选中此项则允许查看他人填制的凭证，不选中此项，则只有账套主管才可查看到所有凭证，其他操作员只能查看自己填制的凭证。

7) 可以使用其他系统受控科目。选中此项，则允许总账系统使用其他模块的受控科目制单。为了防止重复制单，一般不选中此项。

8) 现金流项目必录。选中此项，则在制单时使用到会影响现金流量的科目时，必须录入现金流量项目。

9) 凭证审核控制到操作员。选中此项，则在审核某凭证时，只有拥有该凭证审核权限的操作员才可审核。

凭证审核权限的设置在总账系统的"明细权限设置"中设置，具体方法是：在"T3-用友通标准版"窗口选择"总账"→"设置"→"明细权限设置"命令，打开"明细权限设置"窗口，选择"凭证审核权限设置"选项卡，选择要赋权的操作员，然后双击被审核制单人后的空白处，在相应位置出现"Y"时，表示被赋权的操作员可审核该制单人所填制的所有凭证。

10) 出纳凭证必须经由出纳签字。选中此项，则含有现金、银行存款科目的凭证必须由出纳人员通过"出纳签字"功能对其核对，并使用签字功能进行签字后才能记账。

11) 未审核的凭证允许记账。选中此项，则未经过审核的凭证也可以进行记账。

12) 打印凭证页脚姓名。选中此项，则在打印凭证时，自动打印制单人、出纳、审核人和记账人的姓名。

13) 凭证编号方式。有系统编号和手工编号两种选择，为防止混乱，建议使用系统编号。

14) 外币核算的汇率方式。有固定汇率和浮动汇率两种选择，固定汇率是指在制单时 一个月只按一个汇率折算成记账本位币，比如只使用月初汇率折算，月末需要进行汇兑损益的调整。浮动汇率是指在制单时，选择当日汇率折算成记账本位币，月末无需进行调整。

15) 预算控制。企业单位无需设置此选项。

16) 新增凭证时，自动带入的凭证日期。在填制凭证时，系统自动带入的日期可以选择登录系统的日期，也可选择最后一次录入的凭证日期。此选项随时可修改。

17) 合并凭证显示、打印。选中此项，则在填制凭证、查询凭证、出纳签字及凭证审核时，凭证按科目、摘要相同方式或按科目相同方式合并显示，在明细账显示窗口会提供是否合并显示的选项。

二、账簿

"账簿"选项卡用来设置各种账簿的输出方式和打印要求等，企业可根据具体情况进行设定。

三、会计日历

"会计日历"选项卡可以查看各会计期间的起始与终止日期及系统启用的会计年度和启用日期。此处只能查看，不能修改。若要修改，则需在以账套主管的身份登录系统后修改。总账系统的启用日期不能早于整个系统的启用日期，在已录入汇率或已输入余额后不能修改总账的启用日期。

四、其他

"其他"选项卡可以查看账套名称、单位名称、账套路径、行业性质及科目级长，可以更改数量、单价的小数位数及本位币精度，可以设置部门、个人及项目的排序方式。

任务 3.2   录入总账期初余额

从企业会计的循环角度来说，无论企业处于开业之初还是在经营过程中，都存在一个资金运动的起点，也即账务系统中的期初余额。由于账务处理是用友 T3 管理系统的核心，其他系统如工资、固定资产、核算等的数据最终需要传输到总账系统，并由总账系统进行审核和自动转账。因此，总账参数设置完成以后，需要将启用前的各账户期初数据录入总账系统，并以此数据作为后期发生业务的数据起始点。总账系统的期初余额数据的录入是进行日常业务处理的前提。

用友 T3 管理系统需要的期初数据包括各科目的年初余额、启用月之前至年初的借、贷方累计发生额及启用月初的余额。若年初建账并启用总账系统，则只需录入年初数即可。若为年中建账并启用总账系统，则需输入借贷方累计发生额和期末余额，年初数由系统自动计算产生。一般情况下，企业都会选择在年初建账，这样便省去了发生额的录入工作，大大简化了数据的准备工作，同时年度数据也相对比较完整。本任务将为模拟企业录入总账的期初余额。

具体操作步骤如下所示。

第一步　以账套主管的身份注册进入"T3-用友通标准版"窗口。

第二步　选择"总账"→"设置"→"期初余额"命令，打开"期初余额录入"窗口，双击相应科目的"期初余额"位置，将科目余额输入即可，如图 3.2 所示。

第三步　若科目带有辅助核算项，则双击"期初余额"后，系统会弹出辅助核算项的期初窗口，此时单击"增加"按钮，然后选择客户、输入摘要，在"金额"栏处输入相应金额后退出，如图 3.3 所示。

第四步　科目余额录入完毕后，单击"试算"按钮，进行试算平衡操作以验证数据的正确性，如图 3.4 所示。

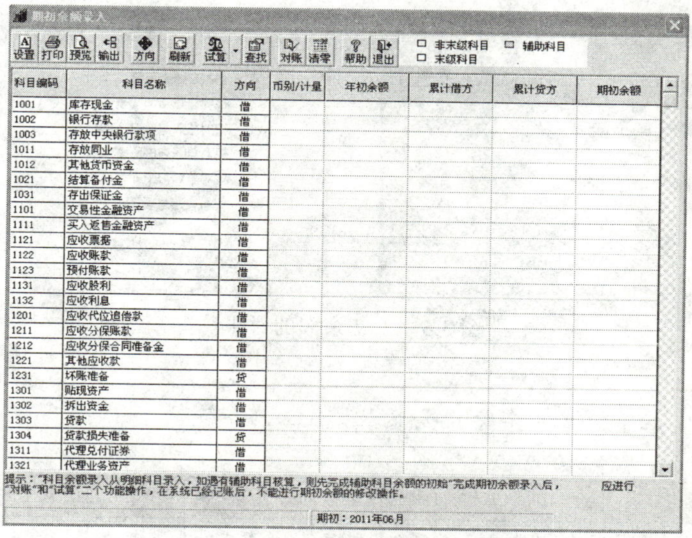

图 3.2　录入总账科目余额

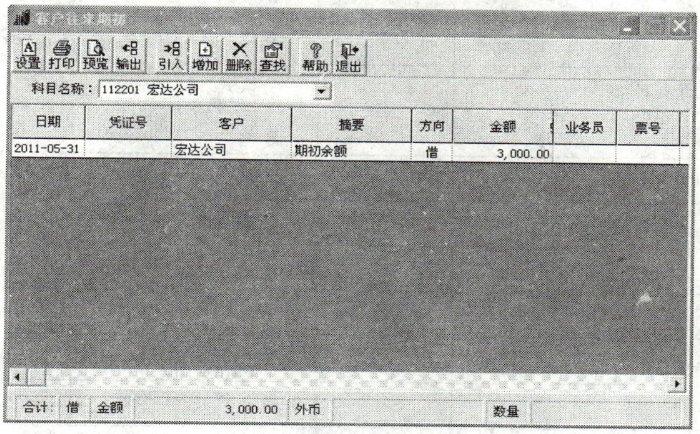

图 3.3　录入辅助核算项的期初余额

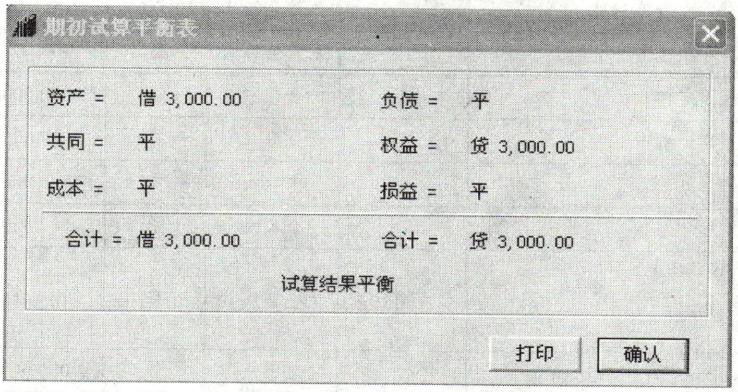

图 3.4　期初余额的试算平衡

　　第五步　单击"对账"按钮，检查总账与辅助账或明细账中的数据是否相符，系统弹出"期初对账"对话框，单击"开始"按钮，若没有错误，则系统提示对账成功，如图 3.5 所示。

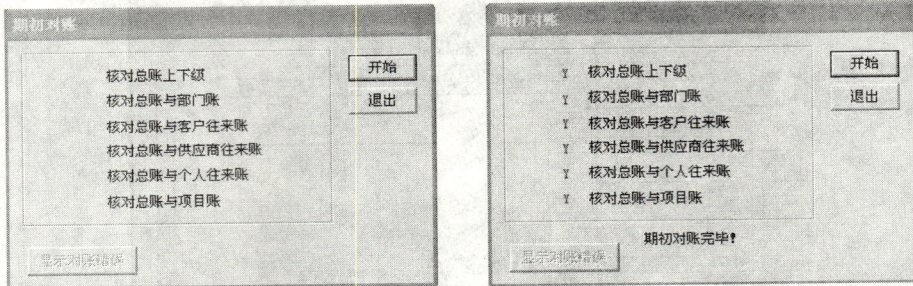

图3.5 期初余额的对账

自己做

请将模拟企业的账户余额录入系统。

单位：元

科目编码	科目名称	辅助账类型	账页格式	余额方向	金 额	备 注
1001	库存现金	现金账/指定	金额式	借	6 350	
1002	银行存款	银行账/指定	金额式	借	1 554 500	
100201	中国工商银行宁波市分行		金额式	借	1 230 000	
100202	宁波银行古林分理处		金额式	借	324 500	
1122	应收账款	客户往来	金额式	借	65 000	宁波甬江
122101	备用金	部门核算	金额式	借	3 000	采购科
122102	应收个人款	个人往来	金额式	借	1 000	销售科李金书
1403	原材料		金额式	借	68 000	
140301	坯布		数量金额式	借	60 000	2 000 米
140302	纱线		数量金额式	借	5 000	250 轴
140303	辅料		数量金额式	借	3 000	300 套
1405	库存商品		金额式	借	260 000	
140501	男式西装套装		数量金额式	借	160 000	800 套
140502	女式西装套装		数量金额式	借	100 000	625 套
1601	固定资产		金额式	借	13 000 000	
1602	累计折旧		金额式	贷	850 000	
2001	短期借款		金额式	贷	800 000	
2202	应付账款		金额式	贷	507 850	
220201	正常应付款	供应商往来	金额式	贷	507 850	云翔 450 000 元，华美 9 850 元，轻纺 48 000 元
2501	长期借款		金额式	贷	1 000 000	
4001	实收资本		金额式	贷	10 000 000	
4002	资本公积		金额式	贷	1 250 000	
4101	盈余公积		金额式	贷	550 000	

任务 3.3　建立固定资产账套

　　固定资产账套与系统管理中的企业账套是完全不同的概念，企业账套是针对整个企业的，是核算企业所有业务的账套，而固定资产账套是专门针对固定资产的，它的主要内容是设置固定资产核算的必要参数，包括折旧信息、编码方式、财务接口等。本任务将为模拟企业建立固定资产账套。

　　具体操作步骤如下所示。

　　第一步　以账套主管的身份注册进入"T3-用友通标准版"窗口，选择"固定资产"命令，系统弹出"这是第一次打开此账套，还未进行过初始化，是否进行初始化？"的提示对话框，单击"是"按钮，系统打开初始化向导。

　　第二步　在"固定资产初始化向导"界面，首先出现的是"约定和说明"，选择"我同意"后，单击"下一步"按钮。

　　第三步　启用月份选择操作当月的月份，然后单击"下一步"按钮。

　　第四步　在折旧信息界面，如果不选中"本账套计提折旧"复选框，则系统将不予计提折旧（一般情况下，行政事业单位不需要选中此项）。其他选项主要包括选择主要的折旧方法、选择折旧汇总分配周期等，此处没有特殊要求，则采用默认选项，如图 3.6 所示。

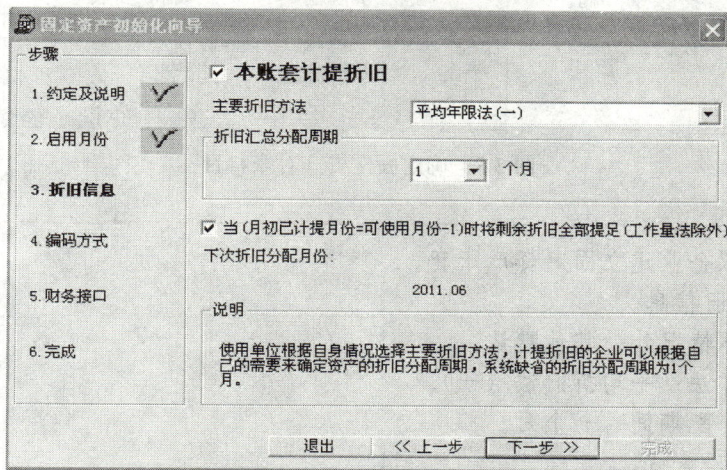

图 3.6　设置固定资产折旧方法

　　第五步　单击"下一步"按钮进入编码方式页面，资产类别的编码方式可以采用默认的四级六位，固定资产的编码方式可以选择手工输入也可选择自动编码，如图 3.7 所示。

　　第六步　单击"下一步"按钮进入财务接口页面，确定对账科目，根据企业需要确定是否选择"在对账不平情况下允许固定资产月末结账"，然后单击"下一步"按钮；核对信息无误后，单击"完成"按钮，完成固定资产账套的建立，如图 3.8 所示。

图 3.7　设置固定资产编码方式

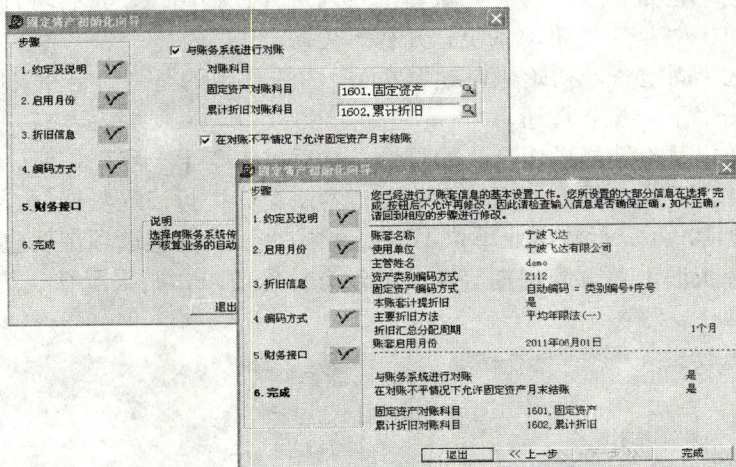

图 3.8　确定固定资产对账科目

自己做

为模拟企业建立固定资产账套。

1）折旧信息。

除以下情况外，其他默认。

折旧方法：平均折旧法（一）。

汇总分配期间：一个月。

2）编码方式。

编码长度默认。

编码方式：自动，类别编号+序号。

序号长度：3 位。

3）财务接口。

选择"与账务系统进行对账"。

固定资产对账科目为"固定资产"。

累计折旧对账科目为"累计折旧"。

选择"在对账不平情况下允许固定资产月末结账"。

解惑小贴士：在固定资产账套建立后，若对其中的选项进行修改，可通过选择"固定资产"→"设置"→"选项"命令来完成。但对有些设置无法修改时，只能通过选择"固定资产"→"维护"→"重新初始化账套"命令完成，重新初始化账套将清空该账套的所有操作。

在固定资产账套建成后，一般还需要进行补充参数的设置。具体方法是：在"T3-用友通标准版"窗口选择"固定资产"→"设置"→"选项"命令，打开"选项"对话框，选中"业务发生后立即制单"复选框，输入固定资产及累计折旧的默认入账科目及可抵扣税额入账科目。

任务 3.4　设置固定资产基础信息

在固定资产账套建成后，还需要设置固定资产模块的一些基础信息，这些基础信息主要包括部门档案、部门对应折旧科目、资产类别、增减方式、使用状况、折旧方法等。其中　部门档案在企业基础信息设置时已经设置，系统已经提供了常用折旧方法的折旧额计算公式，系统也提供了固定资产的增减方式的默认设置，企业如果没有特殊要求则无需改变。本任务将为模拟企业设置除部门档案、折旧方法、增减方式以外的基础信息。

一、部门对应折旧科目

不同部门的固定资产折旧费用需要不同的部门负担，进行账务处理时需要计入不同的会计科目，此处是为不同部门固定资产折旧设置对应的会计科目。

具体操作步骤如下所示。

第一步　在"T3-用友通标准版"窗口中选择"固定资产"→"设置"→"部门对应折旧科目"命令，打开"部门编码表"窗口，如图 3.9 所示。

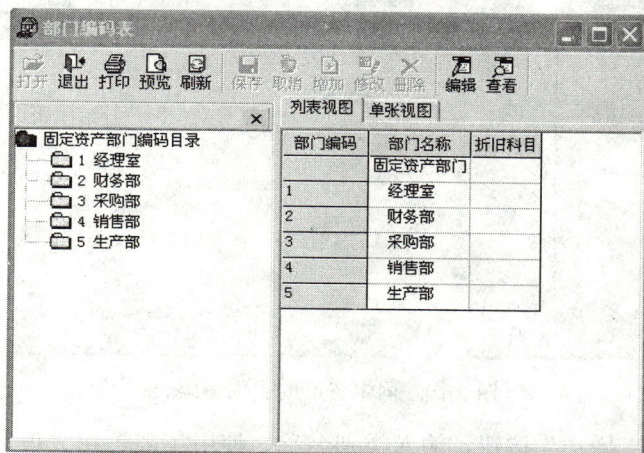

图 3.9　部门编码表

第二步　在"部门编码表"窗口的左边选择某个具体的部门后，单击工具栏的"修改"按钮，在右边的"折旧科目"空白栏选择对应的会计科目，如经理室、财务部、采购部等均可选择管理费用，生产部选择制造费用等。选择好会计科目后单击"保存"按钮，返回"部门编码表"窗口，继续设置其他的部门，以此类推。

■ **自己做**

为模拟企业各部门的固定资产折旧设置对应的会计科目。

部　门	折旧对应科目
办公室	管理费用
财务科	管理费用
采购科	管理费用
销售科	管理费用
生产车间	制造费用

二、固定资产类别设置

企业的固定资产类别繁多，按照不同的标准有不同的分类。为了强化固定资产管理，及时、准确地进行固定资产核算，企业必须要根据自身的特点和要求，建立科学的固定资产分类核算体系。

具体操作方法如下所示。

第一步　在"T3-用友通标准版"窗口选择"固定资产"→"设置"→"资产类别"命令，打开固定资产的"类别编码表"窗口，如图 3.10 所示。

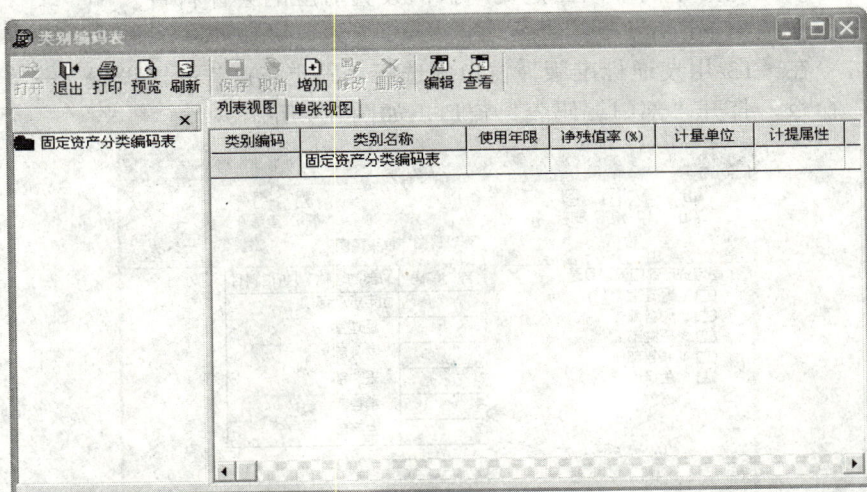

图 3.10　固定资产的类别编码表

第二步　单击"增加"按钮，输入类别名称、使用年限等相关信息后，单击"保存"按钮，然后再输入其他类别的固定资产，以此类推，如图 3.11 所示。

第三步　所有种类的固定资产录入完毕后，单击"退出"按钮，完成固定资产类别的设置。

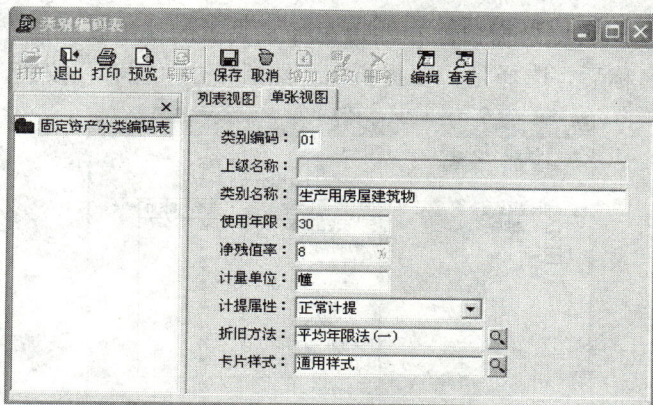

图 3.11 增加固定资产类别

自己做

为模拟企业增加如下固定资产类别。

类别编码	类别名称	使用年限	净残值率
01	房屋建筑物		
011	办公用房	30 年	5%
012	生产厂房	20 年	4%
013	仓库	20 年	4%
02	机器设备		
021	缝纫设备	6 年	2%
022	裁剪设备	6 年	3%
023	整烫设备	6 年	3%
03	运输工具		
031	办公用车	10 年	2%
032	运货车	8 年	2%

解惑小贴士：固定资产类别的数据输入完毕单击"保存"按钮后，系统会自动增加空白选项界面，若要返回上一界面，此时单击"取消"按钮即可。在固定资产大类中设置小类的方法是，设置完固定资产大类后，返回"类别编码表"窗口，选择某大类固定资产后，单击"增加"按钮，此时增加的固定资产类别即为该大类固定资产下的小类。

三、固定资产使用状况设置

在固定资产模块中，系统已将固定资产分成了使用中、未使用和不需用三大类，其中，使用中又分为在用、季节性停用、经营性出租和大修理停用四类，企业若有另外的分类，可以在使用状况设置中进行重新设置。

具体操作步骤如下所示。

在"T3-用友通标准版"窗口中选择"固定资产"→"设置"→"使用状况"命令，

打开固定资产的"使用状况"窗口，在左边选择某大类的使用状况后，单击"增加"按钮，输入使用状况名称后，选择是否要提折旧，然后单击"保存"按钮，如图3.12所示。

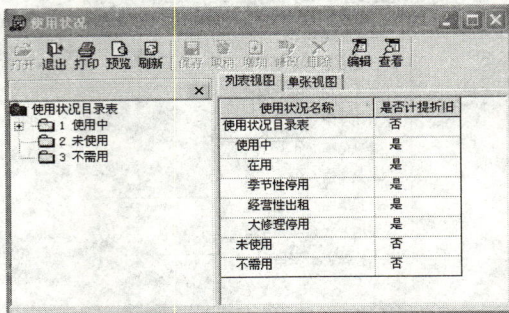

图3.12　增加或修改使用状况

■自己做

在"使用中"增加"特殊情况停用"，并继续提折旧。

解惑小贴士：固定资产使用状况的修改方法是，在"使用状况"窗口的右边窗格选择需要修改的某类固定资产，然后单击"修改"按钮，然后进行修改即可。离开修改界面需单击"取消"按钮。

任务 3.5　录入固定资产原始卡片信息

固定资产期初数据录入是指将企业所有固定资产的卡片账信息全部录入系统，它是用友 T3 管理系统固定资产模块投入使用的前提，也是此后在系统内进行固定资产核算的基础。在录入固定资产卡片账信息之前，可先对系统内的卡片样式进行定义。本任务将把模拟企业的固定资产卡片账信息录入系统。

具体操作步骤如下所示。

第一步　在"T3-用友通标准版"窗口中选择"固定资产"→"卡片"→"录入原始卡片"命令，系统弹出"资产类别参照"对话框，如图3.13所示。

图3.13　固定资产卡片账的录入

第二步 选择某一类别固定资产后，单击"确认"按钮，打开"固定资产卡片"窗口，根据企业固定资产原始卡片的信息，逐项进行录入，然后单击"保存"按钮，继续该类别固定资产的录入。无需录入时单击"取消"按钮，完成这一类别的输入。继续其他类别的固定资产数据录入时，可从头开始，如图 3.13 所示。

自己做

请将模拟企业以下的固定资产卡片账录入系统。

资产类别	资产名称	增加方式	使用状况	使用日期	原　值	累计折旧	使用部门
办公用房	办公楼	购入	在用	2009 年 12 月	3 000 000	150 000	办公室
生产厂房	生产车间	购入	在用	2009 年 12 月	5 000 000	250 000	生产车间
仓库	仓库	购入	在用	2009 年 12 月	1 000 000	50 000	生产车间
缝纫设备	单针平车	购入	在用	2009 年 12 月	1 100 000	110 000	生产车间
	人字平车	购入	在用	2009 年 12 月	800 000	80 000	生产车间
	双针车	购入	在用	2009 年 12 月	500 000	50 000	生产车间
	钮门车	购入	在用	2009 年 12 月	100 000	10 000	生产车间
	三针网车	购入	在用	2009 年 12 月	400 000	40 000	生产车间
裁剪设备	裁剪设备	购入	在用	2009 年 12 月	400 000	60 000	生产车间
整烫设备	整烫设备	购入	在用	2009 年 12 月	400 000	40 000	生产车间
货运车	皮卡	购入	在用	2009 年 12 月	100 000	10 000	生产车间

解惑小贴士： 在固定资产卡片中，卡片编号是系统根据初始化时定义的编码方案自动设置，无法修改。在删除非最后一张卡片时，系统将保留空号。

录入与计算折旧有关的项目后，"月折旧额"和"月折旧率"项目会由系统自动算出并显示，此时可与手工计算值进行比较，以确定录入是否有错。

其他选项卡的内容，除"附属设备"、"备注"外，均由系统自动生成，在月末结账后不能修改和输入。

任务 3.6 了解采购模块的主要参数设置

采购模块的参数设置也即系统中的采购业务范围设置，是运用采购模块进行日常采购业务处理的前提。由于有些设置在日常业务开始后不能再随意变更，因此，用户在设置模块参数时需要进行全面考虑，尤其是一些对其他系统有影响的选项更要考虑清楚。本任务将在了解采购模块的主要参数意义的基础上，为模拟企业设置部分采购参数。

具体操作步骤如下所示。

在"T3-用友通标准版"窗口中，选择"采购"→"采购业务范围设置"命令，打开"采购系统选项设置"对话框，共有四个选项卡，企业可根据具体要求选择相应选项，如图 3.14 所示。

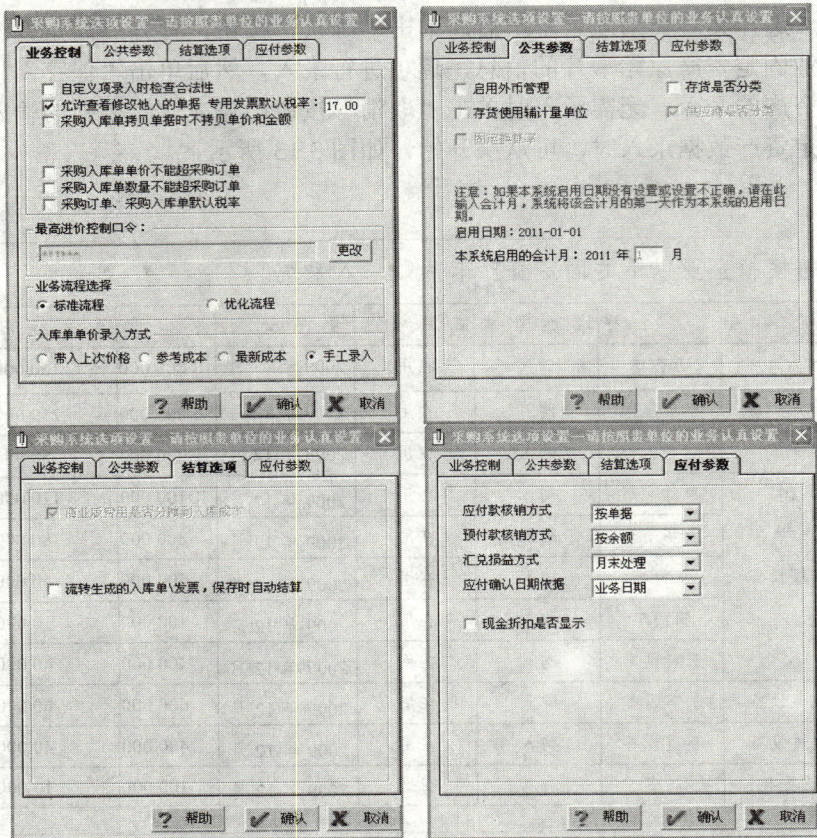

图 3.14　采购模块的参数设置

■ 自己做

请为模拟企业设置采购模块的参数。

1）专用发票的默认税率为 17%。

2）采购订单、采购入库单自动带出默认税率。

3）存货使用辅计量单位，且采用固定换算率。

助力小贴士

采购系统的选项设置有如下四个选项卡。

一、业务控制

1）自定义项录入时检查合法性。若企业在录入单据时需要检查表头或表体的自定义项是否正确，则选中此项，在自定义项录入错误时，系统会予以提示。

2）允许查看修改他人的单据。若允许操作员可以查看或修改他人的采购单据时，则选中此项。

3）专用发票默认税率。根据企业适用的增值税税率填写。

4）采购入库单拷贝单据时不拷贝单价和金额。采购入库单的生成拷贝自采购订单，选中此项，则在拷贝时不拷贝单价和金额。

5）采购入库单单价不能超采购订单。此项为存货采购价格控制参数，若选中此项，则当入库单价（含税或不含税）超过订单单价（含税或不含税）时，入库单不能保存。

6）采购入库单数量不能超采购订单。此项为存货采购数量控制参数，若选中此项，则当入库单（或发票）数量超过订单数量时，入库单（或发票）不能保存（或生成）。

7）采购订单、采购入库单默认税率。新增采购订单、采购入库单时，若使用系统默认税率，则选中此项。

8）最高进价控制口令。单击"更改"按钮可以更改口令，若输入口令，则进行最高进价控制，当填制采购单据时，如果单价超过最高进价，系统会提示输入密码，密码输入正确才能进行下一步操作。若不输入口令（即此处空白），则不进行最高进价控制。

9）业务流程选择。即采购业务的处理流程，企业在建账时已经做了选择，此处的默认设置就是企业建账时的设置。

10）入库单单价录入方式。共有四种选择，一般情况下选择手工录入方式。

二、公共参数

1）启用外币管理。如果有外币业务，则选中此项。

2）存货是否分类。若建账时忘记分类，此处可继续设置。

3）存货使用辅计量单位。若存货有两种及以上数量计量单位，则选中此项。如衬衣可按"件"计量，也可以按"箱"计量。

4）供应商是否分类。企业在建账时已经分类，此处为灰色不可用，若当时未分类，此处亦可继续设置。

5）固定换算率。只有选中了"存货使用辅计量单位"复选框，此项才可用。若选中此项，则在单据录入时，改数量，换算率不变，件数变。

6）本系统启用的会计月。录入本系统启用的会计月份，若其他系统先于采购系统启用，则此处为灰色不可变状态。

三、结算选项

1）商业版费用是否分摊到入库成本。当企业账套为商业性质时，此项可设置。当采购费用需要分摊到存货成本中时，则选中此项。

2）流转生成的入库单/发票，保存时自动结算。由采购入库单流转生成采购发票或采购发票流转生成采购入库单时，若需要系统自动对入库单和发票进行结算，则选中此项。

四、应付参数

1）应付款核销方式。包括按单据核销和按产品核销，此参数可根据需要随时更改。

2）预付款核销方式。包括按单据核销和按余额核销，按单据核销是指根据所选择的单据，对预付款逐笔进行核销。按余额核销是指按预付款收到的日期从前往后进行核销。

3）汇兑损益方式。当企业涉及外币业务核算时，须设置此项参数。月末处理是指每个月末计算汇兑损益，界面则显示所有外币余额不为 0 或本币余额不为 0 的外币单据。外币余额结清时处理是指仅当某外币余额结清时才计算汇兑损益，界面仅显示外币余额为 0 而本币余额不为 0 的外币单据。

4）应付确认日期依据。系统提供了按单据日期和按业务日期确认两种选择。按单据日期确认是指在进行应付确认时，自动将单据的审核日期（即入账日期）记为单据日期。按业务日期确认是指在进行应付确认时，自动将单据的审核日期记为当前日期。

5）现金折扣是否显示。若供应商提供了现金折扣的政策，则可选择在单据结算中是否显示"可享受折扣"和"本次折扣"信息。

任务 3.7 了解销售模块的主要参数设置

在启用销售模块后首先要进行销售业务范围的设置，该设置主要包括业务范围、业务控制、系统参数、打印参数、价格管理以及应收核销等。由于有些设置与其他模块相关联并且在日常业务开始后不能随意修改，因此在进行选项设置之前，首先要了解各个选项对业务处理流程的影响，并根据企业实际需要进行设置。本任务将在了解销售模块主要参数意义的基础上，为模拟企业设置部分参数。

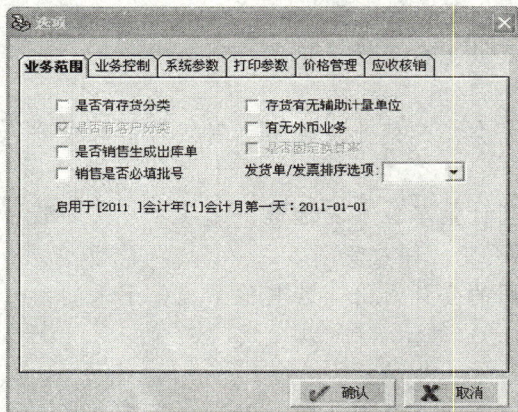

具体操作步骤如下所示。

第一步 在"T3-用友通标准版"窗口中选择"销售"→"销售业务范围设置"命令，打开"选项"对话框，如图 3.15 所示。

第二步 根据企业实际情况及销售管理需要，选择相应的选项，然后单击"确认"按钮。

图 3.15 设置销售业务范围

自己做

请为模拟企业设置如下参数。

1）销售生成出库单。

2）具有发货单审核权限的操作员可以查看所有的发货单。

3）发票若重复打印时，需要输入口令 666666。

4）未审核的发货单和发票不许打印。

解惑小贴士：在"销售业务范围设置"的"价格管理"选项卡中提供了三个选择：存货价格、客户价格和上次价格，这是在处理销售业务时的价格管理模式，价格内容则要选择"销售"→"价格管理"命令进行设置。具体方法是：在"T3-用友通标准版"窗口中选择"销售"→"价格管理"→"存货价格"命令，打开"存货价格"窗口，根据企业的需要为客户设定多种价格层次，然后单击"保存"按钮。

> **助力小贴士**
>
> 在销售业务范围设置中，有许多选项，下面分别简要解释。
>
> 1）业务范围。存货分类、客户分类及有无外币业务均可以在建账时设置，此处无需再处理。是否销售生成出库单是指销售系统的发货单、销售发票在复核时是否自动生成销售出库单，并传到库存系统和核算系统。销售是否必填批号是指批次管理的存货在销售系统开具发货单、发票时批号是否必填。
>
> 2）业务控制。报价是否含税，若选中则报价作为单据的"含税单价"栏的默认值，若不选中，则报价作为单据的"无税单价"栏的默认值。是否允许零出库是指发货量是否可以超出现存量，批次管理的存货不受这个选项的控制。
>
> 3）系统参数。可修改其他操作员的单据，若选中，则一个操作员可修改另一个操作员填制的单据，并将修改后的单据制单人改为修改人的名字。扣率小数位数是指在销售订单、发货单、销售发票上的扣率栏的小数位数，范围在0～2。审核（弃审）的单据数是指在批量审核或弃审时，一次能处理的最多单据数。新增单据时依据订单，选中此项，则在新增发货单时会弹出销售订单的参照界面。防伪税控输出文件路径，由于增值税专用发票的开具需要专门软件，用友 T3 管理系统并不具备这样的功能，因此，在销售系统中开具的发票会以文件的方式进行存储，此处就是设定文件存储的路径，然后由专门的开票系统进行读取。
>
> 4）价格管理。在填制销售订单、销售发货单、销售发票时系统会根据此处设置好的价格政策自动取出所售产品的价格，各种价格方式要选择"销售"→"价格管理"命令进行设置。
>
> 5）应收核销。包括应收款和预付款的核销方式，其中预收款按单据核销是指根据所选择的单据，对预收款逐笔进行核销；预收款按余额核销是指按预收款收到的日期从前往后进行核销。

任务 3.8　了解库存模块的主要参数设置

在首次使用库存模块时，需要对该模块的业务处理控制参数进行设置，设置的目的是确定库存业务流程、业务模式及数据的流向等。与此同时，还要将存货的期初数据全部输入系统，便于后期业务处理时进行引用。本任务将在了解库存模块主要参数意义的基础上，为模拟企业设置部分库存模块的系统参数并录入存货期初数据。

具体操作步骤如下所示。

第一步　在"T3-用友通标准版"窗口中选择"库存"→"库存业务范围设置"命令，打开"系统参数设置"对话框，根据企业库存业务的流程模式进行相应的设置，如图 3.16 所示。

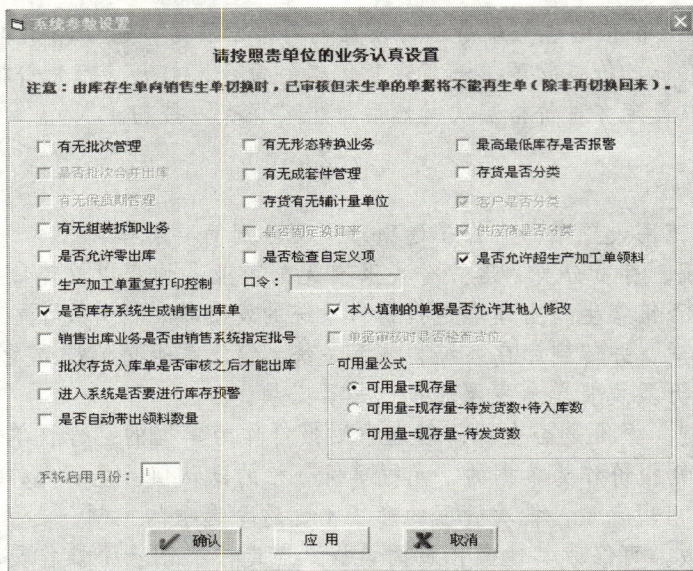

图 3.16 设置库存业务范围

第二步 选择"库存"→"期初数据"→"库存期初"命令，打开"期初余额"窗口，首先选择仓库类别，然后单击"增加"按钮，将相应数据输入后，单击"保存"按钮，如图 3.17 所示。

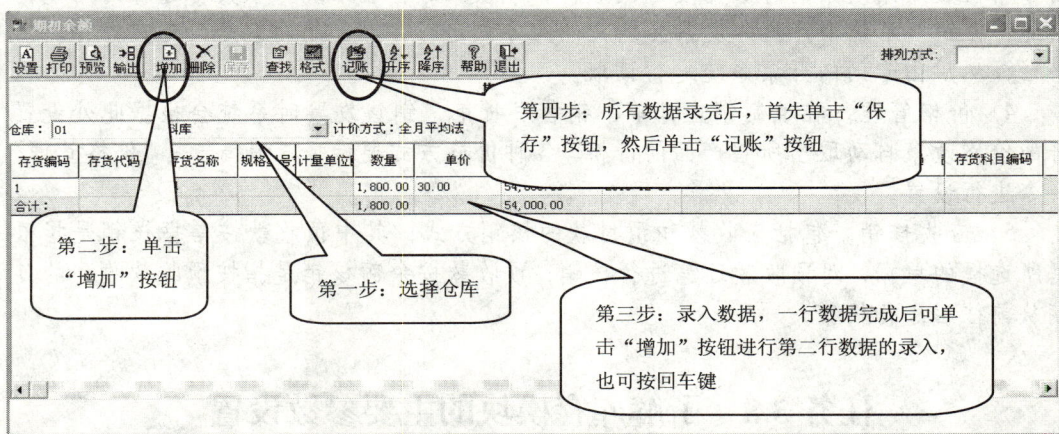

图 3.17 录入存货期初数据

自己做

请将模拟企业的存货信息录入系统。

存货编码	存货名称	规格型号	计量单位	数 量	单价/元	金 额/元
10101	坯布 150	幅宽 150 厘米	米	800	42	33 600
10102	坯布 120	幅宽 120 厘米	米	600	34	20 400
10103	内衬布	幅宽 150 厘米	米	600	10	6 000
10201	黑纱线	黑色	轴	200	18	3 600

续表

存货编码	存货名称	规格型号	计量单位	数　　量	单价/元	金　额/元
10202	彩纱线	彩色		50	28	1 400
10301	男套装辅料		套	180	10	1 800
10302	女套装辅料		套	120	10	1 200
20101	男西装	M	套	200	200	40 000
20102	男西装	L	套	200	200	40 000
20103	男西装	XL	套	200	200	40 000
20104	男西装	XXL	套	200	200	40 000
20201	女西装	S	套	70	160	11 200
20202	女西装	M	套	205	160	32 800
20203	女西装	L	套	240	160	38 400
20204	女西装	XL	套	110	160	17 600

解惑小贴士：库存模块的存货期初数据，只需录入数量即可。存货的金额信息核算模块录入。在录入存货期初数据时，需要注意存货编码要与账套基础信息设置时的编码一致，可在存货编码数据输入的地方单击放大镜，在弹出的参考窗口中进行选择。

对于货位期初数据，只有进行了货位管理业务的情况下，才需要进行货位期初数据的设置，设置方法与存货期初数据设置相同。

在采购模块尚未进行期初记账前，库存模块的期初记账无法进行。在具体操作过程中，可在完成采购模块的期初记账后，再到库存模块完成期初记账。具体方法是打开库存模块的"期初余额"窗口，单击"记账"按钮即可。

助力小贴士

在"系统参数设置"窗口，有许多选项，下面进行简要解释。

1）有无批次管理和是否批次合并出货。对那些需要对出入库的存货进行批次跟踪管理的企业，需要设置批次管理，比如食品、药品行业等。

2）有无保质期管理。只有进行了批次管理，此项才可选。保质期管理是对存货的保质期进行监控，对即将到期、到期及过期的存货进行预警、报警。

3）有无组拆装业务。当企业生产的零部件可单独销售也可组装成另外产品销售时，可选中此项。此时，在库存管理中可设计组装单、拆卸单及组装、拆卸业务。

4）是否允许零出库。所谓零出库，是指出库数量大于库存结存数量，只有在存货尚未办理入库手续但由于业务紧急必须领用时才会出现。一般情况下企业不允许零出库。

5）生产加工单重复打印控制及口令。是否允许生产加工单重复打印，若允许，则口令不能为空。

6）是否库存系统生成销售出库单。未选中该项，为销售生成出库单，即在发货单审核、销售发票复核时，自动生成销售出库单。若选中该项，为库存生成销售出库单，即在销售出库单录入界面，单击"生成"按钮，参照已审核的发货单和发票生成。

7）销售出库业务是否由销售系统指定批号。选中该项，则销售开具发货单或发票时就必须指定批号，而且库存系统根据发货单或发票生成销售出库单时，不能修改此批号。未选中该项，则销售系统开具发货单或发票时批号可输可不输，如果不输批号则在库存模块根据发货单或发票生成销售出库单时指定批号。

8）批次存货入库单是否审核之后才能出库。选中该项，批次管理的存货出库参照入库批次时只将已审核的入库单参照出来。未选中该项，参照所有的入库记录，无论是否审核。

9）进入系统是否要进行库存预警。选中该项，则每次进入系统，系统自动对超过最高或最低的存货进行报警。

10）是否自动带出领料数量。选中该项，在生产加工单中单击"领料"按钮，如果该单据是第一次领料，自动填写"本次出库数量"数据。

11）有无形态转换业务。由于自然条件或其他因素的影响，某些存货会由一种形态转换成另一种形态，如煤块由于风吹、雨淋，天长日久变成了煤渣，活鱼由于缺氧变成死鱼等，从而引起存货规格和成本的变化，因此需根据存货的实际情况填制形态转换单，或叫规格调整单。选中该项，为有形态转换业务。

12）有无成套件管理。有些存货既是单独的商品可单独销售，又是其他商品的组成件，可随同其他商品一起销售，有成套件管理时，既可对成套件中每个单件进行统计，又可对成套件进行统计。选中该项，为有成套件管理。

13）存货有无辅计量单位。如果企业对货物进行财务核算时计量单位与业务活动记载的计量单位不相同，那么就要设置辅计量单位，如某商品可按"件"计算，也可按"箱"计算。选中该项，为使用辅计量单位。

14）是否固定换算率。只有选中了"存货有无辅计量单位"，此项才可选。件数、换算率、数量三者的关系：件数×换算率=数量。单据录入时无论换算率是固定的还是变动的：改件数，换算率不变，数量变；改换算率，件数不变，数量变。但改数量时，固定换算率与变动换算率是不同的，若是固定换算率，改数量，换算率不变，件数变；若是变动换算率，改数量，件数不变，换算率变。固定换算率并不是换算率不可改变，它与变动换算率的区别仅在于：单据录入改数量时，前者反算件数，后者反算换算率。选中此项，为固定换算率。

15）是否检查自定义项。在有些单据中会有自定义项，若选中此项，则用户在输入自定义项后，系统会自动检查其是否存在。

16）最高最低库存是否预警。选中此项，在录入库存单据时，如果存货当前现存量小于最低库存量或大于最高库存量，则系统会报警。

17）是否允许超生产加工单领料。选中此项，则在生产加工单领料的累计出库数超出计划数时，系统会自动报警。

18）本人填制的单据是否允许其他人修改。选中此项，当对单据进行修改时，系统不检查当前操作员是否与制单人一致，单据修改后自动将制单人改为当前操作员。

19）可用量公式。可用量的计算方法可以随时修改，是存货出库时是否允许零出库的计算依据。

任务 3.9 了解核算模块的主要参数设置

在首次使用核算模块时，需要对该模块的核算业务范围进行设置，它是使用核算模块的前提。设置的目的是确定该模块的业务流程、业务模式及数据的流向等。核算模块的选项设置主要包括"核算方式"、"控制方式"、"最高最低控制"及"供应商、客户往来"。本任务是在了解核算模块各参数意义的基础上为模拟企业设置部分核算业务参数。

具体操作步骤如下所示。

在"T3-用友通标准版"窗口中，选择"核算"→"核算业务范围设置"命令，打开"基本设置"对话框，根据企业核算业务的具体要求进行相应设置，如图 3.18 所示。

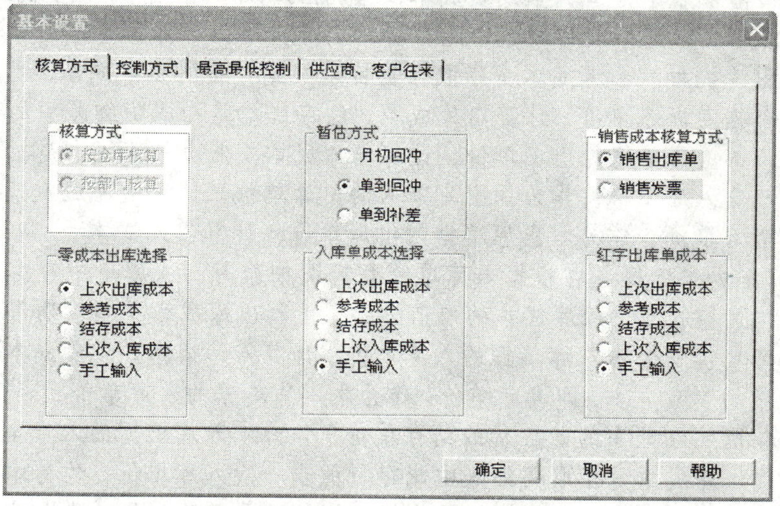

图 3.18 设置核算业务范围

自己做

请为模拟企业设置如下参数。

1）存货暂估入账后，采用单到回冲的方式。

2）进项税转出科目为：应交增值税。

3）入库单新增存货时自动带入最新成本。

4）产品采购科目依据为：按存货。

5）产品销售科目依据为：按存货。

助力小贴士

在"基本设置"窗口共有四个选项卡，分别进行如下解释。

一、核算方式

1）核算方式。按仓库核算是指每个仓库单独核算出库成本；按部门核算是指属于同一部门的所有仓库统一核算出库成本。

57

2）暂估方式。在采购业务中出现的货到票未到情况，需要对存货进行暂估入账，这里是选择进入下一月后回冲暂估入库存货成本的方式。月初回冲是指月初时系统自动生成红字回冲单，待票到处理时，系统自动生成采购入库单。单到回冲是指月初暂不处理，待票到处理时，系统自动生成红字回冲单，同时生成采购入库单。单到补差是指月初暂不处理，待票到处理时，系统自动生成一笔调整单，调整暂估金额为实际金额。

3）销售成本核算方式。在核算销售成本时，是按销售出库单核算成本，还是按销售发票核算成本。如果选择销售出库单，则在正常单据记账时，可记账的单据是销售出库单；如果选择销售发票时，则在正常单据记账时，可记账的单据是销售发票。

4）零成本出库选择。是指根据先进先出法或后进先出法核算的出库单据登记明细账时，如果出现账中为零成本或负成本，造成出库成本不可计算时出库成本的取值方式。上次出库成本是指取明细账中此存货的上一次出库单价作为本出库单据的出库单价，计算出库成本。参考成本是指取存货目录中此存货的参考成本，即参考单价，作为本出库单据的出库单价，计算出库成本。结存成本是指取明细账中的此存货的结存单价，作为本出库单据的出库单价，计算出库成本。上次入库成本是指取明细账中此存货的上一次入库单价，作为本出库单据的出库单价，计算出库成本。手工输入是指提示用户输入单价，作为本出库单据的出库单价，计算出库成本。

5）入库单成本选择。在根据入库单据登记明细账时，入库单中没有写入库成本（即入库成本为空）时，入库成本的取值方式。上次出库成本是指取明细账中此存货的上一次出库单价作为本入库单据的入库单价，计算入库成本。参考成本是指取存货目录中此存货的参考成本，即参考单价，作为本入库单据的入库单价，计算入库成本。结存成本是指取明细账中的此存货的结存单价，作为本入库单据的入库单价，计算入库成本。上次入库成本是指取明细账中此存货的上一次入库单价，作为本入库单据的入库单价，计算入库成本。手工输入是指提示用户输入单价，作为本入库单据的入库单价，计算入库成本。

6）红字出库单成本。是指根据先进先出法或后进先出法核算的红字出库单登记明细账时，出库成本的取值方式。上次出库成本是指取明细账中此存货的上一次出库单价作为本红字出库单据的出库单价，计算出库成本。参考成本是指取存货目录中此存货的参考成本，即参考单价，作为本红字出库单据的出库单价，计算出库成本。结存成本是指取明细账中的此存货的结存单价，作为本红字出库单据的出库单价，计算出库成本。上次入库成本是指取明细账中此存货的上一次入库单价，作为本红字出库单据的出库单价，计算出库成本。手工输入是指提示用户输入单价，作为本红字出库单据的出库单价，计算出库成本。

二、控制方式

1）允许零库存。选中此项，出库数量大于存货的结存数量时仍可出库，即允许超现存量出库，否则，则不允许。

2）成套件管理。本选项将影响存货统计方式，选中此项，则系统既可以统计单件存货的数量金额，也可以统计由若干单件组合而成的套件的数量金额。当企业存在成套件存货而不选中此项时，则系统只统计成套件的数量金额。

3）有辅助计量单位。是指存货除主计量单位外，还可以有辅助计量单位，它只用于统计，不参与存货的成本核算。只有选中此项，固定换算率才可选择。关于固定换算率，详见项目五中的任务一。

4）进项税转出科目。此处可手工输入也可参照输入，手工输入时直接输入末级明细科目名称"进项税转出"。录入该科目的作用在于，在采购结算制单时，如果在结算时发生非合理损耗及进项税转出，在根据结算制单时，系统则自动带出该科目。

5）账面为负结存时入库单记账自动生成出库调整。选中此项，当入库记账时，如果账面为负结存，按入库的数量比例调整结存成本，并自动生成出库调整单，此调整单的属性为销售调整。

6）差异率计算包括本期暂估入库。当企业存货计价采用计划成本法时，在计算材料成本差异率时，暂估入库的存货也计算在内。

7）期末处理登记差异账。选中此项，期末生成差异结转单时则登记差异账，否则，不登记差异账，期末无差异结转。

8）入库差异按超支（借方）、节约（贷方）登记。选中此项，则超支差异登记在借方 节约差异登记在贷方。不选中此项，则所有入库差异均计入借方。

9）调拨入库单取不到对应出库成本时取选项成本。选中此项，则调拨入库单记账取不到成本时，取"入库单成本"选项中的成本。不选中此项，则需要手工输入。

10）组装入库单取不到对应出库成本时取选项成本。选中此项，则组装入库单记账取不到成本时，取"入库单成本"选项中的成本。不选中此项，则需要手工输入。

11）允许查看修改他人单据。选中此项，则允许当前操作员查看或修改他人填制的单据，且修改后制单人变成当前操作员。

12）入库单新增存货时自动带入。是指在填制入库单时，存货成本是否自动带入，此处有三种情况，即按参考成本带入、按最新成本带入、不选择则不带入。

三、最高最低控制

1）最大、最小差异率。此选项只有在选择了"差异/差价率最高最低控制"选项时才能选择。该选项是指在存货采用计划成本计价时出库差异率超过最高最低差异率时的取值标准。

2）最大最小单价。此选项只有在选择了"全月平均/移动平均最高最低控制"选项时才能选择。该选项是指存货在按实际成本计价时出库单价超过全月平均/移动平均单价时的取值标准。

3）全月平均/移动平均单价最高最低控制。选中此项，则计算出的全月平均单价如果不在最高最低单价范围内，系统自动取"最大或最小单价"中设置的成本。不选中此项，则按计算出的全月平均单价或移动平均单价记成本。

4）差异/差价率最高最低控制。选中此项，如果系统计算出的差异率超过设置的标准差异率即差异率允许的上下幅度，用户可选择按标准差异率、当月入库差异率、上月出库差异率等几种方法进行成本计算。

5）全月平均/移动平均最高最低单价是否自动更新。选中此项，则全月平均/移动平均记账系统在最大最小单价设置中进行更新最高最低单价。

6）差异/差价率最高最低是否自动更新。选中此项，则计划价核算的入库单记账时在最大最小单价/差异率设置中进行更新最大最小差异率/差价率。

四、供应商、客户往来

1）控制科目依据。按供应商分类（客户分类）是指将供应商（客户）分成几个大类，针对不同大类设置不同的应付（应收）科目和预付（预收）科目。按供应商（客户）分类是指针对不同的供应商（客户）设置不同的应付（应收）科目和预付（预收）科目。按地区分类是指针对供应商（客户）所在的地区设置不同的应付（应收）科目和预付（预收）科目。

2）产品采购（销售）科目依据。在存货采购（销售）时，是按存货分类设置会计科目还是按存货设置会计科目。

3）受控科目制单方式。明细到供应商（客户）是指一个供应商（客户）的多笔业务合并成一张凭证时，系统只生成一条分录。明细到单据是指一个供应商（客户）的多笔业务合并成一张凭证时，系统会将每一笔业务生成一条分录。

4）非受控科目制单方式。明细到供应商（客户）是指当将一个供应商（客户）的多笔业务合并生成一张凭证时，如果核算这些业务的非受控科目相同且其所带辅助核算项目也相同，则系统只合并生成一条分录。明细到单据是指当将一个供应商（客户）的多笔业务合并生成一张凭证时，系统会将每笔业务生成一条分录。汇总制单是指当将多个供应商（客户）的多笔业务合并生成一张凭证时，如果核算这些业务的非控制科目相同且其所带辅助核算项也相同，则系统将自动生成一条会计分录。

项目 4

采购业务核算

项目描述

　　采购管理是用友 T3 管理系统的重要组成部分，能帮助企业对采购业务流程进行管理，提供订货、入库、开票和结算等功能，突破了会计核算软件单一财务管理的局限，实现了企业业务财务一体化、物流资金流统一化的管理模式。本项目将在熟悉用友 T3 管理系统采购模块主要功能的基础上，完成模拟企业采购业务的核算。

教学目标

　　◇　掌握采购模块初始化的工作内容。
　　◇　掌握采购模块日常处理的业务流程。

任务 4.1　采购模块的期初记账

采购系统的期初记账是指将期初应付或预付供应商的货款余额及上期未处理完的采购单据等录入采购系统，并在此基础上进行期初记账。总账的期初余额中若存在应付账款与预付账款，则在初次启用采购系统时，须将应付账款的期初余额及预付账款的期初余额录入采购系统，以便日后进行付款结算。与此同时，截至采购系统启用日，若存在未处理完的采购单据，则需要将单据信息录入系统，作为采购业务的初始起点。值得注意的是，无论是否存在期初未处理的单据，采购模块均要进行期初记账，它是进行本期业务处理的前提。

本任务将为模拟企业进行采购模块的期初数据处理及期初记账处理。

一、期初应付账款录入

由于用友 T3 管理系统没有"应付管理"模块，因此，期初应付账款的数据需要录入采购模块的供应商往来期初中。

具体操作步骤如下所示。

第一步　在"T3-用友通标准版"窗口中选择"采购"→"供应商往来"→"供应商期初"命令，打开"期初余额——查询"对话框，单击"确认"按钮，如图 4.1 所示。

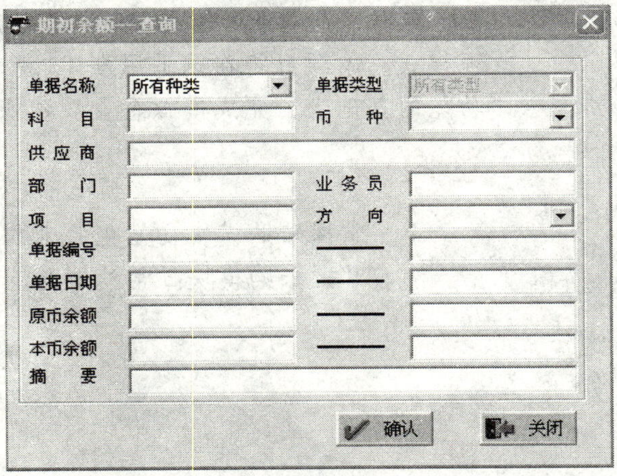

图 4.1　供应商往来期初余额查询

第二步　在打开的"期初余额"窗口，单击"增加"按钮，系统弹出"单据类别"窗口，单据名称选择"采购发票"，单据类型选择"专用发票"，方向选择"正向"，然后单击"确认"按钮，如图 4.2 所示。

第三步　根据供应商提供的采购发票，将发票的相关项目录入"采购专用发票"（其中，科目编号必须录入，否则无法对账），单击"保存"按钮，若有同类型期初余额，则继续单击"增加"按钮，以此类推，如图 4.3 所示。

第四步　录入完毕后，单击"退出"按钮，返回"期初余额"窗口，单击"对账"

按钮，系统弹出"期初对账"窗口，差额为零时，表示录入正确，否则，需要检查供应商往来期初或总账期初录入是否正确，如图 4.4 所示。

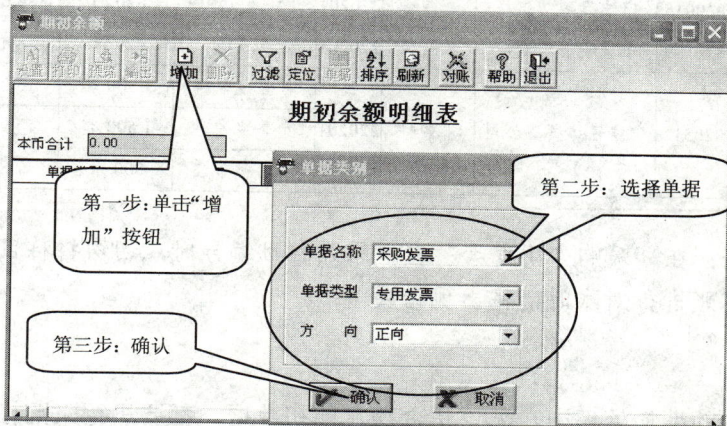

图 4.2　期初余额的单据选择

图 4.3　录入应付账款期初余额

| 编号 | 科目 | | 应付期初 | | 总账期初 | | 差额 | |
	名称	原币	本币	原币	本币	原币	本币
123	预付账款	0.00	0.00	0.00	0.00	0.00	0.00
201	应付票据	0.00	0.00	0.00	0.00	0.00	0.00
202	应付账款	507,850.00	507,850.00	507,850.00	507,850.00	0.00	0.00
	合计		507,850.00		507,850.00		0.00

图 4.4　供应商往来期初对账

自己做

请将模拟企业的供应商往来期初录入采购模块。

单据类别	发票号	供货单位	部门	科目编码	存货名称	数 量	金 额/元	税 额/元
采购专用发票	367820015	宁波云翔纺织厂	采购科	220201	坯布 150	12 820.51 米	384 615.38	65 384.62
采购专用发票	367820129	宁波华美织造厂	采购科	220201	黑纱线	420 米	8 418.80	1 431.2
采购专用发票	367820511	宁波轻纺贸易公司	采购科	220201	男套装辅料	1 800 套	18 251.64	3 102.78
					女套装辅料	1 500 套	14 910	2 534.7
					内衬布	800 米	7 864	1 336.88

解惑小贴士：在"采购专用发票"窗口录入科目编号时，切勿将科目名称也一起带入，否则在与总账进行对账时，将出现错误。

二、期初记账

在采购模块的期初处理中，无论是否存在期初数据，都要进行采购模块的期初记账工作，它是采购模块后续业务处理的前提。

具体操作步骤如下所示。

在"T3-用友通标准版"窗口中，选择"采购"→"期初记账"命令，系统弹出"期初记账"对话框，单击"记账"按钮，然后单击"确定"按钮完成记账。若取消记账，则仍选择"采购"→"期初记账"命令，在"期初记账"对话框中单击"取消记账"按钮即可，如图 4.5 所示。

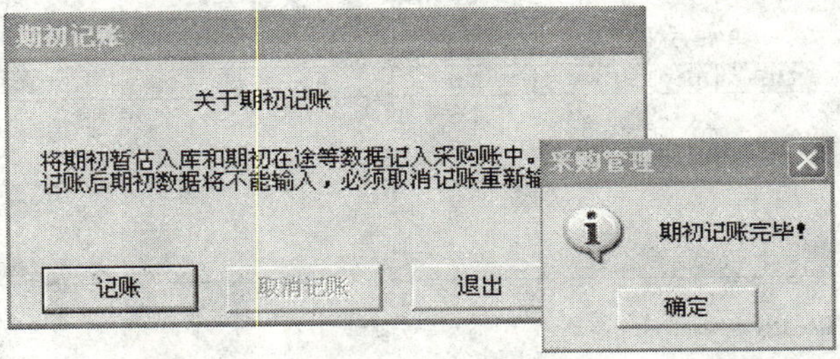

图 4.5　采购模块期初记账

自己做

请为模拟企业进行采购模块的期初记账。

助力小贴士

采购模块的期初数据处理除了将应付账款（或应付票据）录入采购系统外，还可能包括以下两部分内容，一是预付账款的期初余额录入；二是系统启用前有存货暂估入库（货到票未到）或存货在途（票到货未到）。下面分别进行简要介绍。

一、预付账款的期初余额录入

在启用采购模块前，企业存在预付账款，金额已在总账系统中录入，此时，预付账款的期初余额需要在采购模块再次录入，以便今后在处理采购业务时进行核销。

具体操作步骤如下所示。

第一步 在"T3-用友通标准版"窗口中选择"采购"→"供应商往来"→"供应商往来期初"命令，打开"期初余额——查询"对话框，选择要查询的单据名称和类型后单击"确认"按钮（此处可直接单击"确认"按钮），如图 4.6 所示。

图 4.6 "期初余额——查询"窗口

第二步 在打开的"T3-用友通标准版—[期初余额]"窗口中，单击"增加"按钮，打开"单据类别"窗口，单据名称选择"预付款"，单据类型选择"付款单"，方向为"正向"，然后单击"确认"按钮，如图 4.7 所示。

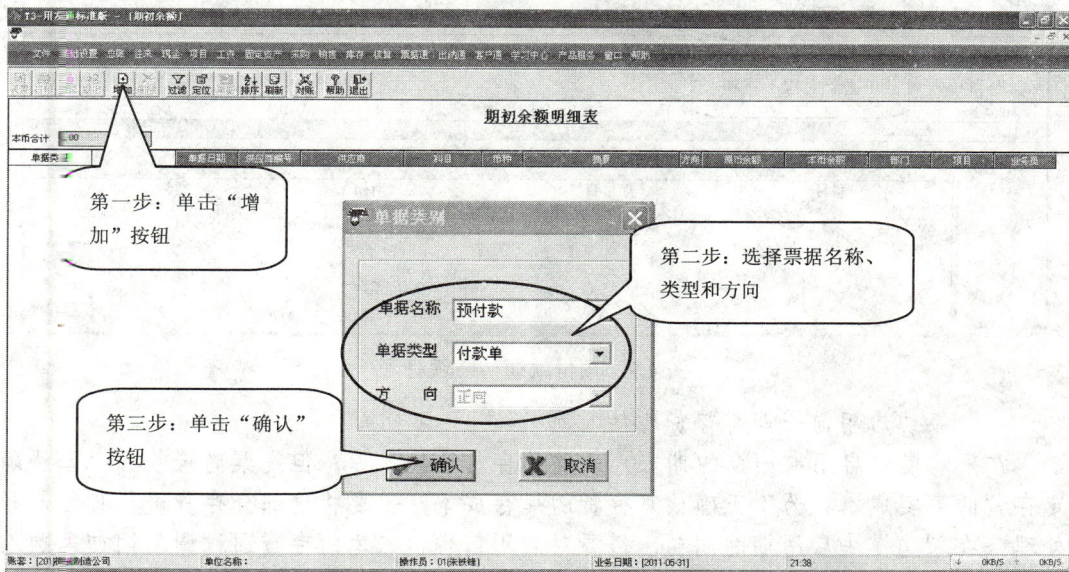

图 4.7 选择单据类别

第三步 在打开的"预付款"窗口，将"供应商"、"部门"、"结算方式"、"金额"等信息录入后（其中蓝色字体显示的项目为必填内容，科目必须填写，否则无法对账），单击"保存"按钮，再单击"退出"按钮，如图4.8所示。

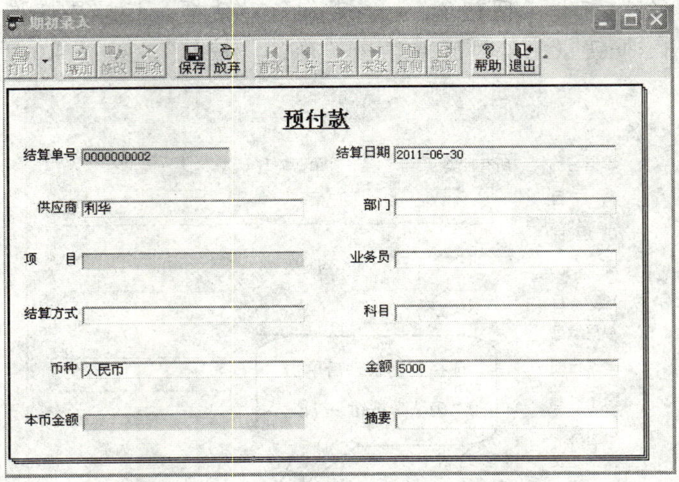

图4.8　录入预付款期初余额

　　第四步　　返回"T3-用友通标准版—[期初余额]"窗口，单击"对账"按钮，如图 4.9 所示。此处的对账是指采购系统中的期初余额与总账系统中的期初余额进行对照，若相同，则表明业务处理正确，若不同，则需检查是采购系统有误还是总账系统有误。对账完毕后直接单击"关闭"按钮退出期初对账及期初余额明细表。

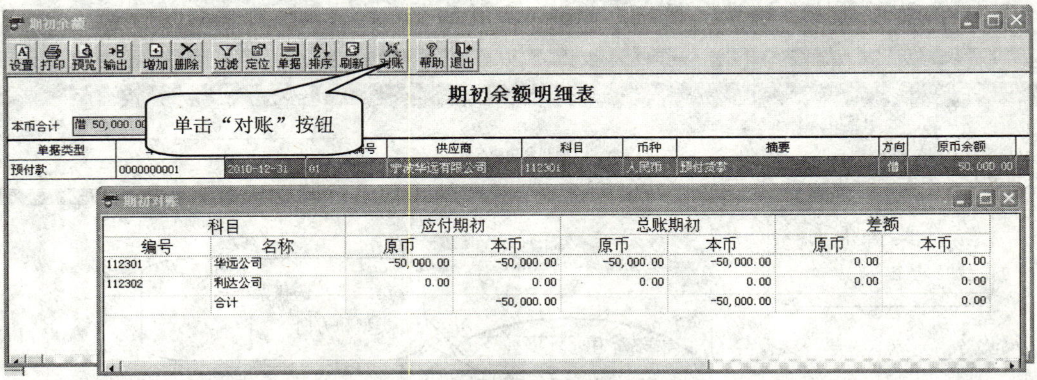

图4.9　预付款期初余额对账

二、系统启用前一期有存货暂估入库

　　在采购模块启用前一期的期末，采购的存货已经入库，但发票尚未收到，无法确定存货的真实成本，为了正确核算存货的库存成本，需要将这部分存货进行暂估入账处理。在采购模块启用期的期初，需要对启用前暂估入库的存货通过调用期初采购入库单进行处理。

　　具体操作步骤如下所示。

　　在采购模块期初记账前，选择"采购"→"采购入库单"命令，打开"采购入库"窗口，单击"增加"按钮，将相关内容录入后，单击"保存"按钮，如图4.10所示。

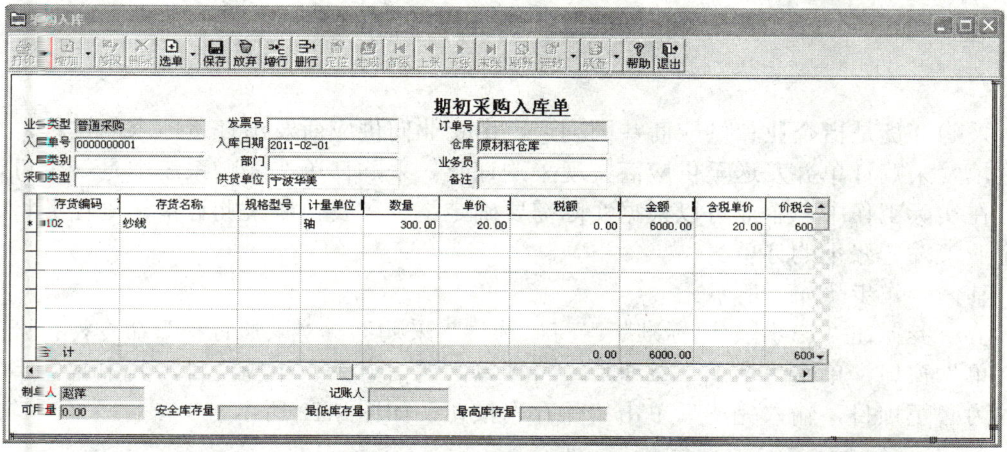

图 4.10   暂估入库存货的期初录入

对于暂估入库存货的后续处理，系统提供了三种不同的处理方法，即月初回冲、单到回冲和单到补差，采用哪种方法，需要在核算模块的参数设置中进行设置。具体参见项目三中的任务九。

三、采购模块启用期的期初有票到货未到（在途存货）情况

在用友 T3 管理系统使用过程中，若存在票到货未到的业务，可以暂时不处理，待货物运到后，按照正常采购业务处理即可。但在采购系统启用期的期初存在在途存货，也即属于采购模块启用前一期的期末发生票到货未到业务，且已形成在途存货并记账，则必须将该在途存货录入采购模块的期初数据中。

具体操作步骤如下所示。

在采购模块期初记账前，选择"采购"→"采购发票"命令，打开"采购发票"窗口，单击"增加"按钮旁的小箭头，从弹出的菜单中选择发票种类，然后将发票的相关内容录入表体，单击"保存"按钮，如图 4.11 所示。

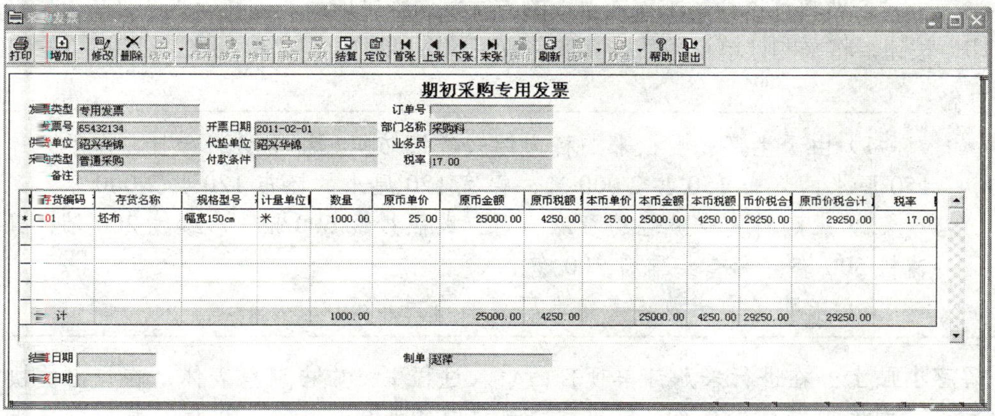

图 4.11   录入期初采购专用发票

67

任务 4.2 采购订货

采购订货是指企业和供应商共同确认，由企业向供应商发出订货需求的过程，企业通过填发采购订单并发送至供应商实现采购订货。采购订单在采购系统中是一个可选单据，在实际工作中，企业可以根据实际需要确定是否需要填制采购订单。本任务将为模拟企业填发一张采购订单。

具体操作步骤如下所示。

第一步 在"T3-用友通标准版"窗口选择"采购"→"采购订单"命令，打开"采购订单"窗口，单击"增加"按钮后，将订单必要信息录入相应栏目，其中蓝色字体显示的为必填项目，输入完毕后单击"保存"按钮，如图4.12所示。

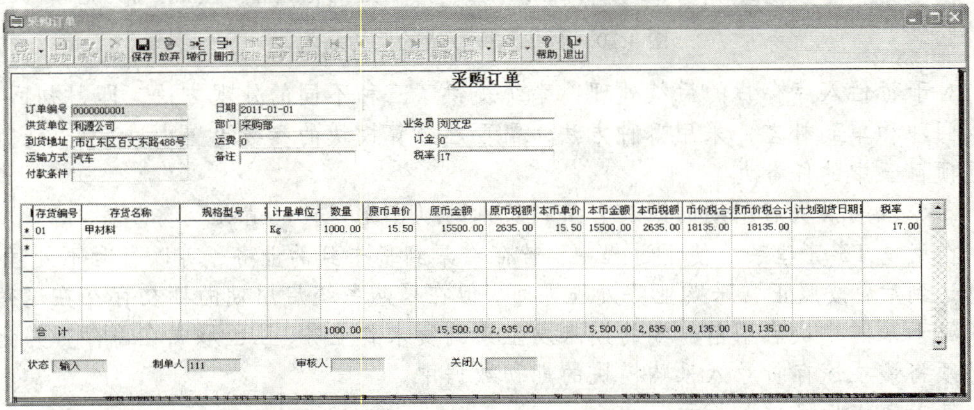

图 4.12 录入采购订单

第二步 在"采购订单"窗口单击"审核"按钮，对采购订单进行审核（只有经过审核后的订单才有效）。

第三步 若要将订单通过邮寄或传真的方式发送给供应商，则在"采购订单"窗口单击"打印"按钮，将采购订单打印后传真。完成后单击"退出"按钮，完成采购订单的编制。

▌自己做

1）由于生产需要，采购科向绍兴华锦纺织厂订购材料一批，内容为：幅宽150厘米的坯布150共2000米，幅宽120厘米的坯布120共2000米。

2）采购科向宁波轻纺贸易公司订购黑纱线600轴，彩纱线200轴，男套装辅料500套，女套装辅料300套。

3）采购科向宁波华美织造厂订购内衬布5000米。

解惑小贴士： 在进行采购订单项目的录入过程中，右击订单表体，在弹出的快捷菜单中选择"查看现存量"命令，可以查看目前存货的库存情况，以便为制定订单采购数量作参考。如果在采购选项中设置了最高进价控制，当订单采购单价高于设置的最高单价时，需要输入最高进价控制口令。

任务 4.3　填制采购入库单

采购入库是指供应商将企业采购的货物运至企业后，企业进行验收入库的行为。采购的货物到达企业后，采购部门应会同仓库保管部门一起对货物进行验收，并由采购部门根据到货数量填制采购入库单。采购入库单填制完毕后，系统会自动传递至库存模块，由仓库保管部门进行审核，确认验收入库。采购入库单是给供应商作为收货的凭证，同时也是企业进行后续账务处理的依据。需要注意的是，采购入库单必须经过审核，才能说明存货已经真正验收入库，而采购入库单的审核则需在库存模块完成。本任务将为模拟企业填制采购入库单。

具体操作步骤如下所示。

第一步　在"T3-用友通标准版"窗口中，选择"采购"→"采购入库"命令，打开"采购入库"窗口。

第二步　单击"增加"按钮后将入库单必要信息录入相应栏目，其中蓝色字体显示的为必填项目（其中，入库类型必须填写，便于以后设置对应科目及制单），然后单击"保存"按钮。

若要与采购订单建立起联系，则在单击"增加"按钮后，先选择入库的仓库，然后右击表体空白处，在弹出的快捷菜单中选择"拷贝订单"命令，如图 4.13 所示。

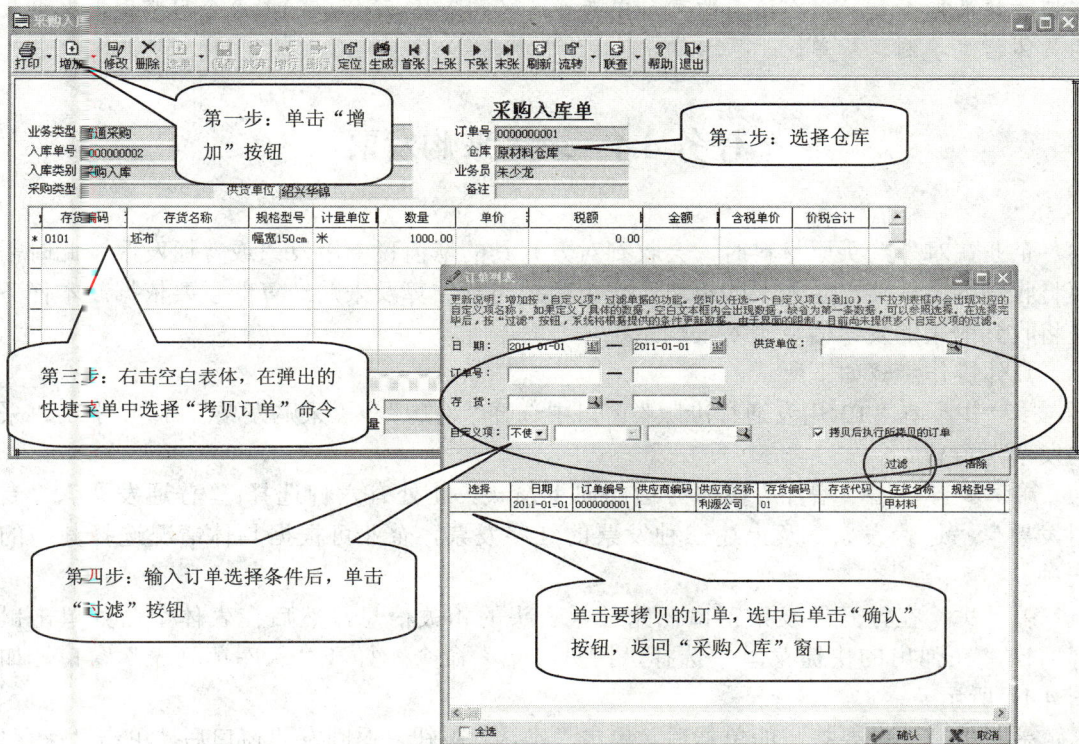

图 4.13　填制采购入库单

■ **自己做**

  1）向宁波轻纺贸易公司订购的材料到货，经验收，黑纱线 600 轴、彩纱线 200 轴、男套装辅料 500 套及女套装辅料 300 套均合格，由采购部门填制采购入库单并传递至库存管理部门。

  2）采购自宁波华美织造厂的内衬布到货，数量为 4 800 米。采购部门填制采购入库单。

  3）订购自绍兴华锦纺织厂的坯布 150 以及坯布 120 也已到货，坯布 150 的数量为 2 030 米，坯布 120 的数量为 2 100 米。由采购部门填制采购入库单。

  解惑小贴士： 在填制采购入库单时或拷贝采购订单后，可根据供应商提供的有关单据或实际情况修改存货的入库数量。采购入库单中的金额无需填写，因为此时尚无法确定采购存货的真实成本。如果在采购选项中选择了"采购入库数量不能超过采购订单"，则在拷贝采购订单后，采购入库单的存货入库数量不能超过采购订单上的数量。

  由于采购入库单的数据是由采购部门填写，存货是否真正入库尚未可知，因此，在采购管理模块的采购入库单中并没有"审核"命令。采购入库单的审核是由仓库人员在库存管理模块中进行，采购入库单只有经过仓库人员的审核后，才能确认存货已经入库。

  对于存货的退货处理，需要填制退货单，方法是：在采购入库单界面单击"增加"按钮旁边的向下箭头，在弹出的菜单中选择"采购入库单（红字）"命令，然后根据退货的具体信息填制退货单。

任务 4.4　录入采购发票

  企业在对外购买原材料时，会收到对方开具的增值税专用发票或普通发票，此时需要将收到的发票信息录入采购模块，作为后续付款结算及采购结算的重要依据。本任务是将收到的采购发票信息录入采购系统。

  具体操作步骤如下所示。

  第一步　在"T3-用友通标准版"窗口中选择"采购"→"采购发票"命令，打开"采购发票"窗口。

  第二步　单击"增加"按钮旁边的向下箭头，此处有六种选择："普通发票"、"专用发票"、"运费发票"及上述三种发票的红字发票，企业可根据具体情况选择其中的一种。

  第三步　在打开的发票窗口，先录入表头的相关信息，然后在表体空白处单击鼠标右键，在弹出的快捷菜单中选择"拷贝订单"命令，打开"入库单列表"窗口，如图 4.14 所示。

  第四步　选中要拷贝的单据后，单击"确认"按钮，返回发票窗口后，单击"保存"按钮，完成发票的填制。

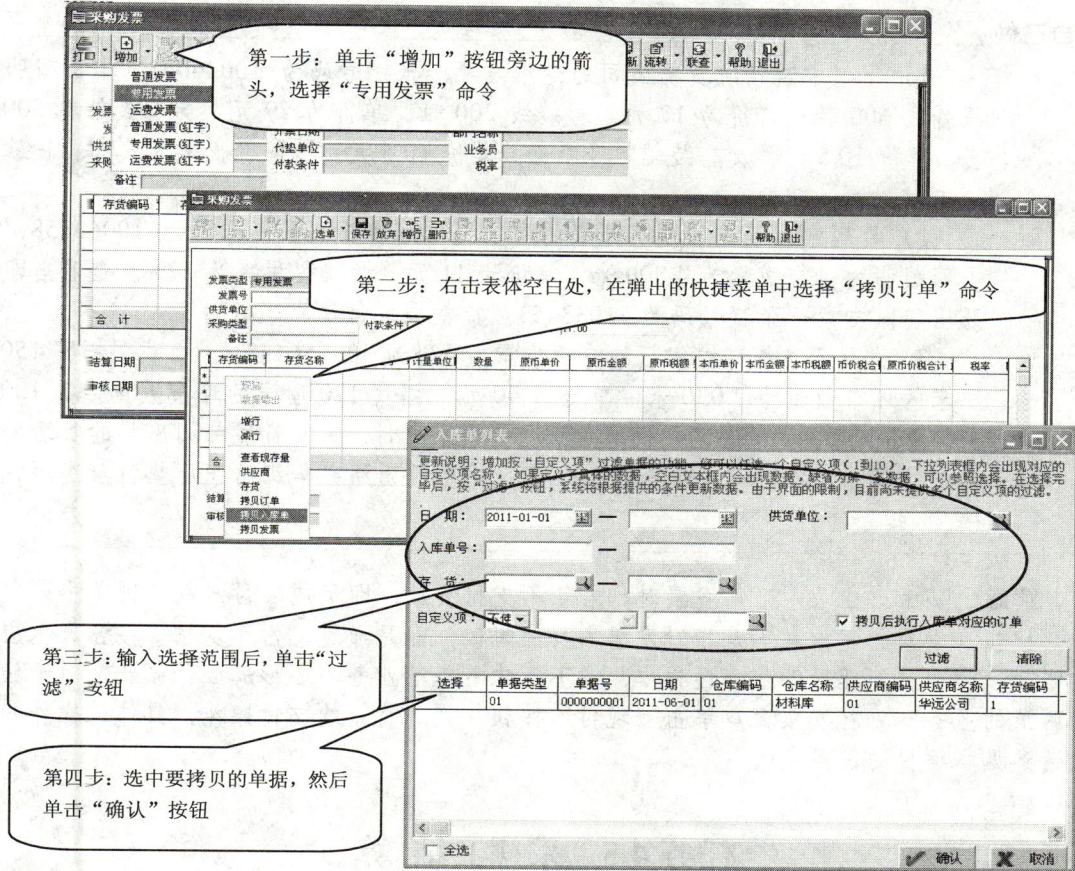

图 4.14　填制采购发票

第三步　若暂时不支付货款，即形成应付账款，则单击发票上方的"复核"按钮，然后单击"退出"按钮，完成采购发票的录入操作，如图 4.15 所示。

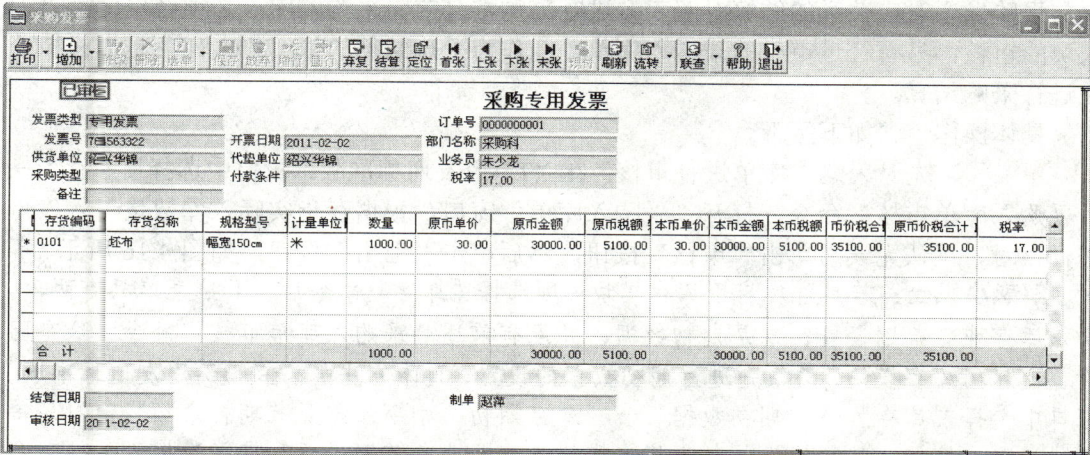

图 4.15　采购发票的复核

■ **自己做**

  1）收到宁波轻纺贸易公司的专用发票一张，号码为 10046025，上面载明黑纱线 600 轴，单价为 17 元，彩纱线 200 轴，单价为 29 元，男套装辅料 500 套，单价 10.5 元，女套装辅料 300 套，单价 10.5 元。增值税税率为 17%，货款未支付。

  2）收到宁波华美织造厂开来的增值税专用发票一张，号码为 10063258，上面载明内衬布数量为 4 800 米，单价为 11 元，增值税税率为 17%。企业当即开出转账支票一张（号码为 2103345），货款全部付清。

  3）收到绍兴华锦纺织厂的专用发票，号码为 300156458，上面载明幅宽 150 厘米的坯布数量为 2 030 米，单价为 40 元，幅宽 120 厘米的坯布数量为 2 100 米，单价为 33 元，增值税税率 17%，货款未支付。另有货运部门出具的货运发票，号码为 1004567，价格为 800 元，运费已由绍兴华锦纺织厂垫付（进项税按 7%扣除）。

  解惑小贴士：在录入采购发票时，若暂不支付货款，即形成应付账款，则单击"复核"按钮，发票的复核并不是指对发票本身的审核，而是通过单击"复核"按钮产生应付账款。企业在处理采购业务过程中，并不意味着每笔业务均要形成应付账款，对于钱货两清的业务，可在发票窗口单击"现付"按钮，完成货款的支付操作，具体的操作步骤请参见本项目的任务 4.6。

任务 4.5 采 购 结 算

  采购模块中的采购结算是指根据采购入库单和采购发票核算采购入库成本的过程，并非货款结算。采购结算的结果是采购结算单，它是存货最终的采购成本，是采购入库单与采购发票对应关系的结算对照表。进行采购结算前，采购入库单必须经过库存管理人员的审核，只有经过审核的采购入库单才能作为采购结算的依据。本任务是为模拟企业进行采购结算。

  具体操作步骤如下所示。

  第一步 先对采购入库单进行审核：在"T3-用友通标准版"窗口中选择"库存"→"采购入库单审核"命令，打开"采购入库单"窗口，根据存货实际入库数量与入库单进行核对，确认无误后单击"审核"按钮，然后单击"退出"按钮，如图 4.16 所示。

  解惑小贴士：若是首次启用库存模块，则选择"库存"命令后，下拉菜单只有两项，一是库存业务范围设置；二是期初数据，并没有前述"采购入库单审核"命令。这是因为首次启用库存模块，必须先进行期初数据的设置，具体方法是：在"T3-用友通标准版"窗口中选择"库存"→"期初数据"→"库存期初"命令，打开"期初余额"窗口，单击"记账"按钮，然后退出。关于库存模块具体的业务范围设置和期初数据设置，可参见项目 3 的有关内容。

  由于采购模块和库存模块分属不同部门管理，因此，两个模块之间进行转换时，需要重新注册，具体方法为：在"T3-用友通标准版"窗口中选择"文件"→"重新注册"命令，然后以相应操作员的身份重新注册。

图 4.16　审核采购入库单

第二步　在"T3-用友通标准版"窗口中选择"采购"→"采购结算"→"手工结算"命令，打开"手工结算"窗口，如图 4.17 所示。

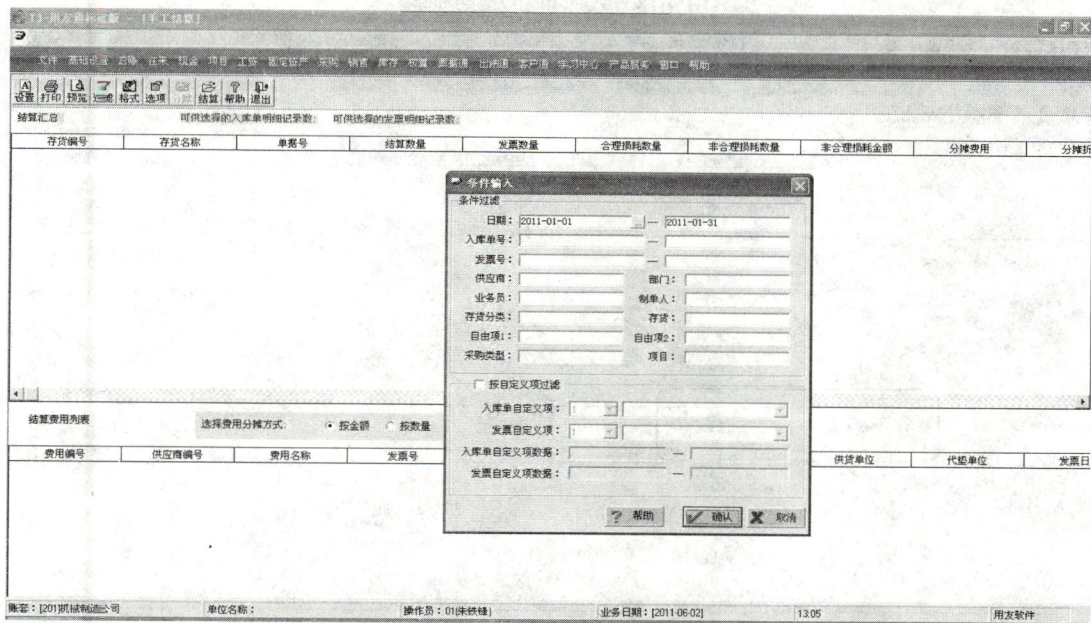

图 4.17　采购手工结算单据筛选

第三步　在弹出的"条件输入"对话框录入需要筛选的单据的条件后，单击"确认"按钮（或直接单击"确认"按钮），系统弹出"入库单和发票选择"窗口，选择需要结算的入库单和发票，然后单击"确认"按钮，如图 4.18 所示。

第四步　在返回"手工结算"窗口后，单击"结算"按钮，完成采购入库单和采购发票的结算。若有运费，则在单击"结算"按钮前，先选择运费分摊方式，然后单击"分摊"按钮，再单击"结算"按钮，结算完毕后单击"退出"按钮。若仍有未结算的入库单和发票，则单击"过滤"按钮，继续筛选相关单据，如图 4.19 所示。

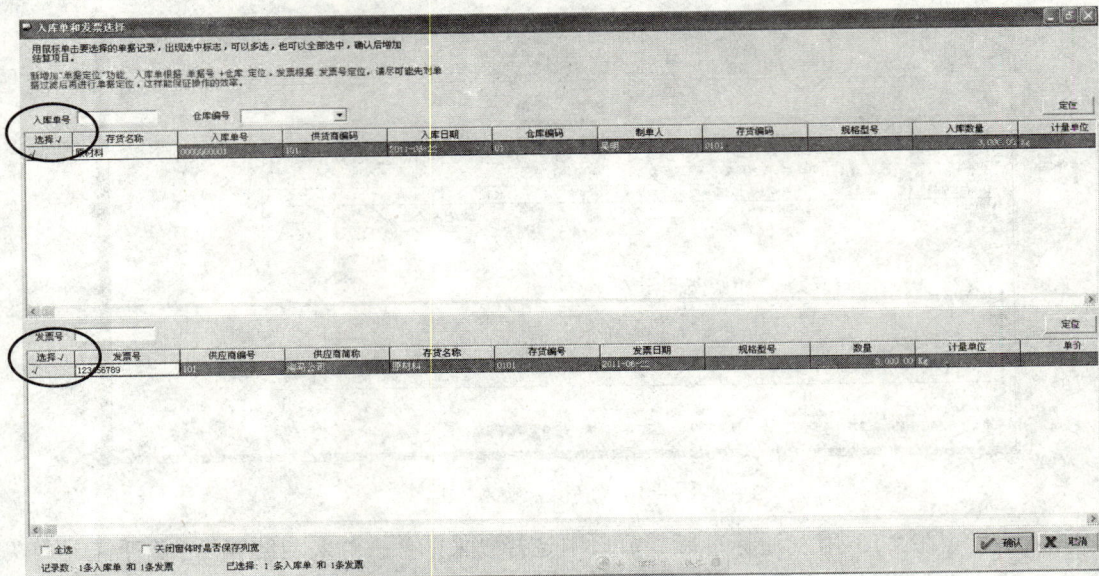

图 4.18　入库单和发票选择

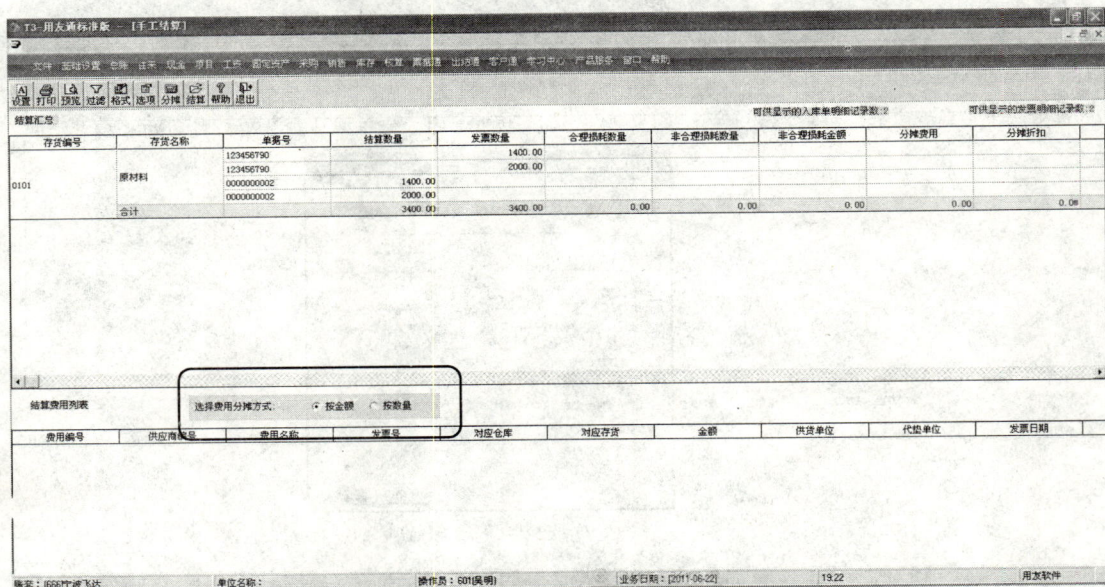

图 4.19　采购入库单与采购发票的结算

■自己做

　　请将模拟企业所有与料单同到的采购业务进行采购入库单与采购发票的采购结算。绍兴华锦纺织厂垫付的运费，按材料的数量进行分摊。

解惑小贴士：采购结算除了可以手工结算外，还可以进行自动结算。具体方法是，选择"采购"→"采购结算"→"自动结算"命令，打开"自动结算"窗口选择好过滤条件及结算模式后，单击"确认"按钮，完成结算。此外，还可以在"采购发票"窗口完成，具体方法是：在"采购发票"窗口单击"结算"按钮，系统弹出"自动结算"窗口，选择与发票结算的对象后，单击"确认"按钮完成结算。经过结算后的发票左上角会显示红色印章"已结算"。

任务 4.6　与供应商进行付款结算

企业在采购存货过程中，与供应商的结算大体有三种情况，第一种是采用现付方式，即钱货两清；第二种是形成应付账款，构成企业的流动负债；第三种是用预付款对供应商进行结算。本任务将进行完成模拟企业偿还应付账款的处理。

具体操作步骤如下所示。

第一步　在"T3-用友通标准版"窗口中选择"采购"→"供应商往来"→"付款结算"命令，打开"单据结算"窗口，首先单击"供应商"栏末的放大镜按钮，在弹出的"参照"窗口双击要进行核销的供应商，如图 4.20 所示。

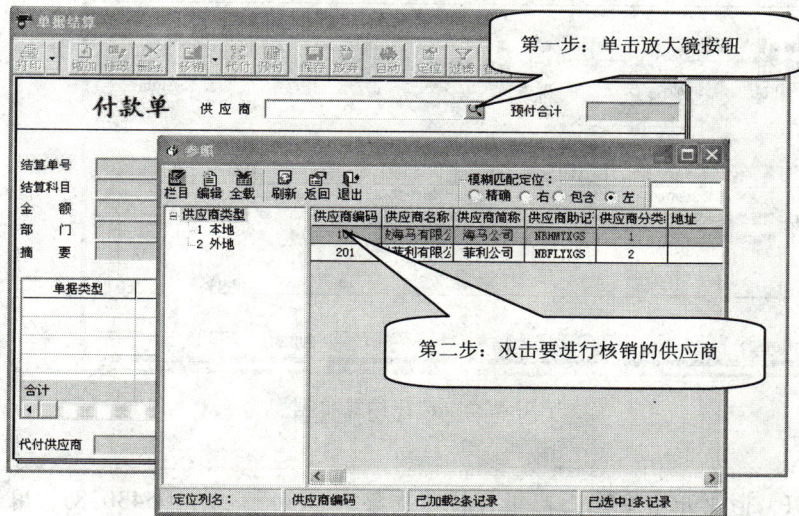

图 4.20　选择结算供应商

第二步　在返回"单据结算"窗口后，单击"增加"按钮，选择结算方式、结算科目（银行存款或其他货币资金），输入结算金额（若在此之前有预付款，则在右下角输入预付款金额），单击"保存"按钮，如图 4.21 所示。

第三步　单击"核销"按钮，在"单据结算"窗口下半部会显示出与该供应商所有尚未结算的单据，拉动滚动条至最后，双击要结算单据的"本次结算"栏，输入结算金额，然后单击"保存"按钮，如图 4.22 所示。

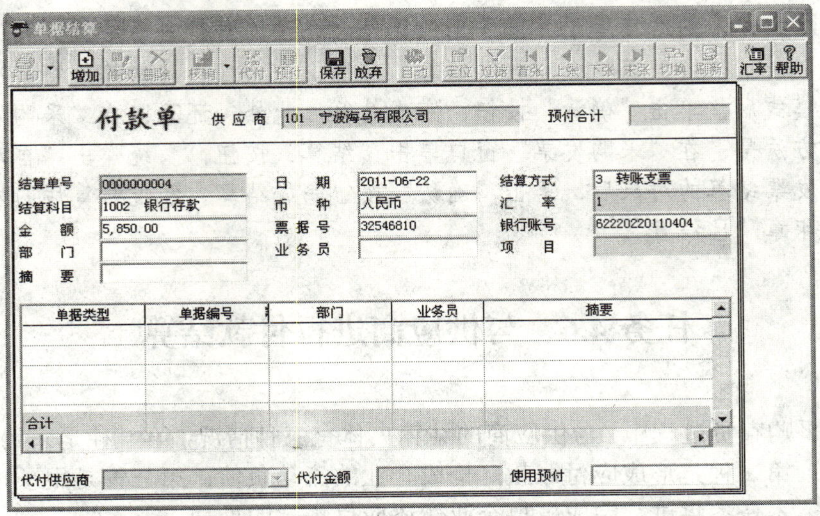

图 4.21　录入付款单数据

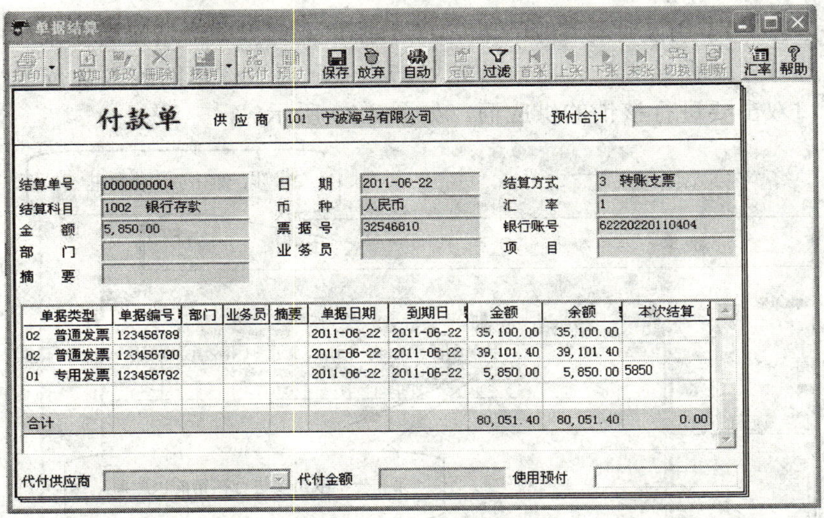

图 4.22　选择结算单据

自己做

1）企业开出中国工商银行转账支票一张（号码为 10543028），用于偿还前欠宁波轻纺贸易公司的货款 48 000 元及本次的所有采购款，共计 76 548 元。

2）企业开出中国工商银行转账支票一张（号码为 10543029），用于偿还前欠宁波华美织造厂的货款 9 850 元。

3）企业开出中国工商银行转账支票一张（号码为 10543030），用于偿还前欠宁波云翔纺织厂的货款 450 000 元。

解惑小贴士：付款结算的实质是在采购系统核销应付供应商的货款。在录入采购发票后，若暂时不付款（即确认应付账款）则在"采购发票"窗口单击"复核"按钮，若直接支付货款，则单击"现付"按钮。现付的操作步骤如下：在"采购发票"窗口，单击"现付"按钮，在弹出的"采购现付"对话框中选择结算方式、输入结算金额及结算票据号码后，单击"确定"按钮，如图 4.23 所示。

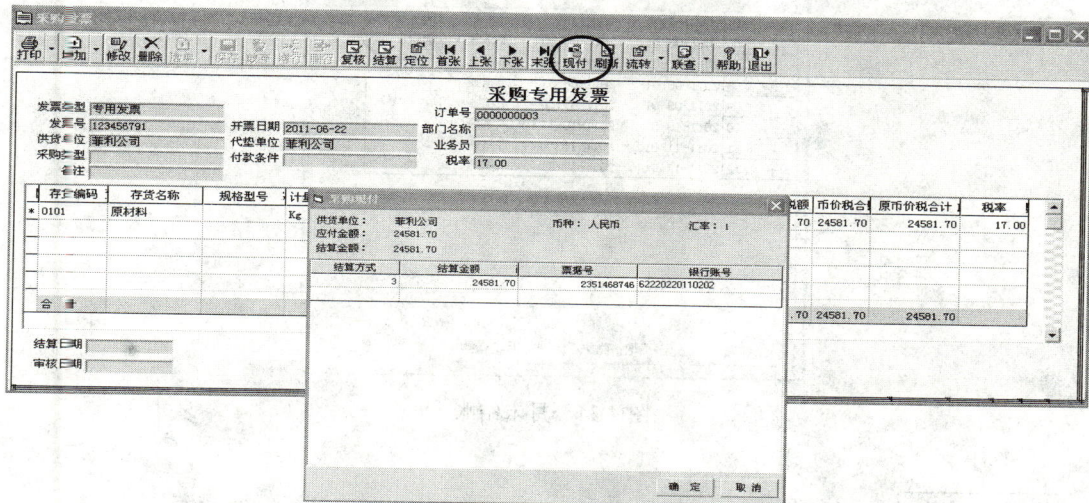

图 4.23　采购业务现付结算的操作

与供应商的往来中，除了付款结算外，还包括应付冲应付、预付冲应付、应付冲应收及红票对冲等，应付冲应付是指将指定供应商的应付款转到其他供应商之中；预付冲应付是指将某供应商的预付款来核销其应付款；应付冲应收是指将某供应商的应付款用来核销某客户的应收款；红票对冲是指红字单据冲销正向单据的处理。该部分内容可具体参见用友 T3 管理系统的帮助功能。

任务 4.7　月 末 结 账

采购模块的月末结账是指将每月与采购有关的单据进行封存，并将当月的采购数据记入有关账表中。本任务将为模拟企业进行采购模块的月末结账。

具体操作步骤如下所示。

在"T3-用友通标准版"窗口中选择"采购"→"月末结账"命令，打开"月末结账"对话框，单击需要结账的月份，然后单击"结账"按钮，如图 4.24 所示。

自己做

　　请为模拟企业进行采购模块的月末结账（建议：完成项目 8 后再完成此任务）。

解惑小贴士：月度结账时，系统允许存在尚未审核的单据，但付款单据必须要核销，年度结账时，所有单据必须经过审核。在执行月末结账时，必须保证其他功能均已退出。只有采购模块月末结账后，库存、核算及总账模块才能进行月末处理。

77

图 4.24　月末结账

助力小贴士

　　企业的采购业务按照货物与发票到达企业的先后，可分为货单同到、单到货未到和货到单未到等情况。对于单到货未到情况，企业可对发票进行压单处理，待货物到达后再按货单同到的情况处理。对于货到单未到的情况，企业为了正确核算存货的库存成本，需要将该部分存货进行暂估入账处理，暂估入账体现为填制了"采购入库单"而没有录入相应的发票，也即在月末结账前，"采购入库单"和"采购发票"尚未进行采购结算的存货。进入下月后，对暂估入账的存货处理有如下三种方法。

　　1）月初冲回。

　　2）单到回冲。

　　3）单到补差。

　　采购模块与其他模块的关系如图 4.25 所示。

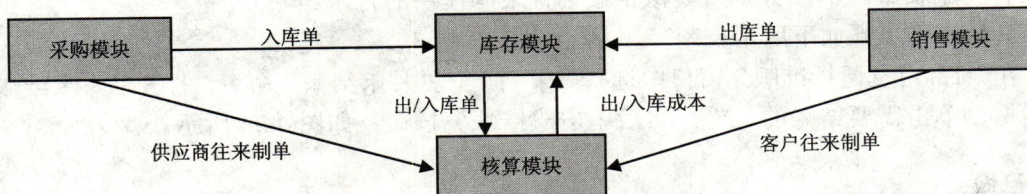

图 4.25　采购模块与其他模块的关系

项目 5
销售业务核算

项目描述

　　销售业务是企业日常经营活动的重要组成部分,是企业得以生存和发展的前提。用友 T3 管理系统的销售模块提供了销售订货、销售发货、销售开票、销售收款结算及各种销售账表查询的功能。本项目将利用用友 T3 管理系统销售模块为模拟企业处理一般的日常销售业务。

教学目标

- ✧ 掌握销售模块的期初记账。
- ✧ 掌握销售模块日常业务的处理流程。

任务 5.1　销售系统期初记账

在初次使用销售系统时，需要将上期未处理完的与销售系统有关的数据录入系统，以便由系统继续处理。销售系统中的期初数据一般是指上期未处理完的销售发票和预收款。本任务要将模拟企业未处理完的销售发票录入销售系统。

具体操作步骤如下所示。

第一步　在"T3-用友通标准版"窗口中选择"销售"→"客户往来"→"客户往来期初"命令，打开"期初余额——查询"窗口，选择需要筛选的条件后，单击"确认"按钮（也可直接单击"确认"按钮），如图 5.1 所示。

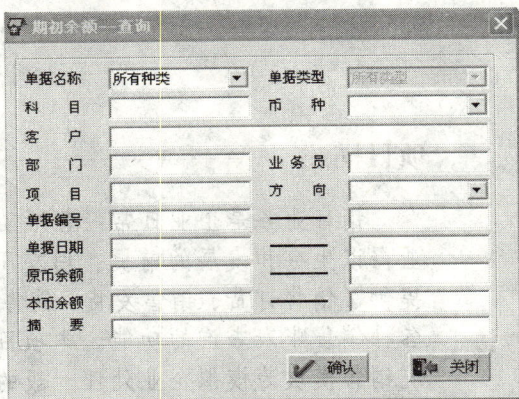

图 5.1　查询客户期初余额

第二步　在单击"确认"按钮后，系统弹出"期初余额"窗口，在上方单击"增加"按钮后，系统弹出"单据类别"对话框，在此对话框中选择单据名称为"销售发票"，然后单击"确认"按钮，如图 5.2 所示。

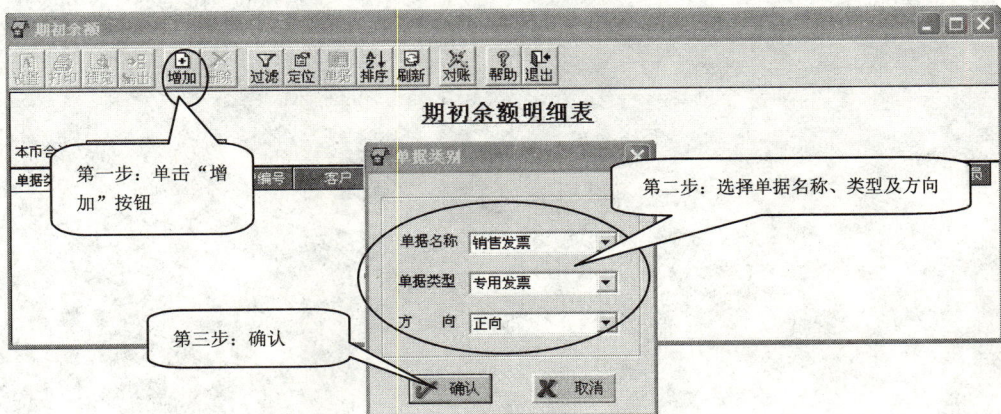

第一步：单击"增加"按钮

第二步：选择单据名称、类型及方向

第三步：确认

图 5.2　期初余额明细表

第三步　在弹出的"期初录入"窗口，将客户名称、销售部门、货物名称、数量、金额等内容录入相应栏目，然后单击"保存"按钮，如图 5.3 所示。

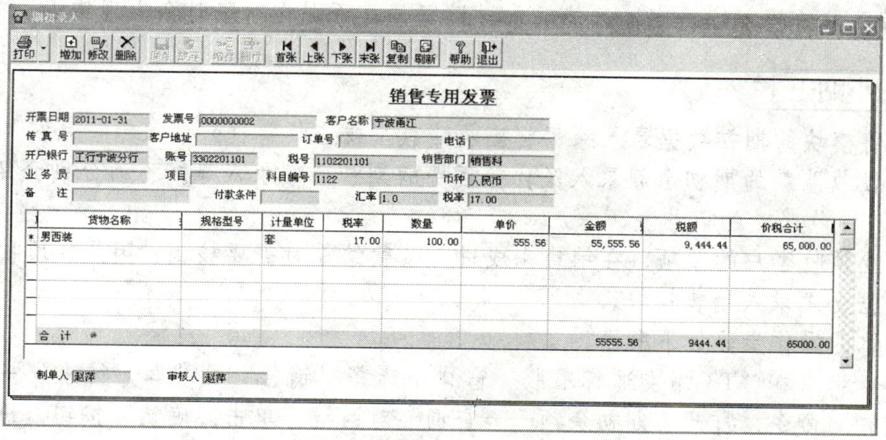

图 5.3 录入应收账款期初数据

第四步 单击"退出"按钮后，系统返回"期初余额"窗口，单击上方的"对账"按钮，系统弹出"期初对账"窗口，然后将销售系统中的期初与总账系统中的数据进行比对，确认无误后关闭退出，如图 5.4 所示。

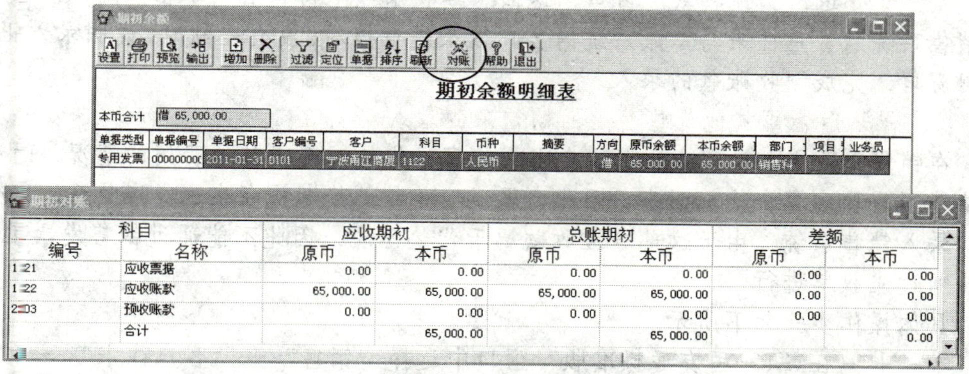

图 5.4 销售模块的期初余额对账

自己做

请将模拟企业期初的应收账款录入销售模块。

单据类别	发票号	客户单位	科目编码	部 门	存货代码	数量/套	金 额/元	税 额/元
					M-M	10	5 925.92	1 007.41
					M-L	20	11 851.86	2 014.81
					M-XL	20	11 851.86	2 014.81
					M-XXL	10	5 925.92	1 007.41
销售专用发票	100036001	宁波甬江商厦	1122	销售科	W-S	5	2 500	425
					W-M	15	7 500	1 275
					W-L	15	7 500	1 275
					W-XL	5	2 500	425

解惑小贴士： 在"销售专用发票"窗口进行数据录入时，表头部分的"科目编号"切不可带入（或输入）汉字，只能输入科目编号，否则在对账时会出现错误。

助力小贴士

销售模块的期初数据录入除了将应收账款（或应收票据）录入销售系统外，还可能包括预收账款的期初余额录入及代垫运费的期初余额录入等。下面分别介绍。

一、预收账款的期初余额录入

企业预收客户的款项，在销售完成进行收款结算时需要核销，因此，预收账款的期初数据必须录入销售模块。

具体的操作步骤如下所示。

第一步 在"T3-用友通标准版"窗口中选择"销售"→"客户往来"→"客户往来期初"命令，打开"期初余额——查询"对话框，单击"确认"按钮，进入"期初余额"窗口，单击"增加"按钮，在"单据类别"对话框选择"预收款"、"收款单"，单击"确认"按钮。

第二步 在"预收款"窗口，将客户、结算方式、科目、金额等信息录入后，单击"保存"按钮。此处科目必须录入，否则无法对账。

第三步 退出"预收款"窗口，返回"期初余额"窗口后，单击"对账"按钮，将销售系统的客户往来与总账系统的客户往来进行核对，没有差额时，说明录入正确，关闭窗口，完成预收账款的录入。

二、代垫运费或其他代垫费用的期初余额录入

在销售企业产品过程中，可能会出现为客户代垫运费或其他费用的情况，而这些代垫费用需要向客户收取回来，因此会形成应收款。若期初存在这类应收款，也必须将其录入销售系统。由于这部分应收款属于代垫性质，因此不能通过销售发票录入，只能通过应收单进行。

具体操作步骤如下所示。

第一步 在"T3-用友通标准版"窗口中选择"销售"→"客户往来"→"客户往来期初"命令，打开"期初余额——查询"对话框，单击"确认"按钮，进入"期初余额"窗口，单击"增加"按钮，在"单据类别"对话框中选择"应收单"、"其他收款单"、"正向"，单击"确认"按钮。

第二步 在"其他应收单"对话框，将科目编号（不可输入或带入科目名称）、客户、金额及摘要等信息录入后，单击"保存"按钮。此处科目编码必须录入，否则无法对账。

第三步 退出"其他应收单"对话框，返回"期初余额"窗口后，单击"对账"按钮，将销售系统的客户往来与总账系统的客户往来进行核对，没有差额时，说明录入正确，关闭窗口，完成应收款的录入。

任务 5.2　处理客户订货

在企业的日常经营活动中，与客户签订销货合同或与客户达成口头销货协议并不属于账务处理事项，但使用用友 T3 管理系统进行会计信息化处理时，就需要对客户订货进行相应的处理，企业可根据销售订单组织货源，并对订单的执行进行管理、控制和追踪。处理客户订货的过程也就是填制销售订单的过程，同时，销售订单也是销售发货、销售开票的拷贝依据。本任务将为模拟企业填制销售订单。

具体操作步骤如下所示。

在"T3-用友通标准版"窗口中选择"销售"→"销售订单"命令，打开"销售订单"窗口，单击"增加"按钮后，将订单相应信息录入相应栏目，然后单击"保存"按钮。在保存完毕后，单击"审核"按钮，完成对该销售订单的审核，如图 5.5 所示。

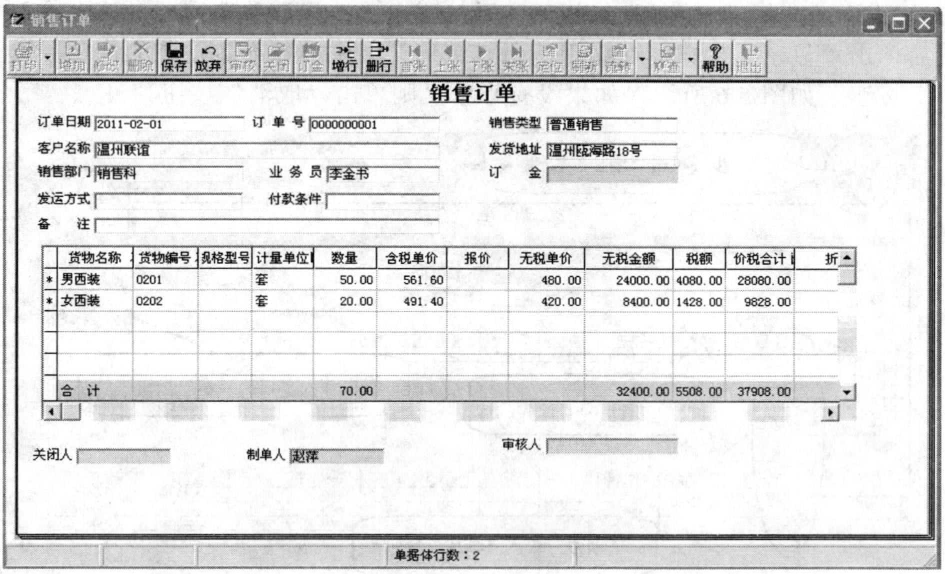

图 5.5　填制销售订单

自己做

1）杭州飞跃商场订购男西装 40 套，每个尺码各 10 套，女西装 20 套，M号和 L 号各 10 套。

2）温州联谊商厦订购男西装 100 套，M 号 10 套，L 号 30 套，XL 号 40 套，XXL 号 20 套；女西装 60 套，S 号 5 套，M 号 30 套，L 号 20 套，XL 号 5 套。

请为模拟企业填制并审核销售订单。

解惑小贴士：销售订单的填制并非企业处理销售业务的必经程序，企业可根据实际需要确定是否填制销售订单。在销售订单的填制过程中，可右击订单表体，在弹出的快捷菜单中可选择查看存货的现存量，以避免出现零出库的情况。已保存的订单可以修改、删除，在业务范围设置中若选中了允许他人修改单据，则其他操作员也可进行修改。如果企业要对业务员的销售业绩进行考核，则在填制订单时必须输入"业务员"信息。

任务 5.3　销售发货并填制发货单

销售发货是将货物发往客户的行为，企业在发货的同时需要填制发货单作为给客户发货的依据。销售发货单一般是由销售部门填制之后传递给仓库，然后由仓库部门备货并发送给客户。在用友 T3 管理系统中的处理表现为在销售模块填制"发货单"，在库存模块对"发货单"进行审核或依据"发货单"填制"销售出库单"并进行审核，以此完成销售发货业务。本任务将为模拟企业填制发货单并进行审核。

具体操作步骤如下所示。

第一步　在"T3-用友通标准版"窗口中选择"销售"→"销售发货单"命令，打开"发货单"窗口，单击"增加"按钮后，系统弹出"选择订单"窗口，从中输入相关筛选信息后单击"显示"按钮，在出现的所有销售订单中选择准备发货的订单，然后单击"确认"按钮，如图 5.6 所示（如果没有订单，则单击"取消"按钮）。

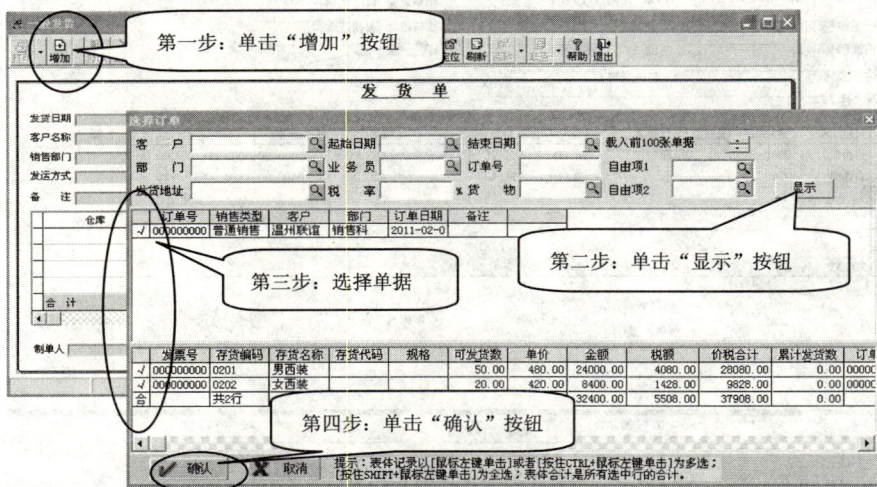

图 5.6　依据订单填制发货单

第二步　返回"发货单"窗口后，录入仓库编码，单击"保存"按钮，保存"发货单"，然后单击"审核"按钮，完成销售出库单的填制。

■自己做

请填制销售发货单并进行审核。

1）根据客户杭州飞跃商场的订单填制销售发货单。

2）根据温州联谊商厦的订单填制销售发货单。

3）客户宁波泰华商厦采购部经理打来电话，购买男西装四个尺码各 10 套，要求立即送货。

助大小贴士

　　填制销售发货单之前，应确保货期初已经记账。

　　销售发货单的填制，除了上述方法外，还可以通过选择"销售"→"根据订单生成发货单"命令完成。具体方法是：选择了"根据订单生成发货单"命令后，系统弹出"查询条件"对话框，录入查询条件后（仓库是必须录入的），单击"确认"按钮，系统弹出"订单→发货单"窗口，选中相应的订单后，单击"生成"按钮，如图 5.7 所示。

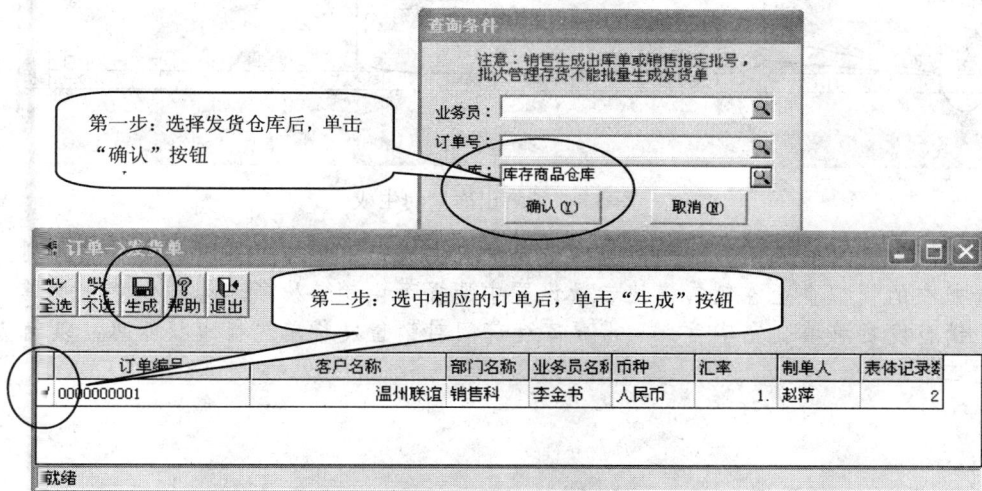

图 5.7　由订单生成发货单

　　若企业没有进行销售订单的操作，则只能通过选择"销售"→"销售发货单"命令完成。在"发货单"窗口，单击"增加"按钮后不会弹出"订单选择"窗口，此时需要手工录入发货单的相关信息，在录入过程中，可右击"发货单"表体，在弹出的快捷菜单中选择"查看现存量"命令，以便明确可发货数量。

　　对于销售退货，可填制退货单，具体方法是：选择"销售"→"销售发货单"命令，打开"发货单"窗口，单击"增加"按钮旁的下拉三角，在下拉菜单中选择"退货单"命令，将退货信息填入相关栏目后，依次单击"保存"、"审核"按钮即可。

　　只有被审核过的发货单才能传递到库存系统，才能作为库存系统中填制销售出库单的依据。

　　在销售模块参数设置时，若未选中"是否销售生成出库单"，则在填制完成"出库单"后，单击"审核"按钮只是审核销售模块的"发货单"，不会生成"销售出库单"。销售出库单的生成需要到库存模块，选择"库存"→"销售出库单生成/审核"命令，打开"销售出库单"窗口，单击"生成"按钮，系统弹出"发货单或发票参照"窗口，单击"刷新"按钮后，表体显示出尚未生成销售出库单的发货单或销售发票，选择相应的单据后，单击"确认"按钮。返回"销售出库单"窗口后，单击"审核"按钮，完成"销售出库单"的填制与审核，如图 5.8 所示。

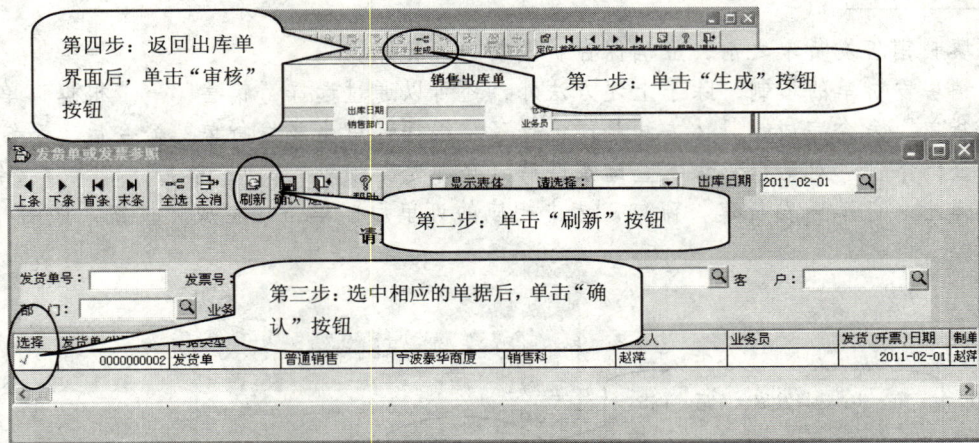

图 5.8　销售出库单的生成

　　由销售模块生成销售出库单与在库存模块生成销售出库单并没有本质的区别。由于本书中的模拟企业在销售模块参数设置中选择了由销售发货单生成销售出库单，因此，销售发货单填制完毕后，只需要库存部门对销售发货单进行审核即可，以确认产品出库。

任务 5.4　开具销售发票

　　销售业务完成的重要原始依据之一就是销售发票，包括增值税专用发票和普通发票。一般情况下，增值税专用发票都是由税控系统的开票软件打印，因此，用友 T3 管理系统虽未提供税控软件接口，但其生成的发票可存储为文本文件，然后再导入税控系统中。用友 T3 管理系统销售模块中的销售发票是作为销售业务处理的一个环节存在的，用以进行信息化的账务处理。本任务将为模拟企业向客户开具销售发票并进行相关代垫运费处理。

　　具体操作步骤如下所示。

　　第一步　在"T3-用友通标准版"窗口中选择"销售"→"销售发票"命令，在打开的窗口中单击"增加"按钮旁边的小三角，在下拉菜单中选择相应的发票种类，如图 5.9 所示。

　　第二步　单击"选单"按钮旁边的小三角，在下拉菜单中选择参照生成发票的依据，可选择"销售订单"，也可选择"发货单"，在弹出的参照窗口中录入筛选条件后，单击"显示"按钮（也可直接单击"显示"按钮），选中参照单据后，单击"确认"按钮，如图 5.10 所示。

　　第三步　在返回销售发票的窗口后，单击"保存"按钮保存数据。

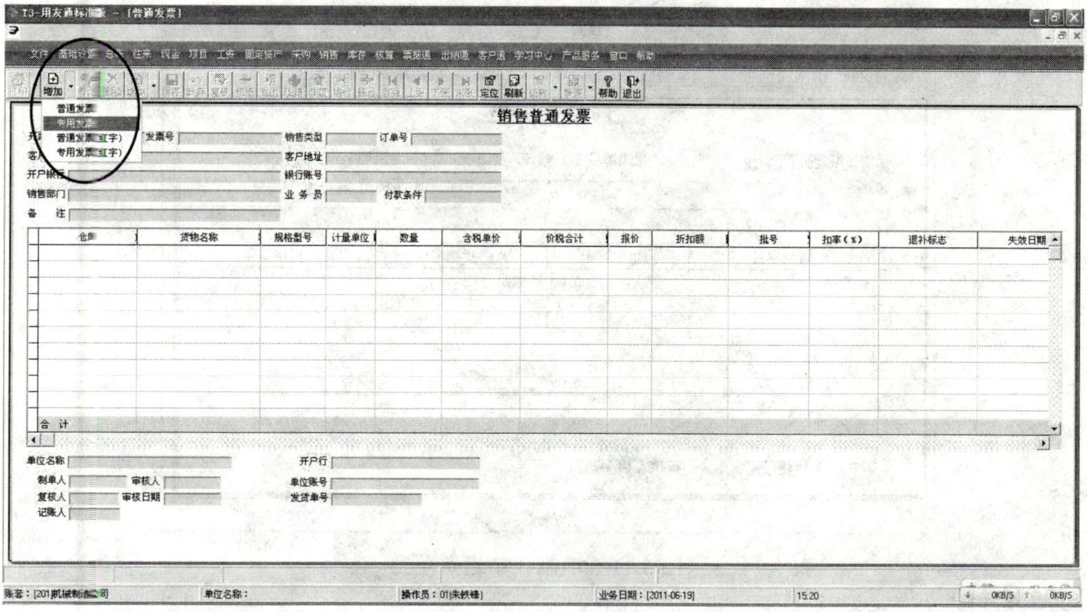

图 5.9　选择发票种类

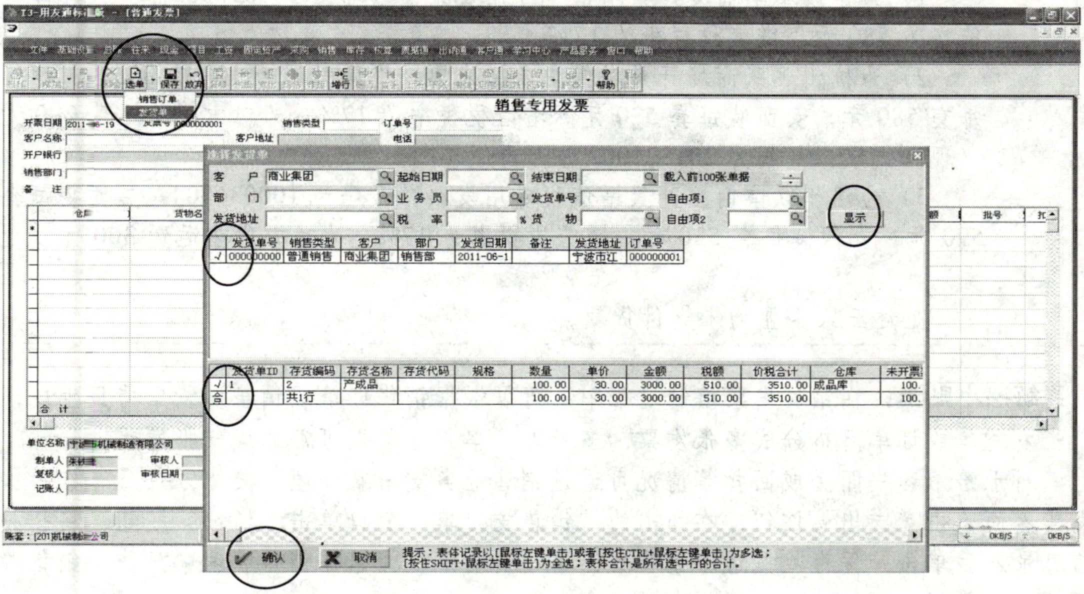

图 5.10　复制发货单生成发票

　　第四步　单击"复核"按钮，审核该张销售发票。与此同时，系统也将形成应收账款。

　　第五步　如果为客户代垫运费，则需要填制"代垫运费单"，方法是在销售发票的窗口单击"代垫"按钮，弹出"代垫运费单"窗口，单击"增加"按钮，录入相关信息后依次单击"保存"按钮和"审核"按钮，如图 5.11 所示。

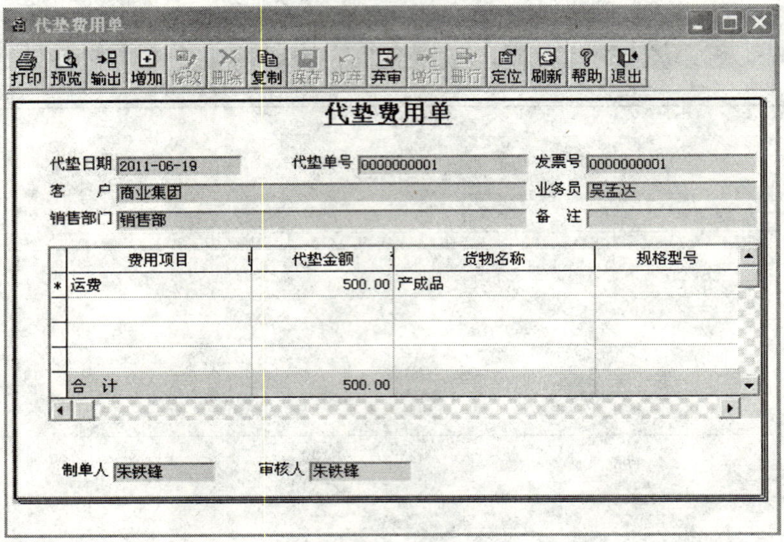

图 5.11　填制代垫运费单

自己做

1）为宁波泰华商厦开具增值税专用发票，号码为 100036002，男西装每套价格为 580 元，增值税税率为 17%。

2）为杭州飞跃商场开具增值税专用发票，发票号码为 100036003，男西装每套 580 元，女西装每套 520 元，增值税税率为 17%。为对方代垫运费 200 元（现金支票，号码为 201321002）。

3）为温州联谊商厦开具增值税专用发票，号码为 100036004，男西装每套 590 元，女西装每套 530 元，增值税税率为 17%。为对方代垫运费 300 元（现金）。

上述三家企业均未支付货款。

解惑小贴士：在销售发票填制过程中，可以根据销售订单或销售发货单拷贝生成，一张发货单或订单可拆分成多张发票，多张发货单或订单也可汇总成一张发票。

对于给予客户佣金或回扣等情况可通过销售业务支出来处理，具体方法是：在销售发票界面单击"支出"按钮，在弹出的"销售支出单"窗口单击"增加"按钮，将相关信息录入后单击"保存"按钮。销售支出单不需要审核，它在销售管理中只作为销售费用的统计单据。

对于货款两清的销售业务，可在销售发票未复核之前，单击"现结"按钮进行现结。在收到货款后可随时对销售发票进行现结处理，但现结操作必须在销售发票复核之前进行。销售发票的复核，也就意味着形成应收账款，需在客户往来中进行收款结算。一张销售发票可以全额现收，也可以部分现收。

任务 5.5　与客户进行收款结算

用友 T3 管理系统的应收管理在销售模块的客户往来中，客户往来可以处理应收账款的结算、应收单、应收冲应收、预收冲应收、应收冲应付、红票对冲、汇兑损益及收款结算单列表等。在正常销售业务中形成的应收账款，在收到客户款项后需要在本模块进行核销。本任务将为模拟企业结算应收账款。

具体操作步骤如下所示。

第一步　在"T3-用友通标准版"窗口中选择"销售"→"客户往来"→"收款结算"命令，打开"单据结算"窗口，首先选择客户，然后单击"增加"按钮，如图 5.12 所示。

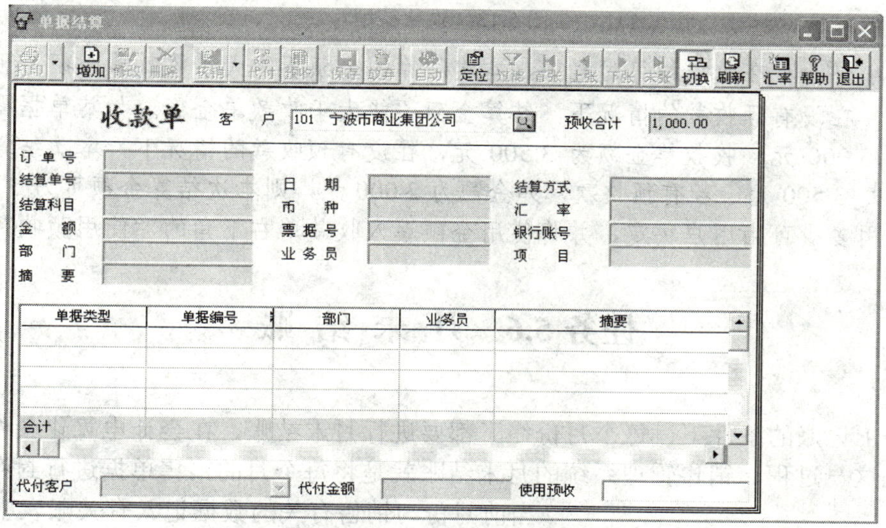

图 5.12　填制收款单

第二步　在"收款单"中选择结算方式、结算科目，录入收款的金额、票据号、银行账号、摘要等信息后，单击"保存"按钮。

第三步　单击"核销"按钮，单据下方会出现所有该客户尚未结算的单据信息，选择要核销的单据并录入具体的核销金额，然后单击"保存"按钮完成核销工作，如图 5.13 所示。

■ **自己做**

> 1）收到宁波甬江商厦前欠货款 65 000 元，对方开来转账支票一张，号码为 6004258，款项存入中国工商银行。
>
> 2）收到宁波泰华商厦开具的转账支票一张，号码为 6003726，金额为 27 144 元，用于偿还前欠购货款，款项已存入中国工商银行。

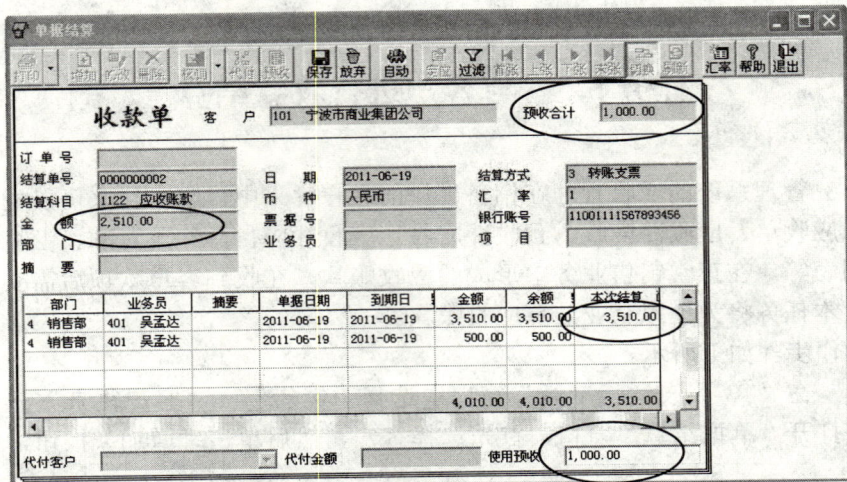

图 5.13　收款核销

解惑小贴士：在收款结算过程中，本次结算的金额不能大于收款单金额与预收合计金额之和，在没有预收款的情况下，结算金额不能大于收款单金额。如某单据需要结算的金额为 5 000 元，收款单金额为 3 500 元，在没有预收款的情况下，本次结算的金额最多只能是 3 500 元，若有预收款，如金额为 2 000 元，则本次结算金额可为 5 000 元，预收款使用多少可由用户决定，并将使用金额填入收款单右下角的"使用预收"栏内。

任务 5.6　月末结账

在手工记账的条件下，每个月份终了都要进行月末结账，在会计电算化条件下也有月末结账这一过程。销售管理系统的月末结账就是将每个月的销售单据进行封存，并将当前月份与销售有关的数据记入有关账表中。本任务将为模拟企业的销售管理模块进行月末结账。

具体操作步骤如下所示。

在"T3-用友通标准版"窗口中选择"销售"→"月末结账"命令，打开"月末结账"对话框，单击"月末结账"按钮，完成后单击"退出"按钮，如图 5.14 所示。

图 5.14　月末结账

自己做

请为模拟企业进行销售模块的月末结账（建议完成项目 8 后再完成此任务）。

解惑小贴士：在单击"月末结账"按钮之前，可先单击"月结检测"按钮来检测本月销售模块是否可以结账，只有当前月的所有会计工作均完成的情况下，才能进行月末结账。

　　在上月未结账的情况下，本月仍可进行正常操作，但本月不能结账。

　　销售模块的月末结账属于独享功能，与系统中的其他功能操作互斥，即在进行月末结账前，需确保其他功能均已退出。

　　只有销售模块月末结账后，库存管理模块、核算模块才能进行月末处理。

助力小贴士

　　销售模块系统与其他系统的关系如图 5.15 所示。

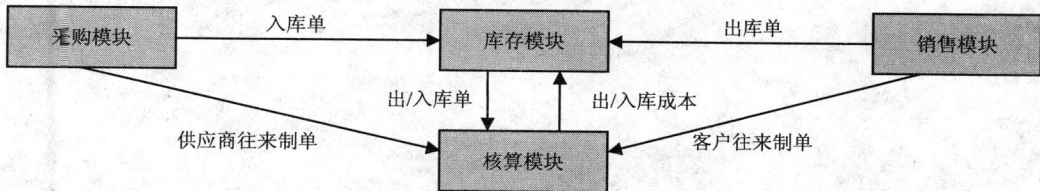

图 5.15　销售模块系统与其他系统的关系

项目 *6*
库存业务核算

项目描述

　　无论是工业企业还是商业企业，存货的库存管理在企业管理中都具有举足轻重的地位，用友 T3 管理系统为企业的库存管理提供了一个良好的平台，它既可以单独使用，也可以与购销模块集成使用。库存模块对存货的管理属于数量管理，并不涉及存货的成本，存货成本核算需要在核算模块完成。本项目将在熟悉库存管理模块三要功能的基础上，处理模拟企业的库存业务。

教学目标

- ❖　了解用友 T3 管理系统库存模块的主要参数设置。
- ❖　掌握库存模块初始化的工作内容。
- ❖　掌握库存模块主要功能的日常处理。
- ❖　掌握库存模块的库存盘点处理。

任务 6.1　审核采购入库单

采购入库单是指在采购模块填制的原材料或外购商品的入库单据，采购模块只负责单据的填制，而外购存货真正验收入库则体现为在库存模块对采购入库单的审核。本任务将对采购模块填制的采购入库单进行审核。

具体操作步骤如下所示。

在"T3-用友通标准版"窗口中选择"库存"→"采购入库单审核"命令，打开图 6.1 所示的窗口，其中的数据是系统由采购模块自动传递过来。仓库人员则根据实际入库的情况逐一进行核对，确认无误后单击"审核"按钮，完成入库手续。

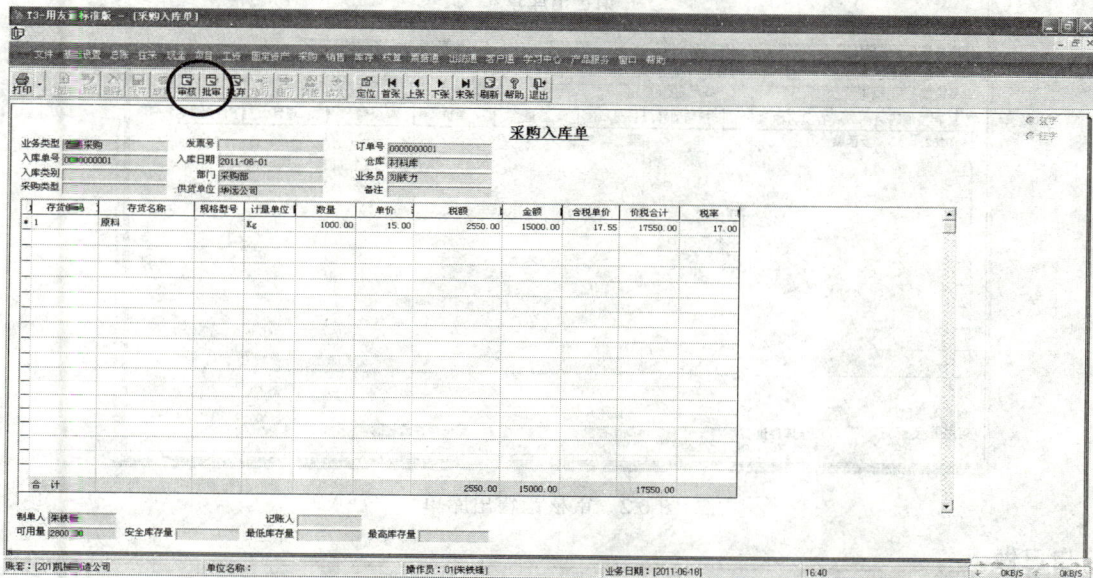

图 6.1　采购入库单的审核

自己做

审核所有自采购模块传递过来的采购入库单。

解惑小贴士：在库存模块对采购入库单进行审核，是采购结算的前提，只有经过库存模块的审核，才意味着存货真正入库。当存货实际入库数量与采购入库单不一致时，需返回采购模块，对采购入库单的数量进行修改（库存模块无法修改采购入库单）。

任务 6.2　审核销售出库单

同采购入库单的审核一样，销售出库单只有经过库存模块的审核，才意味着销售的存货已经出库。销售出库单的生成有两种方法，一种是在销售模块中生成，另一种是在库存模块中生成，采用哪一种方法的关键是在销售模块的参数设置中是否选中了"是否销售生成出库单"复选框。本任务将为模拟企业审核销售出库单。

具体操作步骤如下所示。

在"T3-用友通标准版"窗口中选择"库存"→"销售出库单生成/审核"命令，打开"销售出库单"窗口，在窗口中显示了当前最新一张未经审核的销售出库单，单击"审核"按钮，完成审核。若有多张"销售出库单"需要审核，则单击"上张"按钮，然后单击"审核"按钮，以此类推，直到所有单据审核完毕，如图 6.2 所示。

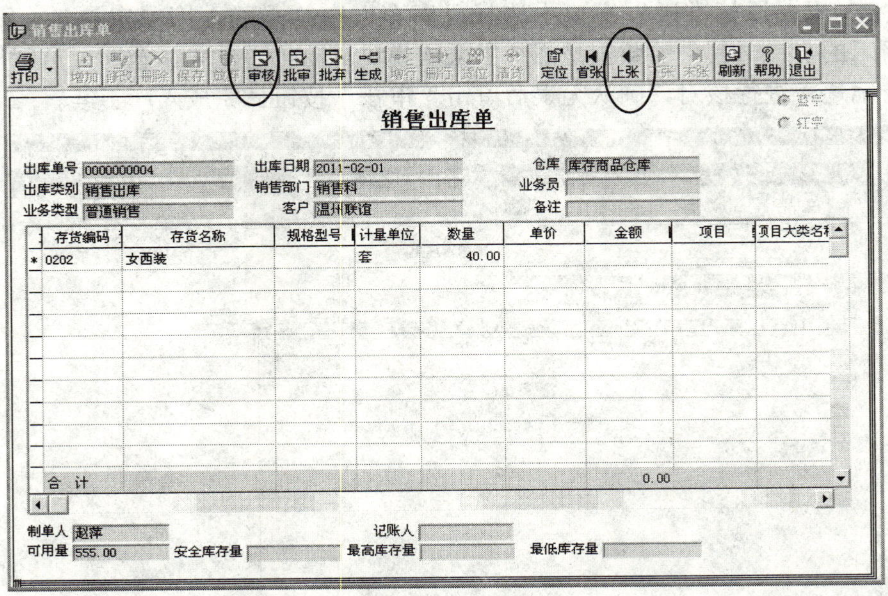

图 6.2　审核销售出库单

■ 自己做

请审核所有未审核的销售出库单。

任务 6.3　产成品入库

工业企业在产品加工完成以后要将产成品进行验收入库处理，产品验收入库需要填制产成品入库单。在库存模块只能确定验收数量，无法确定产成品的成本，产品成本需在核算模块完成。本任务要将模拟企业的完工产品验收入库并填制产成品入库单。

具体操作步骤如下所示。

在"T3-用友通标准版"窗口中选择"库存"→"产成品入库单"命令，打开"产成品入库单"窗口，单击"增加"按钮，然后选择入库的仓库、入库类别、产品编码、产品名称，输入数量后，单击"保存"按钮，然后单击"审核"按钮，完成"产品入库单"

的填制与审核，如图 6.3 所示。

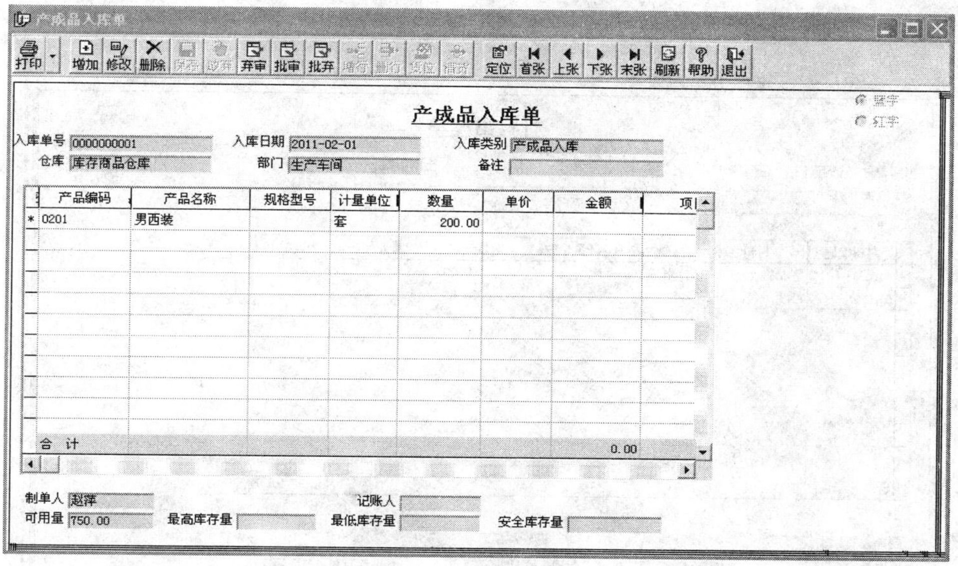

图 6.3　填制与审核产成品入库单

自己做

模拟企业本月完工男式西装套装 300 套，其中 M 号 50 套，L 号 100 套，XL 号 100 套，XXL 号 50 套，女式西装套装 200 套，其中 S 号 30 套，M 号 70 套，L 号 80 套，XL 号 20 套，产品均已验收入库。

请填制产成品入库单。

解惑小贴士： 在填制产成品入库单时，单击"增加"按钮后，在入库单的右上角可以选择是增加蓝字产成品入库单还是增加红字产成品入库单。另外，产品编码必须已经存在，否则无法完成单据填制。在进行产品编码设置时，产品属性需选择"自制"选项，此处方可显示。

产成品入库单可以通过上述方法填制，也可由生产加工单流转生成。

任务 6.4　材 料 出 库

企业在生产产品过程中，需要从仓库领用原材料及其他材料或辅料，在材料出库时，需要填制材料出库单。本任务将为模拟企业填制材料出库单。

具体操作步骤如下所示。

在"T3-用友通标准版"窗口中，选择"库存"→"材料出库单"命令，打开"材料出库单"窗口，单击"增加"按钮，然后选择仓库、领用部门、出库类别后，录入材料编码、名称、数量等信息，单击"保存"按钮保存数据，然后单击"审核"按钮完成单据审核，如图 6.4 所示。

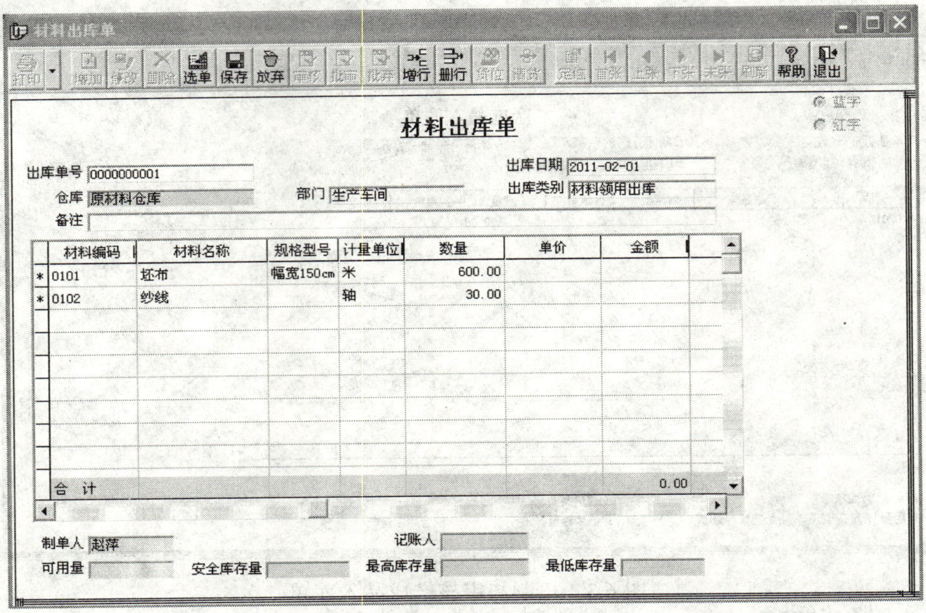

图 6.4　处理材料出库单

■ **自己做**

　　1）企业生产男式西装套装，领用坯布 150 共 900 米，坯布 120 共 900 米，内衬布 1 000 米，黑纱线 160 轴，彩纱线 60 轴，男套装辅料 320 套。
　　2）企业生产女式西装套装，领用坯布 150 共 120 米，坯布 120 共 1 100 米，内衬布 1 200 米，黑纱线 100 轴，彩纱线 22 轴，女套装辅料 215 套。

　　解惑小贴士：在填制"材料出库单"的过程中，单击"增加"按钮后，出库单右上角可以选择是增加蓝字出库单还是增加红字出库单。如果材料从领用部门退回，则可以选择填制红字"材料出库单"。在填制"材料出库单"时，可单击"选单"按钮进行参照。在库存模块填制的出库单只有数量没有金额，出库材料的金额填写须在核算模块进行。

任务 6.5　库 存 盘 点

　　为了保证账实相符，企业需要对存货进行定期或不定期的财产清查，以查明存货的实存数，并对存货的盘盈、盘亏进行相应的账务处理。在用友 T3 管理系统的库存模块中，对存货的盘点工作是通过填制"盘点单"来实现的，"盘点单"是用来进行仓库存货的实物数量与账面数量核对工作的单据。本任务将为模拟企业进行存货的盘点工作。
　　具体操作步骤如下所示。
　　第一步　在"T3-用友通标准版"窗口中选择"库存"→"库存其他业务"→"盘点

单"命令，打开"盘点单"窗口，单击"增加"按钮，如图 6.5 所示。

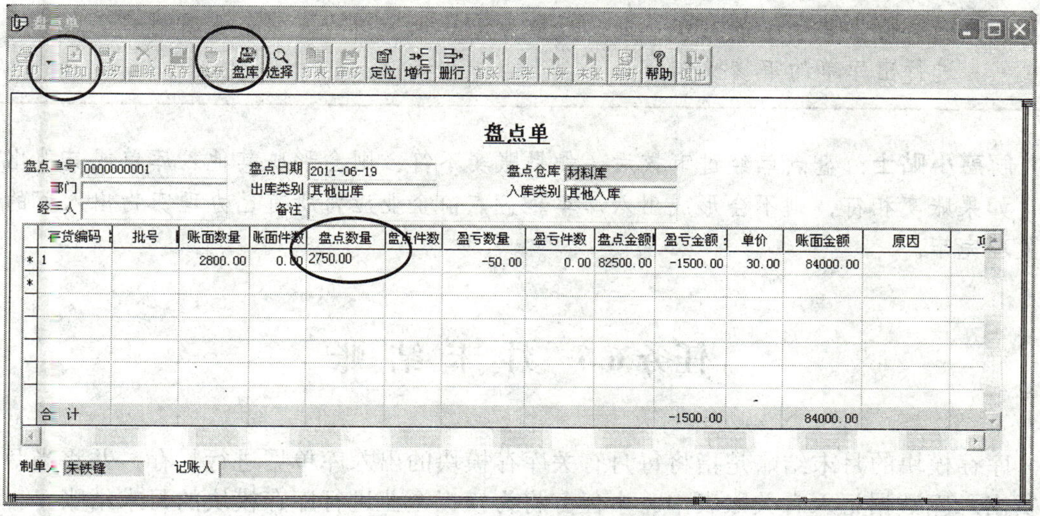

图 6.5　填制盘点单

第二步　首先选择盘点仓库，然后在表体中录入存货编码，也可单击"盘库"按钮批量增加要盘点的存货。用户根据实际盘点的情况将存货实有数量录入"盘点数量"栏，系统将自动比对账存数与实存数的差额，确定盘盈或盘亏的数量。

第三步　单击"保存"按钮保存盘点单数据。

第四步　单击"审核"按钮完成对盘点单的审核。

第五步　如果是盘亏，则在"T3-用友通标准版"窗口中选择"库存"→"其他出库单"命令，打开"其他出库单"窗口。如果是盘盈，则在"T3-用友通标准版"窗口中选择"库存"→"其他入库单"命令，打开"其他入库单"窗口。单击"审核"按钮完成审核，系统则将数据传送至核算模块，如图 6.6 所示。

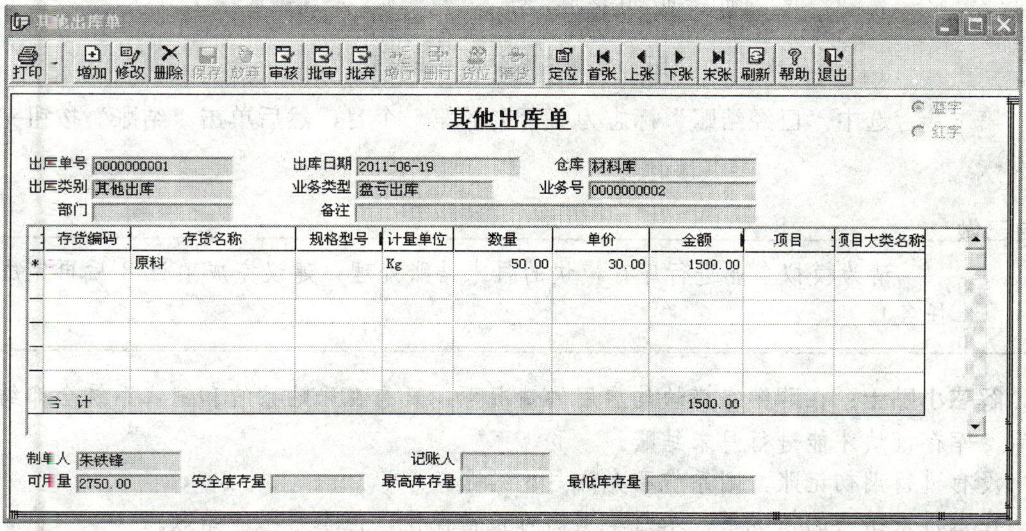

图 6.6　盘亏出库的审核

■ **自己做**

企业盘亏坏布150一批，数量为150米。请为模拟企业填制"盘点单"并进行出库单的审核操作。

解惑小贴士：盘点单经过审核后，如果账实不符，则会形成其他入库单或其他出库单，如果账实相符，则不会形成出入库单。盘点前企业应将所有已办理实物出入库的单据处理完毕。

任务 6.6　月末结账

库存模块的月末结账是指将每月有关库存模块的出入库单据进行封存，并将当月的存货出入库数据记入有关账表中。本任务将为模拟企业进行库存模块的月末结账。

具体操作步骤如下所示。

第一步　在"T3-用友通标准版"窗口中选择"库存"→"月末结账"命令，打开"结账处理"对话框，如图6.7所示。

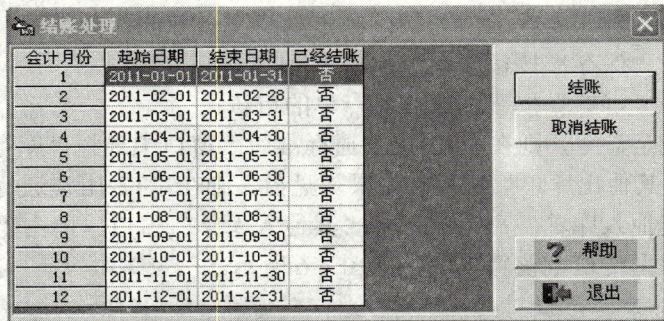

会计月份	起始日期	结束日期	已经结账
1	2011-01-01	2011-01-31	否
2	2011-02-01	2011-02-28	否
3	2011-03-01	2011-03-31	否
4	2011-04-01	2011-04-30	否
5	2011-05-01	2011-05-31	否
6	2011-06-01	2011-06-30	否
7	2011-07-01	2011-07-31	否
8	2011-08-01	2011-08-31	否
9	2011-09-01	2011-09-30	否
10	2011-10-01	2011-10-31	否
11	2011-11-01	2011-11-30	否
12	2011-12-01	2011-12-31	否

结账　取消结账　帮助　退出

图6.7　库存模块的月末结账

第二步　选中"已经结账"标志为"否"的第一个月，然后单击"结账"按钮完成结账。

■ **自己做**

请为模拟企业进行库存模块的月末结账处理（建议完成项目8后再完成此任务）。

解惑小贴士：在购销存模块均启用的情况下，只有在采购系统和销售系统全都结账以后，库存模块才能进行月末结账。

没有进行期初记账，则系统不允许月末结账。

在上月未结账的情况下，本月单据仍可正常操作，但本月不能结账。

在月末结账之前应确保其他功能均已退出。

助力小贴士

库存系统与其他系统的关系如图 6.8 所示。

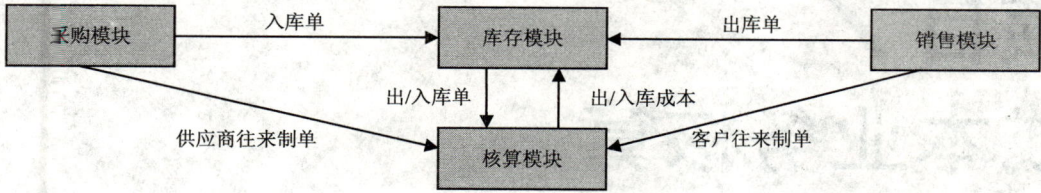

图 6.8　库存系统与其他系统的关系

项目 7
成本业务核算

项目描述

工业企业的成本一般包括材料的采购成本核算、产品的生产成本核算及商品的销售成本核算。在用友 T3 管理系统中，这些成本的核算均由核算模块处理。核算模块是购销存模块与总账模块的接口，有关存货的采购业务、销售业务、产品生产及其他业务形成的出入库单据传至核算模块，由核算模块确定成本并生成凭证传至总账。核算模块提供的主要功能是各种出入库单据的制单、记账，供应商及客户往来制单，产品成本核算及各种账表查询。本项目将在熟悉核算模块各主要功能的基础上，掌握常见的存货成本核算业务及进行制单。

教学目标

- ◇ 熟悉核算模块初始化工作的内容。
- ◇ 掌握主要出入库单据的记账。
- ◇ 掌握产成品的成本分配。
- ◇ 掌握往来业务制单。
- ◇ 掌握期末处理及结账。

任务 7.1   核算模块的期初数据录入

核算模块的期初数据录入主要包括：各仓库存货的期初余额；存货按计划成本计价时，期初的差异额；存货按全月平均/移动平均计价的情况下，由于零出库或暂估业务造成出库单价极大或极小等情况出现时，系统提供的最高/最低单价控制功能的设置等。本任务将为模拟企业录入存货期初余额。

具体操作步骤如下所示。

在"T3-用友通标准版"窗口中选择"核算"→"期初数据"→"期初余额"命令，打开"期初余额"窗口。首先选择要操作的仓库，然后单击"增加"按钮，将该仓库的存货金额数据录入相应的栏目。然后单击"记账"按钮，完成期初数据的记账，如图 7.1 所示。

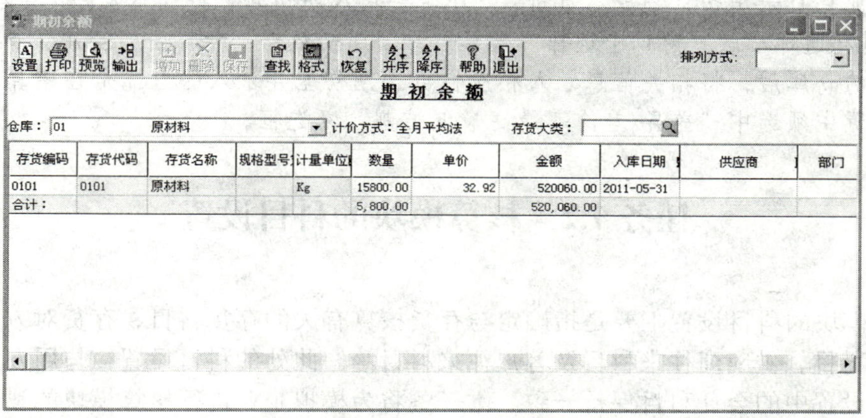

图 7.1   录入存货的期初余额

自己做

请将模拟企业存货的期初余额在核算模块进行记账处理。

存货编码	存货名称	规格型号	计量单位	数量	单价/元	金额/元
10101	坯布 150	幅宽 150 厘米	米	800	42	33 600
10102	坯布 120	幅宽 120 厘米	米	600	34	20 400
10103	内衬布	幅宽 150 厘米	米	600	10	6 000
10201	黑纱线	黑色	轴	200	18	3 600
10202	彩纱线	彩色		50	28	1 400
10301	男套装辅料		套	180	10	1 800
10302	女套装辅料		套	120	10	1 200
20101	男西装	M	套	200	200	40 000
20102	男西装	L	套	200	200	40 000
20103	男西装	XL	套	200	200	40 000
20104	男西装	XXL	套	200	200	40 000

续表

存货编码	存货名称	规格型号	计量单位	数 量	单价/元	金额/元
20201	女西装	S	套	70	160	11 200
20202	女西装	M	套	205	160	32 800
20203	女西装	L	套	240	160	38 400
20204	女西装	XL	套	110	160	17 600

解惑小贴士：核算模块的存货期初余额录入与库存模块的存货期初余额录入具有相通的作用，即在库存模块录入了存货期初余额并记账，便无需在核算模块录入。反之，若在核算模块录入了存货期初余额并记账，便无需在库存模块录入。甚至还可以在库存模块录入期初余额，在核算模块单击"记账"按钮，其效果与在库存模块的期初余额窗口单击"记账"按钮的效果是一样的，反之亦然。

同样，核算模块只有经过期初记账，才能进行正常的日常业务操作。

若企业存货采用按计划成本计价，则还需要录入期初的材料成本差异，具体方法是：在"T3-用友通标准版"窗口中选择"核算"→"期初数据"→"期初差异"命令，选择需要处理的仓库后，将相关信息录入相应栏目。期初差异录入的前提是在核算模块的业务范围设置中须选中"差异/差价率最高最低控制"复选框。

任务 7.2　核算模块的科目设置

核算模块的科目设置主要是指确定与存货核算有关的存货科目、存货对方科目、非合理损耗科目、供应商往来科目及客户往来科目等。此处的科目设置应与用友 T3 管理系统基础设置中的会计科目保持一致。本任务将为模拟企业进行核算模块的科目设置。

一、存货科目设置

在"T3-用友通标准版"窗口中选择"核算"→"科目设置"→"存货科目"命令，打开"存货科目"窗口，单击"增加"按钮，然后双击相应栏目的空白处，单击放大镜按钮，选择相应的信息，所有栏目完成后单击"保存"按钮，如图 7.2 所示。

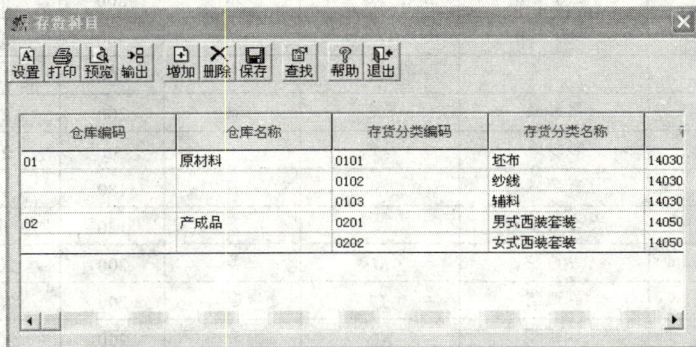

仓库编码	仓库名称	存货分类编码	存货分类名称	
01	原材料	0101	坯布	14030
		0102	纱线	14030
		0103	辅料	14030
02	产成品	0201	男式西装套装	14050
		0202	女式西装套装	14050

图 7.2　设置存货科目

自己做

请为模拟企业设置存货科目。

仓库编码	仓库名称	存货分类编码	存货分类名称	存货科目编码	存货科目名称
01	原材料	0101	坯布	140301	坯布
		0102	纱线	140302	纱线
		0103	辅料	140303	辅料
02	产成品	0201	男西装	140501	男式西装套装
		0202	女西装	140502	女式西装套装

二、存货对方科目设置

在"T3-用友通标准版"窗口中选择"核算"→"科目设置"→"存货对方科目"命令，打开"对方科目设置"窗口，单击"增加"按钮，然后双击相应栏目的空白处，单击放大镜按钮，选择相应信息录入，所有栏目完成后直接退出，如图7.3所示。

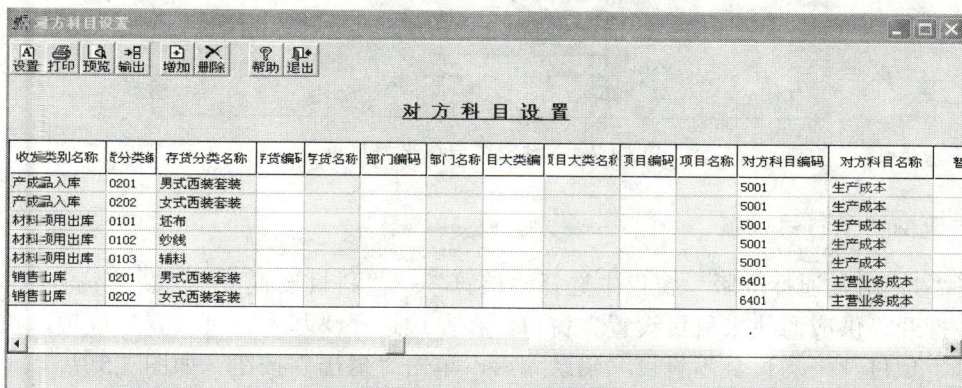

图7.3　设置存货对方科目

自己做

请为模拟企业设置存货科目。

收发类别编码	收发类别名称	存货分类编码	存货分类名称	对方科目编码	对方科目名称
11	采购入库	0101	坯布	1402	在途物资
11	采购入库	0102	纱线	1402	在途物资
11	采购入库	0103	辅料	1402	在途物资
12	产成品入库	0201	男西装套装	5001	生产成本
12	产成品入库	0202	女西装套装	5001	生产成本
22	材料领用出库	0101	坯布	5001	生产成本
22	材料领用出库	0102	纱线	5001	生产成本
22	材料领用出库	0103	辅料	5001	生产成本
21	销售出库	0201	男西装套装	6401	主营业务成本
21	销售出库	0202	女西装套装	6401	主营业务成本

三、客户往来科目设置

在"T3-用友通标准版"窗口中选择"核算"→"科目设置"→"客户往来科目"命令，打开"客户往来科目设置"窗口，在左边选择"基本科目设置"选项，在右边将应收、预收、销售收入及应交税费等科目编码录入后，单击"退出"按钮，如图7.4所示。

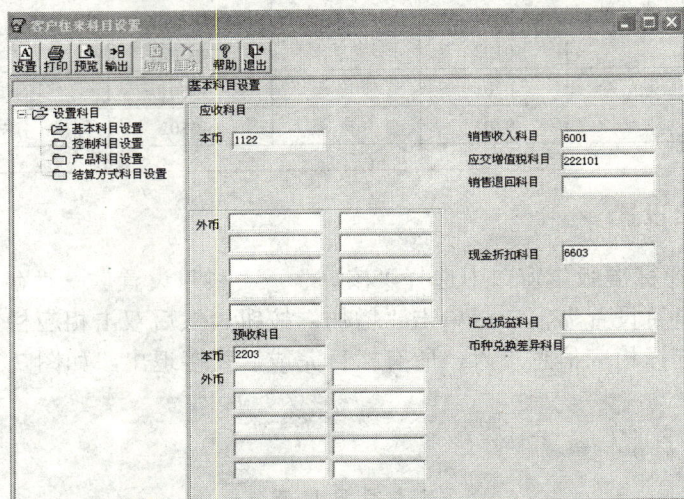

图 7.4　设置客户往来科目

四、供应商往来科目设置

在"T3-用友通标准版"窗口中选择"核算"→"科目设置"→"供应商往来科目"命令，打开"供应商往来科目设置"窗口，在左边选择"基本科目设置"选项，在右边将应付、预付及采购税金等科目编码录入后，单击"退出"按钮，如图7.5所示。

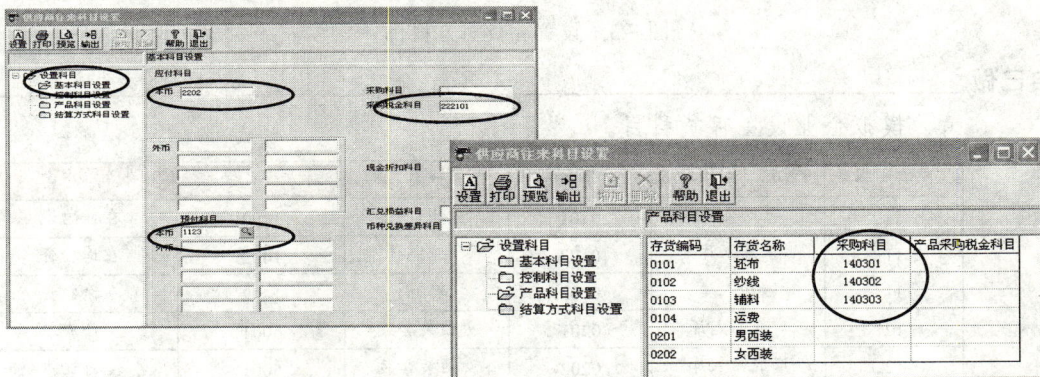

图 7.5　设置供应商往来科目

自己做

请为模拟企业设置客户往来及供应商往来科目。

助力小贴士

在核算模块进行科目设置的目的在于简化凭证生成工作，对于一些业务类型较为匮定、生成的凭证类型也较为固定的情况，可事先设置好对应科目，在生成凭证时便无需再次输入。此处的科目设置不是必需的操作流程。

在存货科目设置过程中，仓库编码和存货分类编码不能同时为空，相同的存货分类编码只能设置一个存货科目。

在存货对方科目的设置中需要注意收发类别名称与对方科目名称的对应，如产成品入库对应的是生产成本、销售出库对应的是主营业务成本等。

客户往来科目设置及供应商往来科目设置中，共有四块内容，即基本科目设置、控制科目设置、产品科目设置及结算方式科目设置等。

基本科目设置是指在没有其他特殊核算要求的情况下，将客户（供应商）往来业务凭证所需的最常用科目录入即可。

控制科目设置是指如果在核算客户（供应商）的债权债务时，针对不同的客户（供应商）分别设置了不同的应收（应付）账款科目和预收（预付）账款科目，可以先在账套参数中选择设置的依据[即选择是针对不同的客户（供应商）设置，还是针对不同的客户（供应商）分类设置，或者是不同的地区分类设置]，然后在此处进行设置。

产品科目设置是指如果针对不同的存货（存货分类）分别设置不同的采购（销售收入）科目、应交增值税科目，则可以先在账套参数中选择设置的依据（即选择是针对不同的存货设置，还是针对不同的存货分类设置），然后在此处设置。

结算方式科目设置是指可以为每种结算方式设置一个默认的科目。比如，现金结算方式可以设置"库存现金"科目，银行汇票结算方式可以设置"其他货币资金"科目等。

任务 7.3　正常单据记账

在采购模块、销售模块及库存模块填制的各类出入库单据，需要在核算模块进行成本核算及登记各类明细账。采购模块填制的采购入库单由于经过了采购结算环节，所采购的存货成本能够确定，因此，这类单据可以在核算模块随时记账。而材料出库单、产成品入库单及销售出库单在填制时无法确定存货成本，必须经过核算模块的处理，确定了存货成本后才能记账。因此，正常单据的记账需要分批进行。本任务将在掌握正常单据记账操作步骤的基础上，将模拟企业的采购入库单进行记账处理。

具体操作步骤如下所示。

第一步　在"T3-用友通标准版"窗口中选择"核算"→"核算"→"正常单据记账"命令，打开"正常单据记账条件"对话框，在左边选择"原材料仓库"，右边选中"采购入库单"，然后单击"确定"按钮（或直接单击"确定"按钮，然后在"正常单据记账"窗口再进行选择），如图 7.6 所示。

105

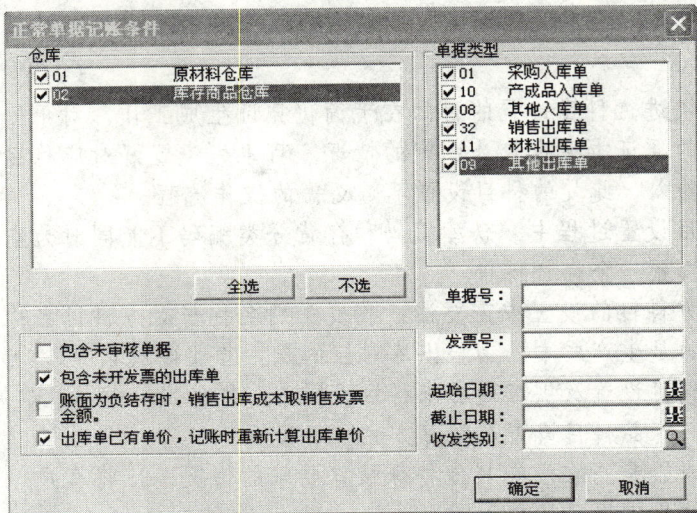

图 7.6 正常单据记账条件筛选

第二步 在打开的"正常单据记账"窗口中选择可以进行记账处理的单据（一般为有金额的单据），然后单击"记账"按钮，如图 7.7 所示。

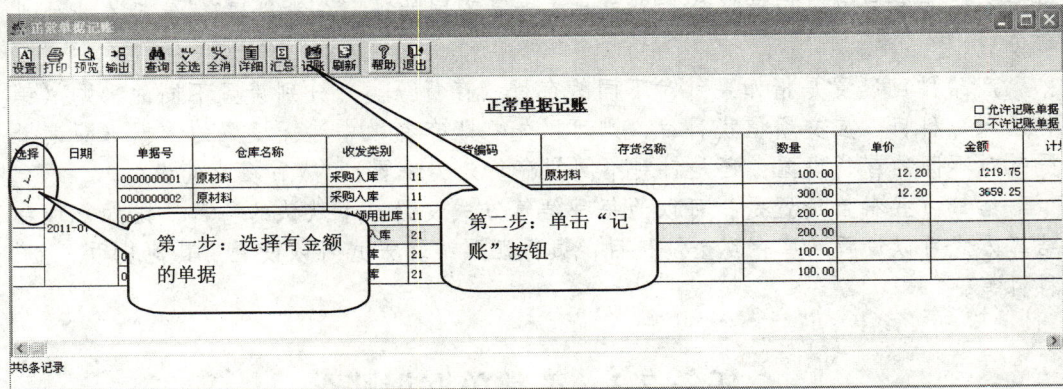

图 7.7 正常单据记账

自己做

请将模拟企业所有可记账的单据进行记账处理。

解惑小贴士： 在实际工作中，正常单据的记账处理并不是一次性完成的，它可以配合采购模块随时进行记账处理，也可以将采购入库单进行一次性记账处理。对于材料出库单、销售出库单而言，虽然企业对存货采用的计价方法不同，导致出库材料及出库产品的成本在月末处理前不得而知，但这并不影响这些单据的正常记账。这些单据记账后，通过"月末处理"功能，系统会将计算出的出库材料成本及销售出库产品成本自动记入账簿。值得注意的是，销售出库产品的成本需待产品入库成本确定后方可计算。

任务 7.4　平均单价计算

当企业存货的计价采用按实际成本计价中的全月加权平均法或移动平均法时，发出存货的单价需要进行计算才能得出。用友 T3 管理系统的核算模块提供了存货的平均单价计算功能。本任务将为模拟企业计算原材料的平均单价，并将单价录入材料出库单。

具体操作步骤如下所示。

第一步　在"T3-用友通标准版"窗口中选择"核算"→"核算"→"平均单价计算"命令，系统弹出"平均单价计算"对话框。选择要进行平均单价计算的仓库后，单击"确认"按钮，如图 7.8 所示。

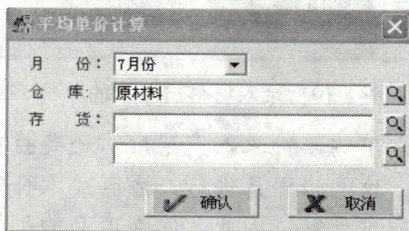

图 7.8　选择仓库与存货

第二步　系统显示经过计算后的存货平均单价，记住单价后，单击"退出"按钮，如图 7 9 所示。

仓库：原材料													
存货		期初		本期入库		本期有金额出库		平均单价	原单价	最大入库金额	最小入库金额	本期无金额出库		出库合计	
编码	名称	数量	金额	数量	金额	数量	金额					数量	金额	数量	金额
11	原材料	0.00	0.00	400.00	4879.00	0.00	0.00	12.20	12.20			0.00	0.00	0.00	0.00

图 7.9　月平均单价计算表

第三步　在"T3-用友通标准版"窗口中选择"核算"→"材料出库单"命令，打开"材料出库单"窗口，单击"修改"按钮后，录入存货单价，然后单击"保存"按钮，如图 7.10 所示。

▌自己做

请计算模拟企业的原材料平均单价，并将单价录入材料出库单后记账。

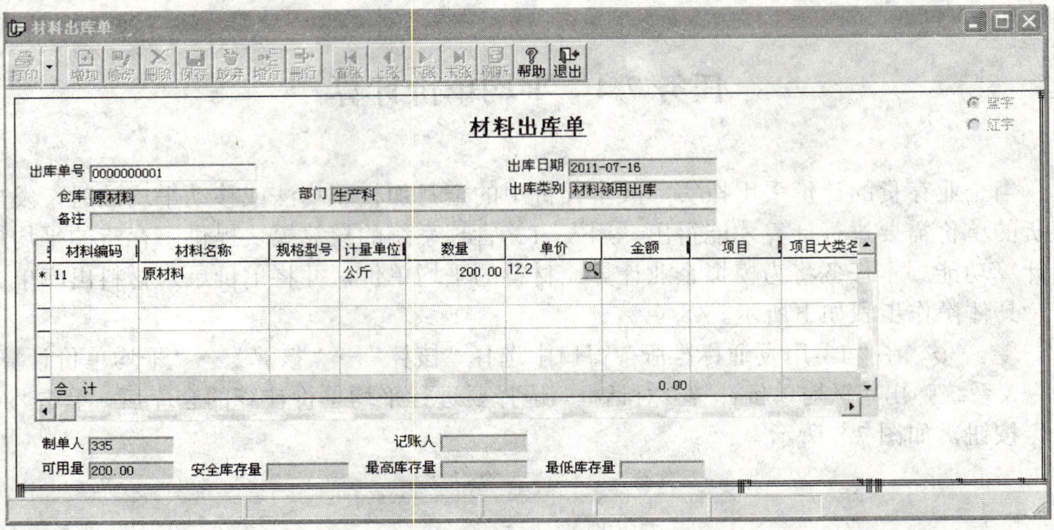

图 7.10　录入材料出库单的单价

解惑小贴士：当材料出库单的单价录入完毕后，还要执行一次"正常单据记账"命令，将材料出库单进行记账，这一步骤是进行产成品成本计算的前提。

由于尚未进行产成本的成本计算，因此，库存商品的平均单价尚无法计算，销售出库单中产品成本尚无法录入，必须等到产成品成本计算完毕，再执行库存商品的平均单价计算，然后将计算出来的单价录入销售出库单，最后再执行一次"正常单据记账"命令，将销售出库单进行记账。

平均单价计算功能主要适用于存货采用移动平均法计价的情况下，当存货采用全月一次加权平均法计价时，无需采用此功能。

任务 7.5　产成品成本分配

由于用友 T3 管理系统适用于中小型企业，因此，产品成本的核算功能并不强大，产品成本核算的绝大部分工作必须手工完成。"产成品成本分配"只提供了产品成本核算结果的录入功能。本任务是模拟企业产品成本金额录入核算模块。

具体操作步骤如下所示。

第一步　在"T3-用友通标准版"窗口中选择"核算"→"核算"→"产成品成本分配"命令，打开"产成品成本分配表"窗口，单击"查询"按钮，系统弹出"产成品成本分配表查询"对话框，选择仓库条件、录入查询条件后，单击"确认"按钮，如图 7.11 所示。

第二步　系统弹出"需要分配的产成品单据选择"窗口，从中选择需要分配的产成品入库单后，单击"确定"按钮，返回"产成品成本分配表"窗口，如图 7.12 所示。

第三步　将手工计算出来的产品总成本录入"金额"栏，单击"分配"按钮，把成本分配到产成品入库单上，然后单击"退出"按钮，如图 7.13 所示。

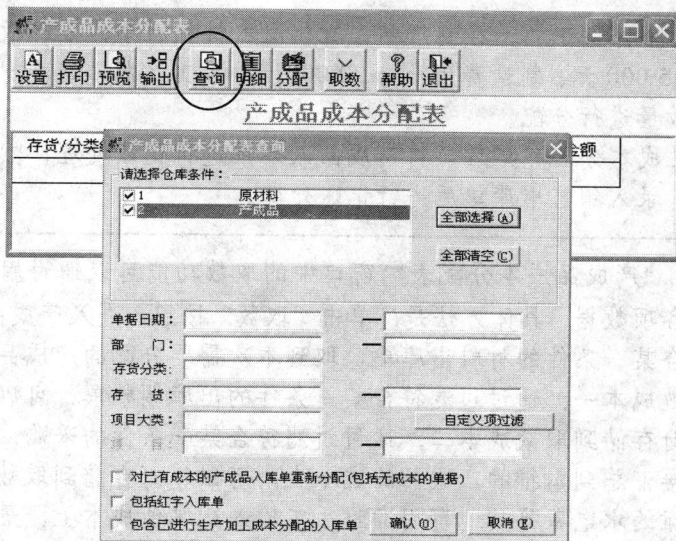

图 7.11 产成品成本分配表

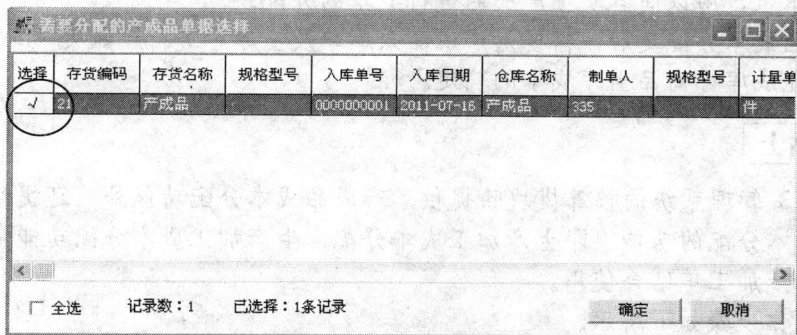

图 7.12 选择产成品入库单

图 7.13 产品成本的分配

■ 自己做

模拟企业本月完工产品情况如下所示。

男西装套装 300 套，各个尺码成本平均分配；女西装套装 200 套，各个尺码成本平均分配。

109

本月全部完工，无在制产品，直接材料按领料单的全部数量结算，直接人工总计 15 000 元，制造费用合计 22 000 元，人工及制造费在男女西装产品之间按完工数量进行分配。

产品成本分配完毕后，将产成品入库单进行记账处理，然后计算产成品平均单价，录入销售出库单后进行记账处理。

解惑小贴士："产成品成本分配表"窗口中的取数功能可以通过用户的设置，提取构成产品成本的各项数据。具体方法是：单击"取数"按钮，进入产成品成本取数界面，可以通过过滤符合某一条件的材料出库单，取到本次需要分配的产成品的材料成本，可以暂时存储到取数成本一；通过过滤符合某一条件的出库调整单，可以取到产成品的调整成本，可以暂时存储到取数成本二；通过过滤符合某一条件的采购入库单，可以直接将该采购成本直接汇总到本批的产成品的成本上，可以暂时存储到取数成本三；也可以将该批产成品分摊的水电费等其他费用通过手工输入到其他成本上，最终计算出本次产成品的总成本，确认后，将返回到产成品分配界面，并将取到的总成本带入产成品分配界面的总成本上，用以向各明细产成品进行成本的分配。

在产成品成本分配之后，需要对产成品入库单及出库单进行记账处理，然后通过月末处理功能完成库存商品出库成本的确定。

助力小贴士

用友 T3 管理系统的核算模块除提供了产成品成本分配功能外，还提供了另外一种产成品成本分配的功能，即生产加工成本分配，生产加工成本分配功能需要与库存模块中的生产加工单结合使用。

具体操作步骤如下所示。

第一步 在"T3-用友通标准版"窗口中选择"核算"→"核算"→"生产加工成本分配"命令，打开"生产加工成本分配"窗口，如图 7.14 所示。

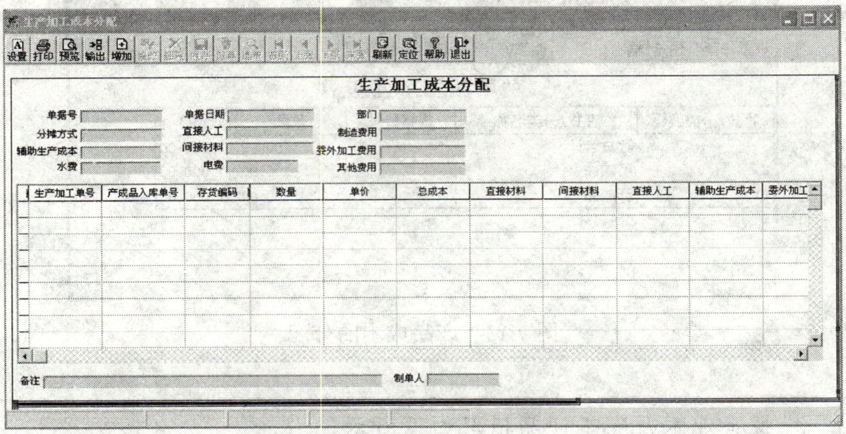

图 7.14 生产加工成本分配

第二步 单击"增加"按钮，系统弹出"产成品入库单查询"窗口，在左上角选择产成品完工入库的仓库，然后单击"查询"按钮，在窗口下方会列出符合条件的产成品入库单，选择需要进行成本分配的产成品入库单后，单击"确定"按钮，如图 7.15 所示。

图 7.15　选择产成品入库单

　　第三步　在返回"生产加工成本分配"窗口后，将经过手工计算后得出的直接人工、制造费用等金额录入表头，然后双击表体"直接材料"的空白栏，系统弹出"材料分配"窗口，里面显示了所有生产领用材料的出库单，可单击"按材料定额分配"按钮（此前在基础设置中已经设置了产成品的材料消耗定额），也可根据具体情况手工录入此次分配的数量和金额，然后单击"确定"按钮。再次返回"生产加工成本分配"窗口，单击"保存"按钮，然后退出，完成产品各项成本的录入操作，如图 7.16 所示。

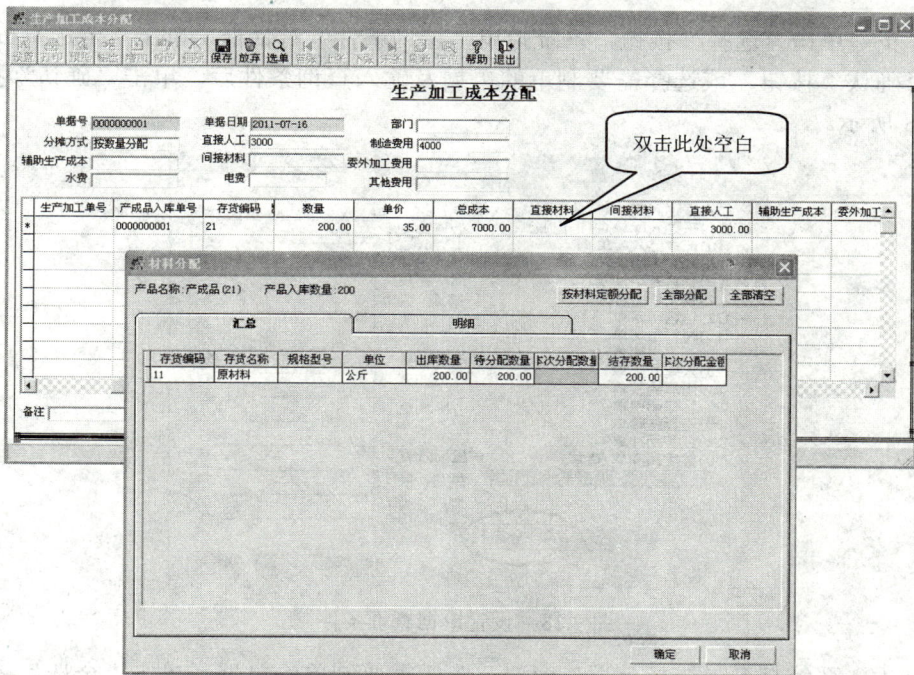

图 7.16　录入产品成本

任务 7.6 购销单据制单

购销存模块的数据与总账模块的数据实现对接，将购销存模块的数据传递至总账系统，是通过核算模块的制单功能来完成的。核算模块的制单包括购销单据制单、客户往来制单及供应商往来制单等。购销单据制单是指将所有与存货有关的业务所形成的各种出入库单据进行制单处理，也即编制记账凭证。本任务将为模拟企业进行购销单据制单操作。

具体操作步骤如下所示。

第一步 在"T3-用友通标准版"窗口中选择"核算"→"凭证"→"购销单据制单"命令，打开"生成凭证"窗口，如图 7.17 所示。

图 7.17 "生成凭证"窗口

第二步 单击"选择"按钮，系统弹出"查询条件"对话框，单击"全选"按钮后，再单击"确认"按钮，或选择需要制单的单据及输入查询条件后，单击"确认"按钮。如图 7.18 所示。

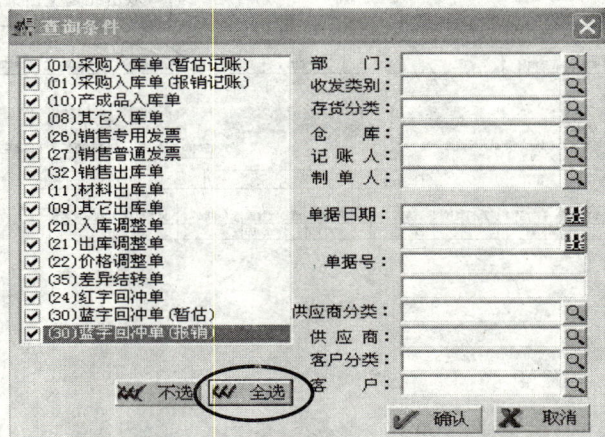

图 7.18 设置单据查询条件

第三步 系统打开"选择单据"窗口，选择需要制单的单据或单击"全选"按钮后，再单击"确定"按钮，返回"生成凭证"窗口，如图 7.19 所示。

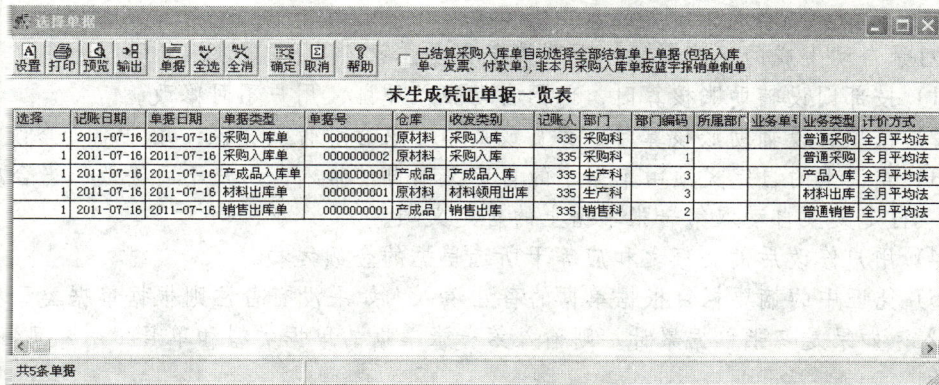

图 7.19　选择单据列表

第四步　在"生成凭证"窗口，系统列出了根据所选单据形成的会计分录，单击"生成"按钮，系统弹出根据每张单据自动生成的记账凭证，逐张单击"保存"按钮后退出，完成赊销单据记账凭证的自动生成操作，如图 7.20 所示。

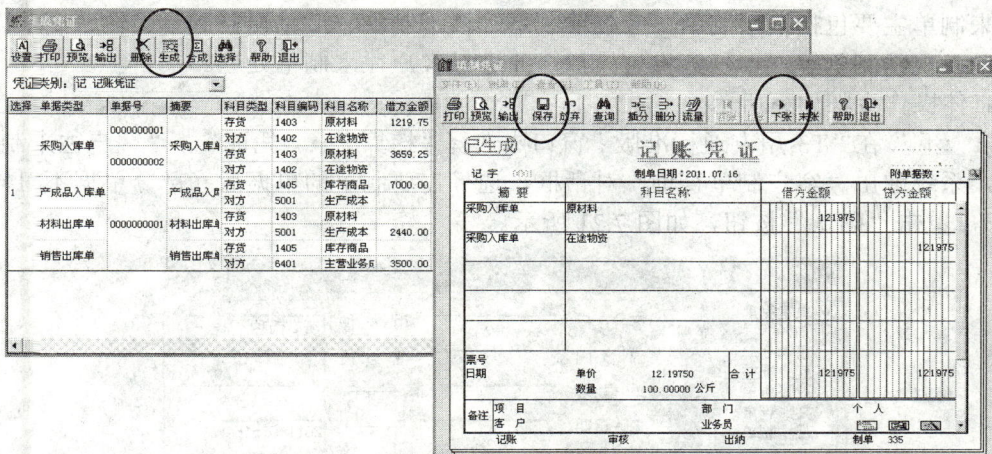

图 7.20　记账凭证的自动生成

■ **自己做**

请将模拟企业的所有购销单据进行制单处理。

助力小贴士

在进行生成凭证的处理过程中，也可以单击"合成"按钮，将所有单据合并生成一张记账凭证。若企业定义了多种记账凭证类型，则在最初弹出"生成凭证"窗口中，需要选择相应的记账凭证种类。

如果对采购入库、发票进行结算制单后，此系统将自动识别，不能再进行制单。

如果用户没有定义该单据中的存货科目、差异科目和所对应的科目，则所生成的凭证没有科目，并且没有辅助账类。对没有科目的凭证，用户可在显示的凭证中填入科目，修改或增加辅助账类的分录。

对于自动生成的记账凭证，下列情况需要注意。

1）按部门设辅助账核算时，部门自动带入凭证，用户不可修改。

2）按项目设辅助账核算时，存货或成本对象自动带入凭证，用户不可修改。

3）凭证上的自定义项由单据中的自定义项自动带入，用户不可修改，当合成凭证时，自定义项自动取第一张单据上的自定义项。

4）用户修改后的金额之和应等于所选单据的金额之和。

5）凭证中的摘要栏目根据单据的备注填入，如果没有备注则根据单据类型和单号填入；如果是多张单据累计，则输入第一张单据的单据类型和单号，用户可修改。

任务 7.7　客户往来制单

客户往来制单是指根据与客户往来所形成的各种单据自动生成记账凭证的过程。客户往来制单主要包括发票制单、应收单制单、核销制单、汇兑损益制单、转账制单、并账制单及现结制单等。本任务将为模拟企业进行客户往来制单处理。

具体操作步骤如下所示。

第一步　在"T3-用友通标准版"窗口中选择"核算"→"凭证"→"客户往来制单"命令，系统弹出"客户制单查询"对话框，选择需要制单的单据后（部分单据不可同时选择），单击"确认"按钮，如图 7.21 所示。

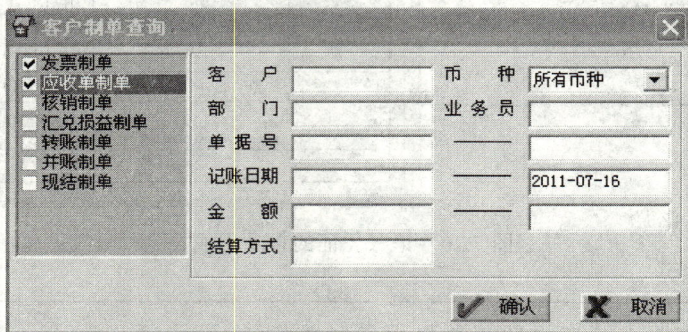

图 7.21　"客户制单查询"窗口

第二步　系统打开"客户往来制单"窗口，单击"全选"按钮后，再单击"制单"按钮，系统弹出记账凭证，逐张单击"保存"按钮后退出，如图 7.22 所示。

第三步　完成上述步骤后，若有其他客户往来单据需要制单，则单击"查询"按钮，在弹出的"客户制单查询"窗口中选择其他需要制单的单据进行记账凭证的自动生成操作。

自己做

请将模拟企业的所有客户往来单据进行制单处理。

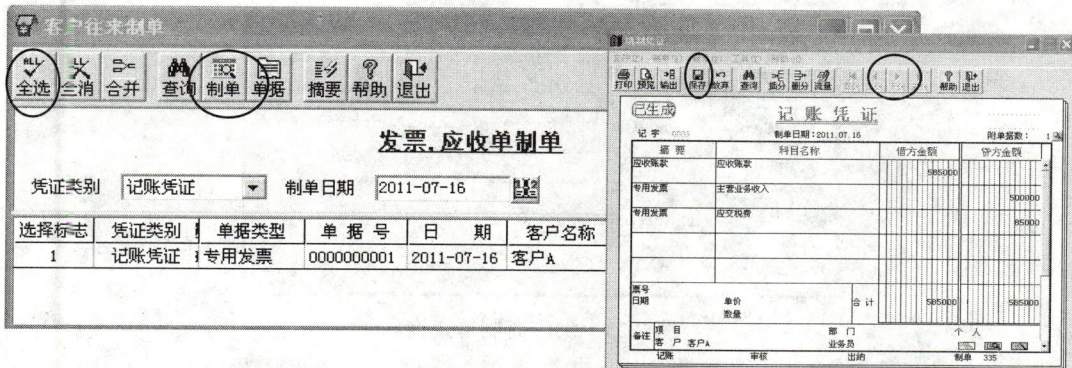

图 7.22   生成记账凭证

解惑小贴士：系统默认自动生成的记账凭证日期为当前业务日期。制单日期应大于等于所选的单据的最大日期，但小于当前业务日期。如果同时使用了总账系统，则所输入的制单日期应该满足总账制单日期要求，即大于同月同凭证类别的日期。系统会将日期小于等于当前业务日期的所有未制单已经记账的单据全部列出。

系统自动生成的记账凭证可以进行修改科目、项目、部门、个人、制单日期、摘要、凭证类别、附单据数等栏目的操作，但不允许删除。金额由系统自动生成，除受控科目的金额不能修改以外，其他非受控科目的金额可以修改。

当按单据制单时，自动取单据中相应的备注内容填充摘要，如果没有备注内容，则按当前单据类型或处理内容填充摘要；当按发票制单时，取发票类型及摘要作为凭证摘要内容。摘要允许修改。

如果在退出凭证界面时，还有未生成的凭证，则系统会提示是否放弃对这些凭证的操作。如果选择是，则系统会取消本次对这些业务的制单操作。

任务 7.8   供应商往来制单

供应商往来制单是指根据与供应商往来所形成的各种单据自动生成记账凭证的过程。供应商往来制单主要包括发票制单、应付单制单、核销制单、汇兑损益制单、转账制单、并账制单及现结制单等。本任务将为模拟企业进行供应商往来制单处理。

具体操作步骤如下所示。

第一步   在"T3-用友通标准版"窗口中选择"核算"→"凭证"→"供应商往来制单"命令，系统弹出"供应商制单查询"对话框，选择需要制单的单据后（部分单据不可同时选择），单击"确认"按钮，如图 7.23 所示。

第二步   系统打开"供应商往来制单"窗口，单击"全选"按钮后，再单击"制单"按钮，系统弹出"记账凭证"窗口，逐张单击"保存"按钮后退出，如图 7.24 所示。

第三步   完成上述步骤后，若有其他供应商往来单据需要制单，则单击"查询"按钮，在弹出的"供应商制单查询"窗口中选择其他需要制单的单据进行记账凭证的自动生成操作。

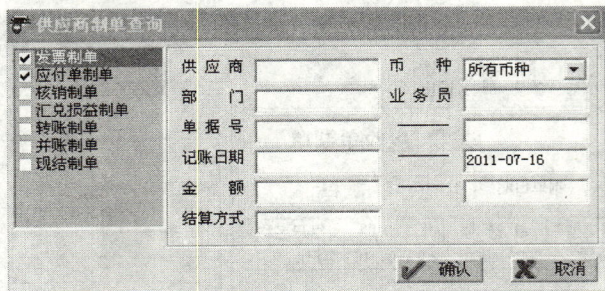

图 7.23　供应商制单查询

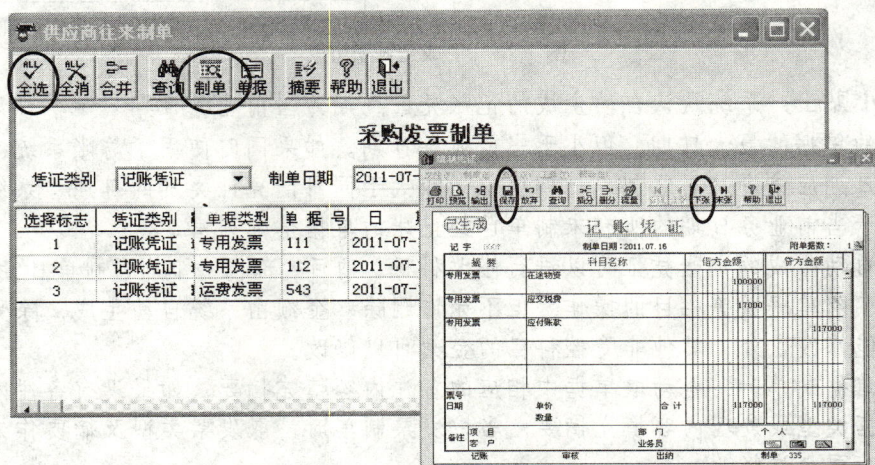

图 7.24　供应商往来制单

■自己做

请模拟企业的所有供应商往来单据进行制单处理。

任务 7.9　月 末 处 理

116

核算模块的月末处理是用来计算按全月平均方式计价的存货的平均单价及本月出库存货成本，对已经完成日常业务的仓库及存货做处理。如果仓库的计价方式为全月平均，则需要进行月末处理后才能进行购销单据的制单。月末处理也是核算模块进行月末结账的前提。本任务将为模拟企业进行存货的月末处理。

具体操作步骤如下所示。

第一步　在"T3-用友通标准版"窗口中选择"核算"→"月末处理"命令，系统弹出"期末处理"对话框，选择需要处理的仓库，然后单击"确定"按钮，弹出提示对话框，单击其中的"确定"按钮，如图 7.25 所示。

第二步　系统打开第一个仓库的"成本计算表"，单击"确定"按钮，若系统提示尚有未记账的单据，则不能继续期末处理，否则会发生错误。若没有提示，则继续单击"确定"按钮，完成月末处理，如图 7.26 所示。

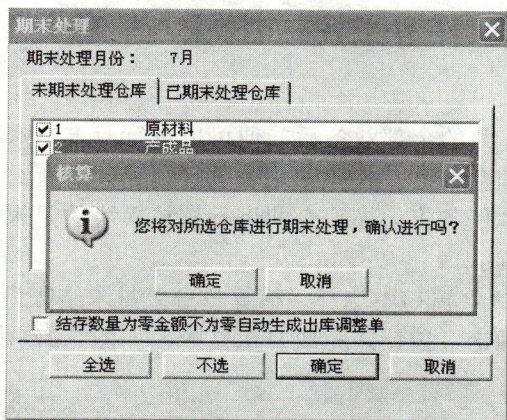

图 7.25　选择期末处理的仓库

图 7.26　核算模块的月末处理

第三步　若取消月末处理，则在"期末处理"对话框选择"已期末处理仓库"选项卡，选择需要取消的仓库后，单击"确定"按钮即可。

117

■自己做

请为模拟企业进行核算模块的月末处理操作，并对尚未制单的单据进行制单处理（建议完成项目 8 后再完成此项任务）。

解惑小贴士： 在使用核算模块的月末处理功能时，必须是在采购模块、销售模块及库存模块都进行了月末结账后才能进行。

月末处理时，应先进行原材料仓库的月末处理，待完成产成品成本核算且将产成品入库单及出库单记账以后，才能进行产成品仓库的月末处理。

所有仓库的月末处理均完成以后，再进行制单操作。

任务 7.10   月 末 结 账

当核算模块完成了本月的全部业务后，便可以进行月末结账了。核算模块的月末结账是指将本月的所有购销存单据及各明细账表进行封存，所有结账后的数据将作为下一会计期间的期初数据。本任务将为模拟企业进行核算模块的月末结账处理。

具体操作步骤如下所示。

在"T3-用友通标准版"窗口中选择"核算"→"月末结账"命令，系统弹出"月末结账"对话框，单击"确定"按钮，完成月末结账，如图 7.27 所示。

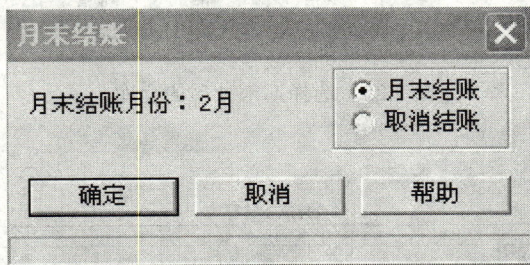

图 7.27   "月末结账"对话框

自己做

请为模拟企业进行核算模块的月末结账操作（建议完成项目 8 后再完成此项任务）。

解惑小贴士：核算模块的月末结账必须是在采购模块、销售模块和库存模块月末结账后进行，且不允许跳月结账。

结账前，用户应检查本月属于核算模块的工作任务是否都已完成。在进行月末结账时，应确定其他功能均已退出。

项目 8
购销存集成应用

项目描述

　　用友 T3 管理系统虽然只适用于中小企业，但其提供的购销存系统仍然能有效解决中小企业财务、业务一体化的管理，实现物流、资金流管理的统一。本项目是在熟悉购销存业务处理流程的基础上，掌握购销存系统的集成运用（进行本项目的前提是采购模块、销售模块、库存模块及核算模块均未结账，若上述几个模块均已进行月末结账处理，则建议本项目在第二个月进行）。

教学目标

　　✧　熟悉采购业务处理流程，掌握操作步骤。
　　✧　熟悉销售业务处理流程，掌握操作步骤。
　　✧　熟悉产品成本核算处理流程，掌握操作步骤。

任务 8.1　采购业务的完整核算

所谓采购业务的完整核算，是指包括采购入库单处理、采购发票处理、采购结算处理、记账、制单等一系列环节在内的整个流程。本任务将采购模块、库存模块及核算模块结合起来使用，使用户从业务处理本身的角度而不是从软件模块的角度掌握采购业务的处理环节。

一、普通采购业务的处理流程

普通的采购业务按照货物与发票到达的先后，可分为料单同到、料到单未到及单到料未到三种情况。

1）在料单同到的情况下，可按照正常业务处理流程进行处理，如图 8.1 所示。

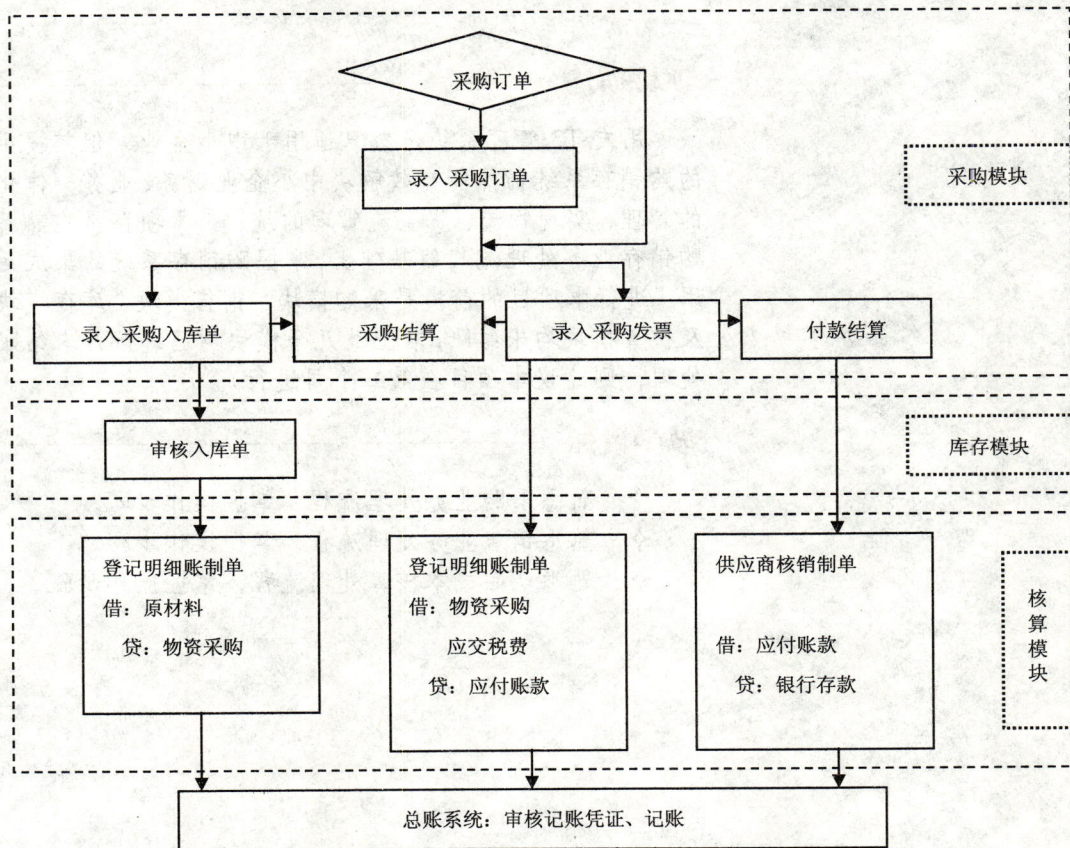

图 8.1　料单同到的处理流程

2）在料到单未到的情况下，为了正确核算存货的库存成本，月末需要对这部分存货进行暂估入账处理，具体方法是：在采购模块填制"采购入库单"，只录入数量不录入金额，接着在库存模块审核采购入库单，然后在核算模块选择"核算"→"核算"→"采购入库单成本批量录入"命令，在查询窗口单击"全选"按钮，然后单击"确定"按钮，打开"采购入库单成本批量录入"窗口，将暂估入库的存货金额录入后，单击"保存"按钮，然后退出。最后进行记账、制单处理。进入下月后，系统提供了以下三种处理方法（在核算模块的参数设置中可以进行设置）。

① 月初回冲。进入下月后，核算模块在存货明细账自动生成与暂估入库单完全相同的"红字回冲单"并自动记账，然后对"红字回冲单"进行制单处理。收到采购发票后，录入采购发票，进行采购结算（注意采购入库单查询日期应从上月开始），然后在核算模块执行"暂估处理"，系统会根据发票自动生成一张"蓝字回冲单"，对"蓝字回冲单"进行记账、制单处理。

② 单到回冲。下月初，系统不做任何处理，待收到发票后，在采购模块录入采购发票并进行采购结算。然后在核算模块执行"暂估处理"，系统自动生成"红字回冲单"和"蓝字回冲单"并自动记账，对上述两个单据进行制单处理。

③ 单到补差。下月初，系统不做任何处理，待收到采购发票后，在采购模块录入采购发票并进行采购结算。然后在核算模块执行"暂估处理"，系统自动生成"调整单"并自动记账，然后对"调整单"进行制单处理。

3）在单到料未到的情况下，企业一般采取压单处理，即对采购发票不做任何处理，待收到货物后，按正常采购业务进行处理。若企业需要核算在途物资的情况，也可先将采购发票录入采购模块并进行复核以形成应付账款，待货物收到后，再填制采购入库单并进行采购结算。

二、料单同到情况下的业务处理

对于普通采购业务的料单同到情况，处理流程一般包括采购入库单录入、采购发票录入与复核、采购入库单审核、采购入库单记账、采购入库单制单、采购发票制单等环节。

具本操作步骤如下所示。

第一步　在采购模块录入采购入库单。选择"采购"→"采购入库单"命令，在"采购入库单"窗口单击"增加"按钮，将存货采购的入库仓库、入库类别、采购类型、存货编码、数量等信息录入后，单击"保存"按钮。表体中可只录入存货采购数量，无需录入金额。

第二步　在采购模块录入采购发票。选择"采购"→"采购发票"命令，在"采购发票"窗口单击"增加"按钮（需根据发票种类选择增加类型），将发票的内容录入后，单击"保存"按钮，若货款暂不支付，则继续单击"复核"按钮，然后退出。

第三步　在库存模块审核采购入库单。选择"库存"→"采购入库单审核"命令，在"采购入库单"窗口单击"审核"按钮，然后退出。

第四步　在采购模块进行采购结算。选择"采购"→"采购结算"→"手工结算"命令，选择对应的采购入库单和采购发票，然后进行结算。

第五步　在核算模块对采购入库单进行记账处理。选择"核算"→"核算"→"正常单据记账"命令，选择要进行记账的采购入库单，然后进行记账。

第六步　在核算模块对采购入库单进行制单处理。选择"核算"→"凭证"→"购销单据制单"命令，选择要进行制单处理的采购入库单，然后进行制单。

第七步　若向供应商支付货款，则在采购模块，选择"采购"→"供应商往来"→"付款结算"命令，选择供应商后单击"增加"按钮，录入结算方式、科目、金额等信息后单击"保存"按钮，再单击"核销"按钮，在下方出现的单据后面录入本次结算的金额后，单击"保存"按钮，然后退出（若并未支付货款，则跳过此步）。

第八步　在核算模块进行供应商往来制单。选择"核算"→"凭证"→"供应商往来制单"命令，选择要进行制单处理的供应商往来单据，然后进行制单。

在制单环节中，只有记账凭证左上角出现"已生成"标志，才意味着该张凭证已经传递至总账系统，同时，制单完成也意味着采购业务在购销存模块已经处理完毕。

三、料到单未到情况下的业务处理

料到单未到的业务处理以单到回冲为例，处理流程一般包括采购入库单录入、采购入库单审核、采购入库单暂估成本录入、采购入库单记账、采购入库单制单、采购发票录入、采购发票复核、采购结算、暂估处理、红蓝字回冲单制单等环节。

操作步骤如下所示。

第一步　在采购模块录入采购入库单。选择"采购"→"采购入库单"命令，在"采购入库单"窗口，单击"增加"按钮，将存货采购的入库仓库、入库类别、采购类型、存货编码、数量等信息录入后，单击"保存"按钮。表体中可只录入存货采购数量，无需录入金额。

第二步　在库存模块审核采购入库单。选择"库存"→"采购入库单审核"命令，在"采购入库单"窗口，单击"审核"按钮，然后退出。

第三步　在核算模块录入暂估成本。选择"核算"→"核算"→"采购入库单成本批量录入"命令，在"采购入库单成本批量录入"窗口录入发票账单尚未到达的所有存货的暂估成本，然后退出。

第四步　在核算模块进行暂估入库单的记账处理。选择"核算"→"核算"→"正常单据记账"命令，选择需要记账处理的暂估入库单，然后进行记账。

第五步　在核算模块进行暂估入库单的制单处理。选择"核算"→"凭证"→"购销单据制单"命令，选择需要制单的暂估入库单，然后进行制单。

第六步　采购模块、销售模块、库存模块及核算模块月末结账后进入下一月。

第七步　收到发票后，在采购模块录入采购发票，然后进行采购结算。

第八步　在核算模块进行暂估处理。选择"核算"→"核算"→"暂估入库成本处理"命令，选择暂估处理仓库后，单击"确认"按钮，在"暂估结算表"中显示了所有暂估入库单，单击"暂估"按钮后退出。

第九步　在核算模块进行红蓝字回冲单的制单处理。选择"核算"→"凭证"→"购销单据制单"命令，选择要进行制单处理的红蓝字回冲单，然后进行制单。

以上的具体操作步骤，请参见相关项目的各个任务。

自己做

模拟企业发生如下经济业务，请予以处理。

1）向宁波华美织造厂购入坯布幅宽120厘米共1 500米，对方开来的增值税专用发票上（号码 300120045）注明金额为 48 000 元，增值税为 8 160 元，材料已验收入库，货款尚未支付。

2）向宁波轻纺贸易公司购入辅料一批，对方开来的增值税专用发票上（号码 300120375）注明男套装辅料为 150 套，金额为 1 600 元，增值税为 272 元，女套装辅料为 200 套，金额为 2 300 元，增值税为 391 元，另对方垫付运费 100 元（运费发票号码为 100465），材料已验收入库，货款尚未支付（运费按数量分摊）。

3）向绍兴华锦纺织厂购入坯布幅宽 120 厘米一批，经验收，数量为 1 000 米，发票尚未收到，月末以每米 40 元的暂估价入账。

4）向宁波古林印染厂订购坯布幅宽 150 厘米共 1 800 米。几天后收到对方开来的增值税专用发票（号码为 300120246），上面载明坯布 1 600 米，单价为 39 元，增值税税率为 17%，运费 200 元由宁波古林印染厂垫付（运费发票号码为 100834）。随后收到货物，经验收，坯布数量为 1 600 米，货款尚未支付。

以上业务需处理到制单为止，并在采购模块结账。

解惑小贴士：暂估入库单制单时，存货对应科目不能是应付受控科目，因此，进行暂估入库单制单操作的前提是在用友 T3 管理系统基础设置增加会计科目环节，要为应付账款设置两个明细科目，一是"正常应付款"，此科目为应付受控科目，属于供应商往来辅助核算项，另一个是"暂估应付款"，此科目为普通科目，主要用于存货采购暂估入库时制单。

任务 8.2　销售业务的完整核算

销售业务的完整核算主要是指普通销售业务在购销存模块的一体化运用，处理环节主要包括填制销售发货单、填制销售发票、审核（生成）销售出库单、已销产品成本的确定、销售出库单的记账与制单以及供应商往来管理等。本任务是在掌握销售业务完整操作步骤的基础上，为模拟企业处理普通销售业务。

具体操作步骤如下所示。

第一步　在销售模块填制销售发货单。选择"销售"→"销售发货单"命令，在出现的窗口中单击"增加"按钮后，将发货单的相关信息录入，单击"保存"按钮，再单击"审核"按钮，然后退出（在销售发货单中可不必输入金额，若在销售参数设置中选中了"是否销售生成出库单"复选框，则销售发货单经过审核后便自动生成"销售出库单"，此时只需在库存模块进行审核即可）。

第二步　在销售模块填制销售发票。选择"销售"→"销售发票"命令，在出现的窗口中单击"增加"按钮（注意增加的发票类型），通过"选单"功能，将销售发货单的内容拷贝至销售发票，并由此建立起销售发货单与销售发票的联系，将发票金额等内容录入后，单击"保存"按钮。若货款尚未收到，则继续单击"复核"按钮，形成应收账款；若收到货款，则单击"现结"按钮，完成货款的结算。发票录入完毕后，单击"退出"按钮。

第三步 在库存模块对销售出库单进行审核。选择"库存"→"销售出库单生成/审核"命令，在"销售出库单"窗口单击"审核"按钮后，单击"退出"按钮。

第四步 在核算模块录入销售出库单的金额。选择"核算"→"销售出库单"命令，在打开的"销售出库单"窗口单击"修改"按钮，录入已销存货的金额，单击"保存"按钮后退出。此步骤可省略，在核算模块通过"月末处理"功能统一完成，但省略此步，结转已销产品成本的制单只能在月末统一进行。

第五步 在核算模块进行销售出库单的记账处理。选择"核算"→"核算"→"正常单据记账"命令，选择需要记账处理的销售出库单，然后进行记账。

第六步 在核算模块进行销售出库单的制单处理。选择"核算"→"凭证"→"购销单据制单"命令，选择需要制单的销售出库单，然后进行制单。

第七步 若收到客户所欠货款，则在销售模块。选择"销售"→"客户往来"→"收款结算"命令，选择客户后单击"增加"按钮，录入结算方式、科目、金额等信息后单击"保存"按钮，再单击"核销"按钮，在下方出现的单据后面录入本次结算的金额后，单击"保存"按钮，然后退出（若并未收到货款，则跳过此步）。

第八步 在核算模块进行客户往来制单。选择"核算"→"凭证"→"客户往来制单"命令，选择要进行制单处理的客户往来单据，然后进行制单。

在制单环节中，只有记账凭证左上角出现"已生成"标志，才意味着该张凭证已经传递至总账系统，同时，制单完成也意味着销售业务在购销存模块已经处理完毕。

具体的操作步骤请参见相关项目的各个任务。

自己做

模拟企业发生如下经济业务，请予以处理。

1）销售给宁波泰华商厦男式西装套装200套，其中M号20套，L号70套，XL号80套，XXL号30套，单价均为560元，开给对方增值税专用发票（号码为300126501）注明金额为112 000元，增值税为19 040元，货已发出，货款未收。

2）销售给温州联谊商厦女式西装套装100套，其中S号10套，M号35套，L号45套，XL号10套，单价均为520元；男式西装套装80套，其中M号50套，L号20套，XXL号10套，单价均为570元，代垫运费400元（现金）。开出增值税专用发票一张，号码为300126502，货已发出，货款未收。

3）收到金华双龙商厦传真过来的订单，要求订购男士西装220套，M号60套，L号30套，XL号50套，XXL号80套；女式西装120套，四个尺码各30套。随后企业填制销售发货单并开具增值税专用发票（号码为300126503），男式西装单价为550元，女式西装单价为520元，并于当天发货，企业代垫运费500元（现金）。

4）收到宁波泰华商厦开来的转账支票一张（号码为23066158），偿付前订购男式西装200套的货款131 040元，企业填制进账单后，将款项送存中国工商银行。

以上业务需处理到制单为止，并对销售模块进行月末结账。

解惑小贴士：在企业存货按实际成本计价的情况下，销售出库单的存货单价，在产品成本核算完成并入库之前是无法得出的，因此，对于销售出库单的期末处理，需等到产成品成本核算完成之后进行。在企业存货采用全月一次加权平均法的情况下，产成品完工入库并核算出生产成本之后，可通过两种方法得出已销产品的成本，一是通过"平均单价计算"功能计算出产成品仓库的平均成本；二是通过核算模块的"月末处理"功能进行产成品仓库成本的自动计算和分配，但该项功能必须在采购模块、销售模块及库存模块均已月末结账的前提下才可进行。

任务 8.3　产品成本核算业务处理

虽然使用用友 T3 管理系统进行产品成本核算，大部分核算工作仍是由手工完成的，但是，产品成本核算作为购销存系统的重要组成部分，其作用仍是不可或缺的。它不仅是确定产成品入库成本的依据，更是确定已销产品成本的前提。本任务将在掌握产成品成本核算基本操作方法的基础上，为模拟企业进行产成品成本的核算。

一般情况下，工业企业的产品成本主要包括直接材料、直接人工、其他直接支出及制造费用等，用友 T3 管理系统提供的产品成本核算功能主要体现在直接材料费用的处理上，而对于直接人工、其他直接支出及制造费用等产品成本项目，则需要人工进行核算，然后将核算结果录入系统。

对直接材料费的分配，用友 T3 管理系统提供了两种模式。一种模式是通过生产加工单将销售、采购与生产加工联系在一起，实现了以销定产、以产定料的一体化业务管理模式。但这种模式需要事先定义产品结构。产品结构在企业生产中又称物料清单，它表示产品的组成结构与组成单位产品的原材料和零部件的数量。在核算模块，通过执行生产成本加工分配功能，将生产加工单与产成品成本分配联系起来，当然，生产成本加工分配功能也可单独使用。另一种模式是在核算模块中执行产成品成本分配功能，将手工计算出的产成品成本录入即可。

在购销存模块中，与产品成本核算相关的操作主要包括材料出库单的填制、审核、记账、制单及产成品成本分配的操作。

具体操作步骤如下所示。

第一步　在库存模块填制材料出库单。选择"库存"→"材料出库单"命令，在"材料出库单"窗口单击"增加"按钮，将材料出库单的相关内容录入后，单击"保存"和"审核"按钮，然后退出。

第二步　在核算模块进行原材料仓库的月末处理。选择"核算"→"月末处理"命令，选择原材料仓库，点后单击"确定"按钮。

第三步　在核算模块进行材料出库单的记账处理。选择"核算"→"核算"→"正常单据记账"命令，选择需要记账处理的材料出库单，然后进行记账。

第四步　手工计算出各种产成品的总成本。

第五步　在核算模块进行产成品成本的分配。选择"核算"→"核算"→"产成品成本分配"命令，打开"产成品成本分配表"窗口，查询出将要进行产品成本分配的产成品入库单，将各种产品的总成本录入后，单击"保存"按钮，然后退出。

第六步 在核算模块进行产成品入库单的记账处理。选择"核算"→"核算"→"正常单据记账"命令，选择需要记账处理的产成品入库单，然后进行记账。

第七步 在核算模块进行产成品入库单的制单处理。选择"核算"→"凭证"→"购销单据制单"命令，选择需要制单的产成品入库单，然后进行制单。

接下来可以执行核算模块的月末处理功能，对产成品仓库进行月末处理。

自己做

模拟企业发生如下经济业务，请予以处理。

1）生产车间生产男式西装领用坯布幅宽 150 厘米共 1 200 米，坯布幅宽 120 厘米共 1 000 米。

2）生产车间领用黑纱线 125 轴，彩纱线 60 轴，用于生产男式西装，另领男套装辅料 380 套。

3）生产车间生产女式西装领用坯布幅宽 150 厘米共 900 米，坯布幅宽 120 厘米共 1 100 米。

4）生产车间生产女式西装领用女套装辅料 340 套，黑纱线 115 轴，彩纱线 80 轴。

5）本月生产的产品全部完工：男式西装 360 套，其中 M 号 50 套，L 号 130 套，XL 号 150 套，XXL 号 30 套；女式西装 325 套，其中 S 号 80 套，M 号 100 套，L 号 110 套，XL 号 35 套。经验收，全部合格。

6）本月共发生直接人工费 23 500 元，制造费用 63 528 元，完工产品的各项生产成本按完工产品数量进行分配。

以上业务需处理到制单为止，并对库存模块进行月末结账处理，对核算模块进行期末处理和月末结账。

项目 *9*
工资业务核算

项目描述

　　职工工资核算是每个企业最基本的业务之一，是一项重要的经常性工作，它不仅牵涉到每个职工的切身利益，更关系到企业成本费用核算的准确性。用友 T3 管理系统中的工资管理模块的主要功能包括工资类别管理、人员档案管理、工资数据管理及工资报表管理等。本项目是以模拟企业职工的工资原始数据为基础，计算应发工资、扣款、实发工资，按部门和人员类别进行工资费用的分配，进行个人所得税的计算及实现自动转账处理。

教学目标

　　✧　掌握工资管理模块的初始化工作。
　　✧　掌握工资管理模块的基础数据维护。
　　✧　掌握工资日常业务的处理。

任务 9.1　建立工资套

工资套和系统管理中的企业账套是完全不同的概念，企业账套是针对整个企业核算系统的，而工资套只针对工资管理模块，也可以认为工资套是企业账套的子账套。建立工资账套是运行工资管理模块的前提和基础，是启用工资模块不可缺少的步骤。本任务将为模拟企业建立工资账套。

具体操作步骤如下所示。

第一步　在"T3-用友通标准版"窗口中选择"工资"命令，若是首次使用工资模块，则系统会自动弹出"建立工资套"对话框，如图 9.1 所示。

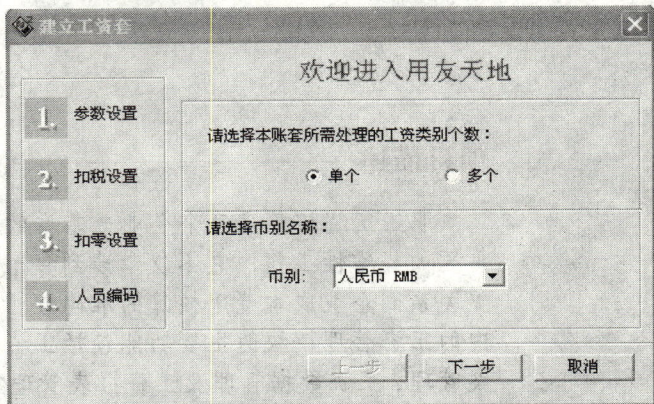

图 9.1　"建立工资套"对话框

第二步　按照建账向导的步骤，将企业工资套的建账要求逐一进行设置，每个界面设置完成以后单击"下一步"按钮，直到最后单击"完成"按钮，系统会弹出启用日期的对话框，单击"是"按钮完成工资套的建立。

■自己做

为模拟企业建立工资套，设置要求如下所示。

第一步　工资类别个数为单个。

第二步　需要从工资中扣除个人所得税。

第三步　不实行扣零政策。

第四步　人员编码长度为 3，工资套的启用日期为当前日期。

助力小贴士

工资类别个数是指如果企业有多种类别的人员（如在职、退休或正式工、临时工等），工资发放项目不尽相同，计算公式也不相同，或者一个月多次发放工资，但需进行统一的工资核算管理，此时就应选择"多个"。如果企业人员的工资项目、工资计算公式全部相同且实行统一管理，则选择"单个"以提高系统运行效率。

如果选择了"多个"工资类别，则最后单击"完成"按钮后，系统会弹出建立工资类别的向导，根据向导提示，完成工资类别的设置。

如果在建立工资套时选择"单个"类别，之后需要增加工资类别时，可选择"工资"→"工资类别"→"新建工资类别"命令，增加工资类别。

扣零设置是指每次发放工资时将零头扣下，累积取整，待下次发放工资时补上。

任务 9.2　设置基础信息

工资账套建成以后，需要对工资模块运行所需的一些技术参数进行设置，基础信息的设置主要包括人员附加信息设置、人员类别设置、工资项目设置、银行名称设置、部门设置及权限设置等。本任务将为模拟企业设置主要的基础信息。

一、人员类别设置

人员类别是按某种特定分类方式将企业员工进行分类，如企业管理人员、车间管理人员、某车间生产工人等，这样分类的目的是便于工资费用的分配。

具体操作步骤如下所示。

第一步　在"T3-用友通标准版"窗口中选择"工资"→"设置"→"人员类别设置"命令，打开"类别设置"对话框，如图 9.2 所示。

第二步　在"类别"栏中输入要增加的人员类别名称，单击"增加"按钮，再输入第二种类别，以此类推。

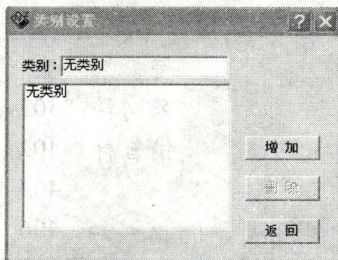

图 9.2　设置人员类别

■ 自己做

为模拟企业增加如下人员类别。
1）企业管理人员。
2）生产工人。

二、增加人员档案

尽管在系统账套的基础信息设置中已经增加了企业员工的档案，但该档案并未与工资系统建立联系，因此，必须在工资系统中重新建立企业员工的档案。此处增加人员档案无需再逐个输入，只需批量引入即可。

具体操作步骤如下所示。

第一步　选择"工资"→"设置"→"人员档案"命令，打开"人员档案"窗口，单击上方第二个加号按钮，系统弹出"人员批量增加"对话框，在窗口左边选择要增加的部门或单击窗口下方的"全选"按钮，选中企业所有员工，然后单击"确定"按钮，如图 9.3 所示。

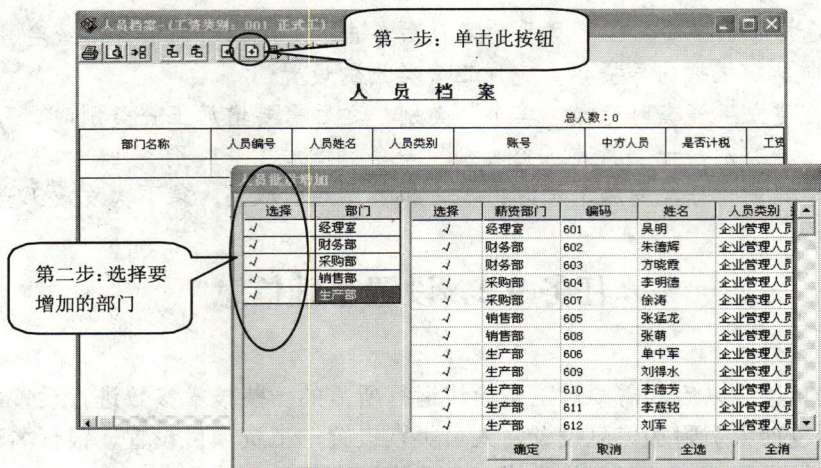

图 9.3　批量增加人员

第二步　在返回"人员档案"窗口后，单击"退出"按钮，完成人员档案的设置。

■ **自己做**

将模拟企业所有部门的员工批量引入工资系统后，再增加如下人员。

采购科：302　赵明　　　　303　李淑敏

销售科：402　刘明权　　　403　张卫国

　　　　404　张昭丽　　　405　龚雪雯

　　　　406　孙国萍

生产车间：502　王德海　　503　王德江

　　　　　504　刘碧清　　505　陈燕燕

　　　　　506　王晓华　　507　何大妮

　　　　　508　张敏佳

注：采购科、销售科均为企业管理人员，生产车间为生产工人。

解惑小贴士：除了批量引入人员档案外，还可以在"人员档案"窗口单击"增加"按钮，对企业员工进行逐个设置。还可以单击"数据导入"按钮，将员工数据直接导入系统（员工数据文件为 TXT 格式）。如果企业的工资发放采用银行转账方式，在批量引入员工档案后也需要逐个录入员工个人的银行账号信息。

三、工资项目设置

工资系统中已经存在了一些较为常见的工资项目，如应发合计、扣款合计、实发合计等，但每个企业的具体工资项目可能有很多，因此，需要根据企业的具体情况增加一些工资项目的名称。工资项目的设置是指定义工资项目的名称、数据类型、数据长度、小数位及增减项等信息。

具体操作步骤如下所示。

第一步 在"T3-用友通标准版"窗口中选择"工资"→"设置"→"工资项目设置"命令，打开"工资项目设置"对话框，如图 9.4 所示。

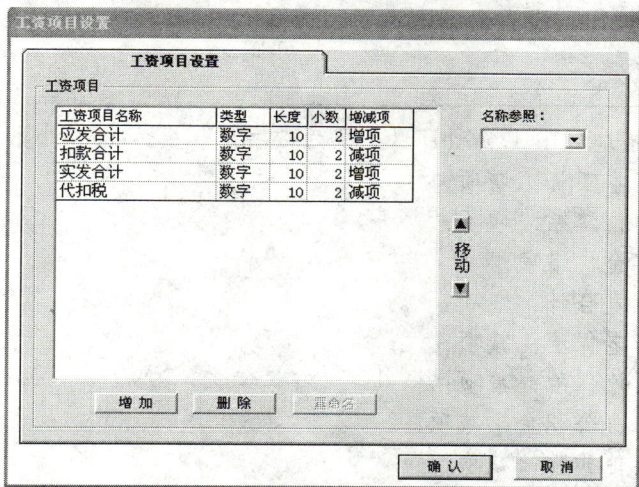

图 9.4 "工资项目设置"对话框

第二步 单击"增加"按钮，然后在"工资项目"栏输入要增加的工资项目名称，也可在"名称参照"下拉列表中进行选择，类型默认、长度及小数可根据需要输入，然后双击'增减项'栏的对应空白处，选择该项目是"增项"还是"减项"，然后再单击"增加"按钮，以此类推，最后单击"确认"按钮，如图 9.5 所示。

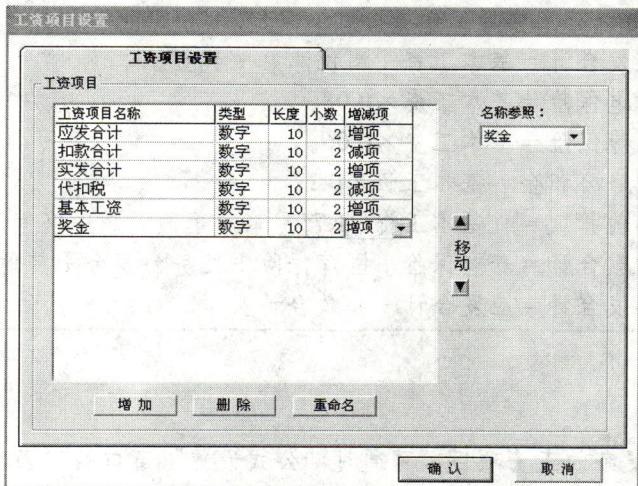

图 9.5 增加工资项目

第三步 选定某个具体的工资项目后，利用右边的上下箭头按钮调整工资项目的顺序。

第四步 系统给出的固定工资项目如应发合计、扣款合计、实发合计等的计算公式是固定的，但对于用户新增的工资项目，除了在增减项处进行设置外，个别项目还需要设置计算公式，如养老保险、医疗保险、住房公积金等项目的计提数额等。方法是在"工资项目设置"对话框中选择"公式设置"选项卡，单击"增加"按钮，在出现的空行中单击下拉列表框，从中选择要增加的工资项目，然后单击公式文本框，再单击下方"工资项目"列表框中的要素，利用运算符及公式进行相应的设置，每个公式设置完毕后，单击"公式确认"按钮，没有提示则说明公式编辑成功。

■ 自己做

一、增加如下工资项目（类型为数字，长度为 10，小数为 2）

1）基本工资，增项；

2）岗位津贴，增项；

3）奖金，增项；

4）应发合计，增项；

5）养老保险，减项；

6）医疗保险，减项；

7）住房公积金，减项；

8）其他扣款，减项；

9）代扣税，减项；

10）扣款合计，减项；

11）实发合计，增项；

12）事假天数，其他；

13）病假天数，其他

项目增加完成后，按上述顺序进行排列。

二、为部分工资项目设置公式

1）应发合计＝基本工资＋岗位津贴＋奖金。

2）养老保险＝基本工资×0.08。

3）医疗保险＝基本工资×0.06。

4）住房公积金＝基本工资×0.1。

5）其他扣款＝（基本工资/21.75）×（事假天数＋病假天数）。

6）扣款合计＝养老保险＋医疗保险＋住房公积金＋其他扣款＋代扣税。

7）实发合计＝应发合计－扣款合计。

助力小贴士

对于计算较复杂的工资项目，可通过"公式设置"窗口的"函数公式向导输入"功能进行设置。

在企业的工资管理过程中，如果工资类别发生了变化，即不再是一种类型，而有多种工资类型时，可通过修改工资模块的选项，将工资类别设置成多个，然后在工资类别管理中进行工资类别的增加操作。

具体操作步骤如下所示。

第一步　在"T3-用友通标准版"窗口中选择"工资"→"工资类别"→"新建工资类别"命令，打开"新建工资类别"对话框，如图 9.6 所示。

第二步　在工资类别名称下的空白栏中输入工资类别名称（如果只有单个类别，则可输入"正式工"），然后单击"下一步"按钮。在"请选择部门"下的对话框中（见图9.7），单击各个部门，选中后单击"完成"按钮，在弹出的"启用日期"对话框中单击"是"按钮。

图 9.6　"新建工资类别"对话框　　　　图 9.7　选择工资类别的适用部门

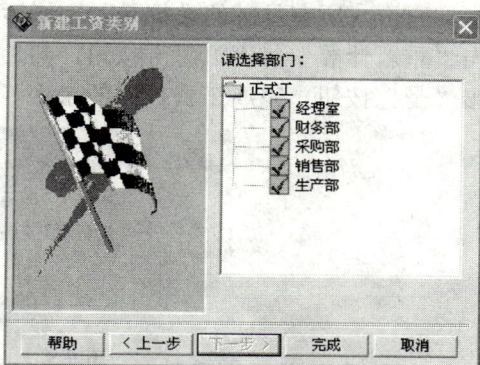

任务 9.3　录入期初工资数据

在初次使用工资系统前，还有一项重要的工作就是要将所有员工的基本工资数据录入工资系统。本任务要将模拟企业员工的基本工资数据录入系统。

具体操作步骤如下所示。

第一步　以账套主管的身份，注册进入用友 T3 管理系统。

第二步　在"T3-用友通标准版"窗口中选择"工资"→"业务处理"→"工资变动"命令，打开"工资变动"窗口，如图9.8所示。

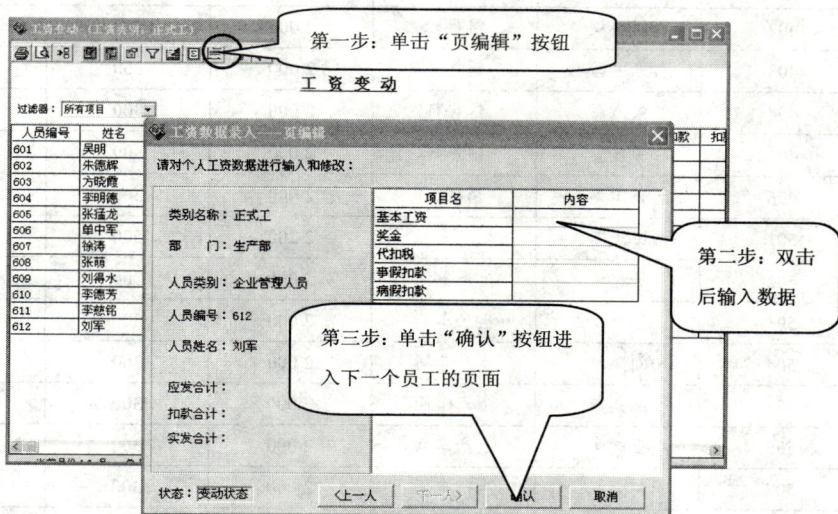

图 9.8　录入工资数据

第三步 单击窗口上方的"页编辑"按钮，弹出"工资数据录入——页编辑"对话框，单击相应的栏目，将一些固定的工资数据，如基本工资、岗位津贴等输入后，单击"确认"按钮，每个员工都要逐一输入。也可在"工资变动"窗口直接录入数据，如图9.8所示。

第四步 所有员工的数据录入完毕后，单击"取消"按钮，返回"工资变动"窗口，单击"重新计算"与"汇总"按钮，然后单击"退出"按钮，则系统弹出提示对话框，单击"是"按钮，完成工资数据的录入，如图9.9所示。

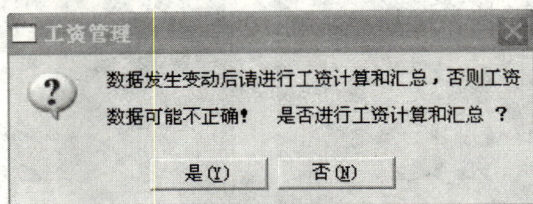

图9.9 工资的计算与汇总

■ 自己做

请以账套主管身份，将以下工资信息录入系统。

人员编号	姓 名	部 门	基本工资/元	岗位津贴/元	奖金/元
101	刘德江	办公室	2 500	800	1 200
201	刘德水	财务科	2 200	500	1 000
202	赵萍	财务科	2 000	300	800
203	刘德丽	财务科	2 000	300	800
301	朱少龙	采购科	2 200	500	1 000
302	赵明	采购科	2 000	300	800
303	李淑敏	采购科	2 000	300	800
401	李金书	销售科	2 200	500	1 000
402	刘明权	销售科	2 000	300	800
403	张卫国	销售科	2 000	300	800
404	张昭丽	销售科	2 000	300	800
405	龚雪雯	销售科	2 000	300	800
406	孙国萍	销售科	2 000	300	800
501	田忠军	生产车间	2 200	500	2 900
502	王德海	生产车间	2 000	300	2 400
503	王德江	生产车间	2 000	300	2 400
504	刘碧清	生产车间	2 000	300	2 400
505	陈燕燕	生产车间	2 000	300	2 400
506	王晓华	生产车间	2 000	300	2 400
507	何大妮	生产车间	2 000	300	2 400
508	张敏佳	生产车间	2 000	300	2 400

助力小贴士

如果企业员工发生了工资变动的情况，也是在"工资变动"窗口进行操作。对于全员变化的内容，如奖金在原有基础上增加 10%，可在"工资变动"窗口单击"替换"按钮，在"将工资项目"处选择"奖金"，在"替换成"处输入"奖金×1.1"，然后单击"确认"按钮，如果只是变化某一部门的员工工资，如财务部，则可在替换条件处选择"部门＝财务部"即可。在进行了数据、公式等内容的修改后，在"工资变动"窗口单击"计算"按钮，再单击"汇总"按钮，系统则重新计算刚刚修改的数据并进行汇总处理。

任务 9.4　计算个人所得税

在单位员工人数较多且工资数额差别较大时，计算个人所得税的工作量就会比较大，因此，工资系统特提供了个人所得税的自动计算功能，用户只需自定义所得税税率及扣税基数，系统就可以自动计算出个人应交的所得税数额。本任务将为模拟企业设置个人所得税税率并进行相应的计算。

具体操作步骤如下所示。

第一步　在"T3-用友通标准版"窗口中选择"工资"→"业务处理"→"扣缴所得税"命令，打开"栏目选择"对话框，如图 9.10 所示。

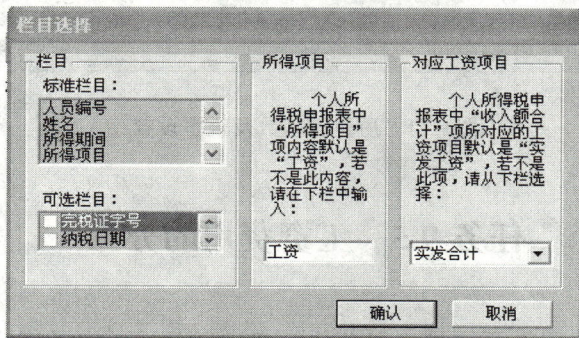

图 9.10　个人所得税计算表栏目选择

第二步　单击"确认"按钮后，系统弹出"个人所得税扣缴申报表"的窗口，单击"税率"按钮进行所得税基数的设置，完成设置后单击"确认"按钮，如图 9.11 所示。

第三步　系统弹出"是否重新计算个人所得税"的警告框，单击"是"按钮。

自己做

设置所得税税率对应工资项目为应发合计，起征点为 3 500 元。

解惑小贴士：在"栏目选择"窗口中的"对应工资项目"栏计算个人所得税的计税基数，默认是"实发合计"，其实，实发合计或应发合计都不能作为计税基数，正确的计税基数应为应发合计扣除三险一金后的数额。在实际工作中，不妨在工资项目设置中设置一项"计税基数"，利用编辑公式确定计税基数的数额，然后再在"对应工资项目"处选择该项。

在"个人所得税申报表——税率表"对话框的"附加费用"微调框是在企业有外籍员工的情况下，在计算个人所得税时，个人所得税起征点在 2 000 元的基础上再加上"附加费用"，系统默认为 2 800 元。

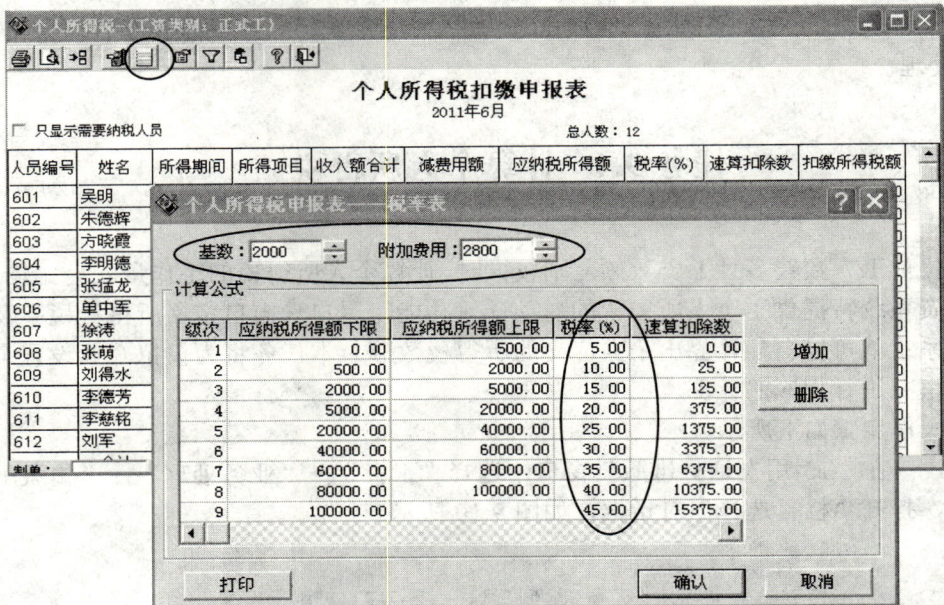

图 9.11 所得税基数及税率设置

任务 9.5 工资费用的分摊

企业员工的工资费用需要按员工服务的部门进行分摊，它是正确核算产品成本的前提之一，也是进行工资费用账务处理的依据。工资费用的核算除了按部门进行分摊外，还需要按工资总额的一定比例计提福利费、工会经费、职工教育经费及各种社会保险费和住房公积金。本任务将为模拟企业按部门分摊工资费用并计提各种社会保险费。

具体操作步骤如下所示。

第一步 在"T3-用友通标准版"窗口中选择"工资"→"业务处理"→"工资分摊"命令，打开"工资分摊"对话框，如图 9.12 所示。

第二步 单击"工资分摊设置"按钮，打开"分摊类型设置"对话框，单击"增加"按钮，打开"分摊计提比例设置"对话框，在"计提类型名称"文本框输入相应的科目名称，如企业管理人员的工资计入"管理费用"等，然后确定计入的比例，单击"下一步"按钮，如图 9.13 所示。

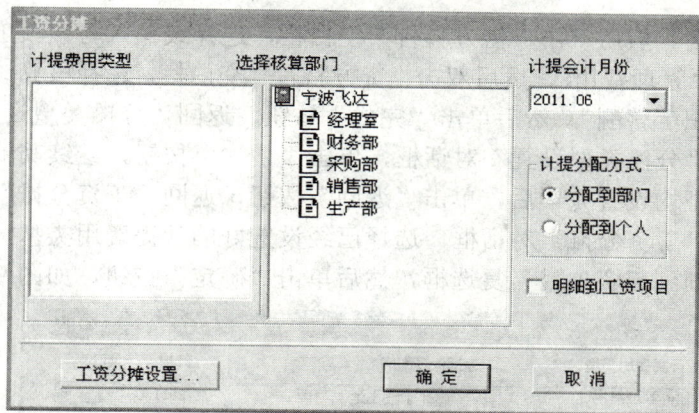

图 9.12　"工资分摊"窗口

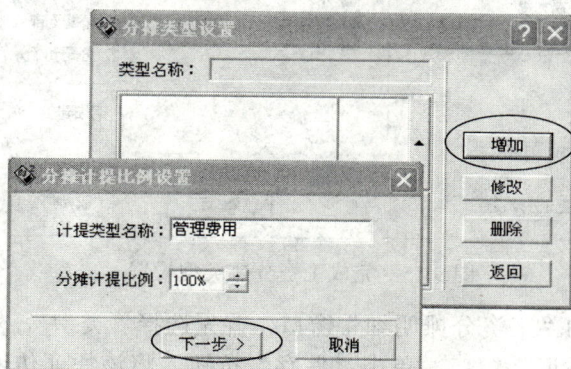

图 9.13　设置分摊类型

第三步　在弹出的"分摊构成设置"对话框中，双击"部门名称"空白栏，单击放大镜按钮，在弹出的"部门名称参照"对话框中选择要设置的部门，然后单击"确定"按钮，如图 9.14 所示。

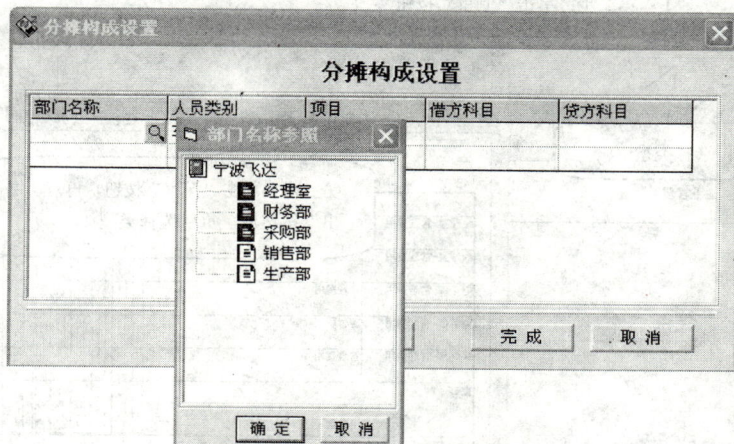

图 9.14　设置分摊构成

第四步　返回"分摊构成设置"对话框后，双击"人员类别"栏，在下拉列表中选

137

择适当的人员类别。然后双击"借方科目"空白栏，选择或输入与该项工资费用相对应的会计科目，如"管理费用"，然后双击"贷方科目"空白栏，选择核算该项费用的贷方科目，如"应付职工薪酬"。然后单击"完成"按钮，返回"分摊类型设置"窗口。

第五步　在"分摊类型设置"对话框，单击"增加"按钮，继续其他分摊类型的设置，直到所有类型均设置完毕后，单击"返回"按钮，返回"工资分摊"窗口。

第六步　在"工资分摊"对话框，选择已经设置好的计提费用类型，再选择核算的部门，选中"明细到工资项目"复选框，然后单击"确定"按钮，如图 9.15 所示。

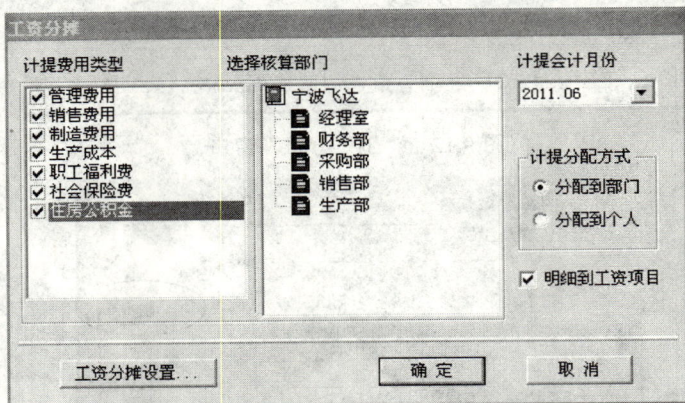

图 9.15　完成工资分摊类型设置

第七步　在弹出的"工资分摊明细"窗口，首先选择"类型"，然后单击"制单"按钮，系统弹出"填制凭证"窗口，单击"保存"按钮，将该凭证传递至总账系统，单击"退出"按钮返回"工资分摊明细"窗口，选择类型，单击"制单"按钮，以此类推。在将所有类型制单完毕后，依次单击"退出"按钮，如图 9.16 所示。

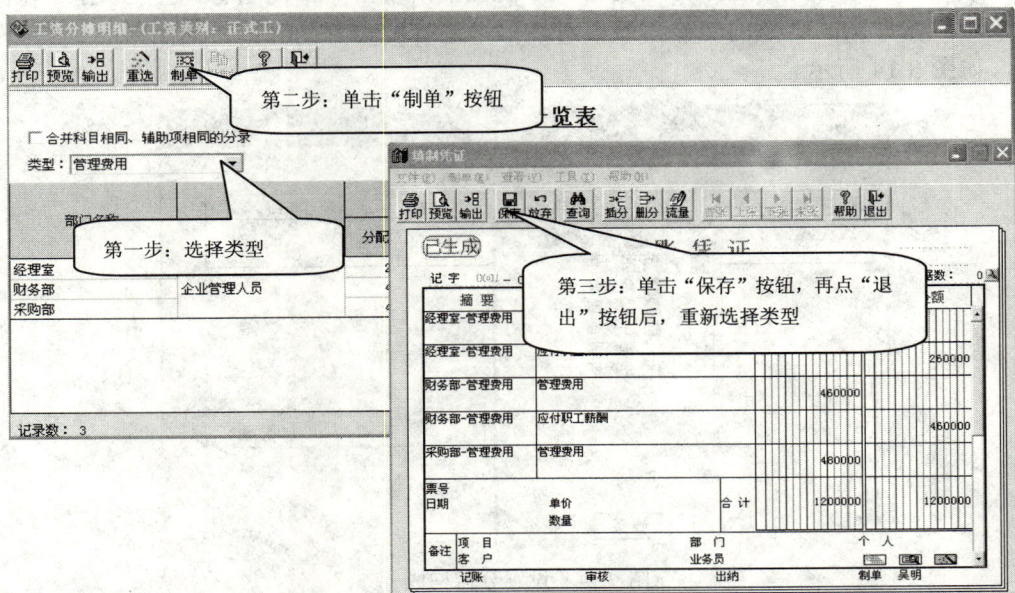

图 9.16　工资费用制单

■ 自己做

请为模拟企业进行工资费用分摊的设置，并进行工资分摊（明细到工资项目），然后进行制单。具体资料如下所示。

类型名称	计提比例/%	部　门	人员类别	工资项目	借方科目	贷方科目
管理人员工资	100	办公室、财务科、采购科、销售科	企业管理人员	应发工资	管理费用	应付职工薪酬——工资
生产人员工资	100	生产车间	生产工人	应发工资	生产成本	应付职工薪酬——工资
管理人员住房公积金	10	办公室、财务科、采购科、销售科	企业管理人员	应发工资	管理费用	应付职工薪酬——住房公积金
生产人员住房公积金	10	生产车间	生产工人	应发工资	生产成本	应付职工薪酬——住房公积金
管理人员社会保险费	14	办公室、财务科、采购科、销售科	企业管理人员	应发工资	管理费用	应付职工薪酬——社会保险费
生产人员社会保险费	14	生产车间	生产工人	应发工资	生产成本	应付职工薪酬——社会保险费

解惑小贴士：在"工资分摊"窗口若不选中"明细到工资项目"复选框，则在"工资分摊明细"窗口中就不会显示借方科目和贷方科目，此时需要手工输入相应借贷方科目后，才可单击"制单"按钮进行制单操作。

任务 9.6　月末处理

月末处理是指将当月工资数据经过处理后结转至下月，每月工资数据处理完毕后均可进行月末处理。工资项目中有的项目是变动的，有的项目是不变的，月末处理的结果是变动的项目数据会清零，不变的项目数据会结转至下月。本任务将为模拟企业进行工资模块的月末处理。

具体操作步骤如下所示。

在"T3-用友通标准版"窗口选择"工资"→"业务处理"→"月末处理"命令，打开"月末处理"对话框，单击"确认"按钮，系统弹出提示对话框，依次单击"是"按钮，在弹出"选择清零项目"对话框后，从中选择需要清零的项目，然后单击"确认"按钮，最后单击"确定"按钮完成工资模块的月末处理，如图 9.17 所示。

■ 自己做

为模拟企业进行工资模块的月末处理，其中奖金为清零项目。

解惑小贴士：在用友 T3 管理系统的工资模块，除了上述功能以外，还提供了诸如工资分钱清单、银行代发、凭证查询及各种统计分析表，以便于企业财务人员或管理人员进行统计分析。

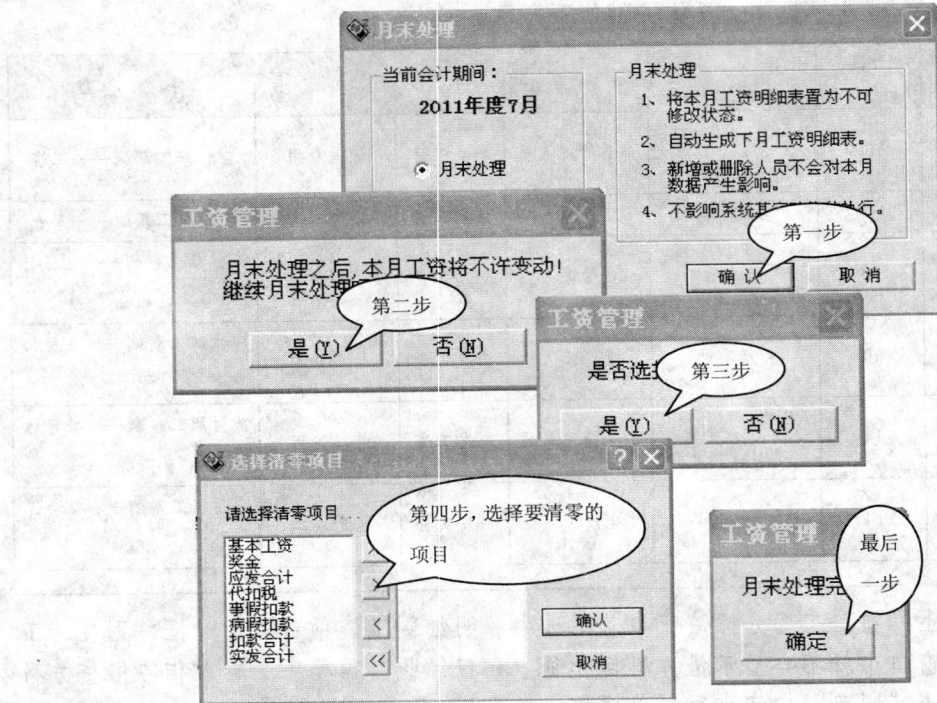

图 9.17　工资模块的月末处理

项目 *10*
固定资产核算

项目描述

　　固定资产是企业资产的重要组成部分，是企业正常生产经营的必要条件，正确管理和核算企业的固定资产，不仅关系到企业资产的安全和完整，还影响到成本费用核算的正确性。用友 **T3** 管理系统专门提供了固定资产核算的模块，其主要功能是完成企业固定资产日常业务的核算和管理，生成固定资产卡片账，按月反映固定资产的增减变化，按月计提折旧，生成会计凭证，输出相关报表和账簿等。本项目将在熟悉固定资产模块主要功能的基础上，处理模拟企业固定资产相关业务。

教学目标

　　❖　了解固定资产模块的主要功能。
　　❖　掌握固定资产的增减变动处理。
　　❖　掌握固定资产计提折旧的处理。

任务 10.1　固定资产增加

图 10.1　"资产类别参照"对话框

企业购买或通过其他方式取得固定资产时，需要在系统的固定资产模块进行处理，也就是增加新的固定资产卡片账。但需要注意的是，只有当固定资产交付使用时，才进行固定资产卡片账的录入处理。本任务将为模拟企业新增固定资产卡片账。

具体操作步骤如下所示。

第一步　在"T3-用友通标准版"窗口中选择"固定资产"→"卡片"→"资产增加"命令，系统弹出"资产类别参照"对话框，从中选择要增加的固定资产类别，单击"确认"按钮，如图 10.1 所示。

第二步　在系统弹出的"固定资产卡片"窗口中，根据新增固定资产的相关信息，将数据逐一录入系统，然后单击"保存"按钮，保存新增的固定资产卡片，如图 10.2 所示。

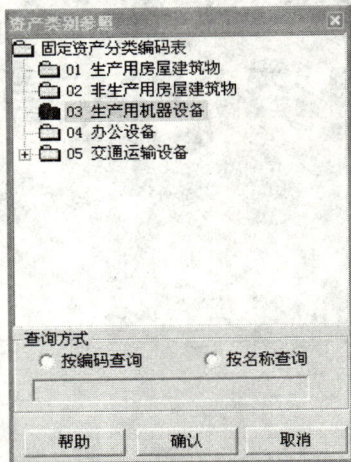

图 10.2　新增固定资产卡片

第三步　系统弹出"填制凭证"窗口，凭证中的大部分项目均由系统自动完成，用户只需输入对方科目、附件张数或修改制单日期即可，单击"保存"按钮，将生成的凭证传递至总账系统，如图 10.3 所示。

第四步　单击"退出"按钮，系统弹出"数据保存成功"对话框，单击"确定"按钮，返回"固定资产卡片"窗口，单击"退出"按钮，弹出"是否保存数据"提示对话框，单击"否"按钮（前次单击"保存"按钮后，此处已为新的空白卡片，当然无需保存），完成固定资产增加的操作。

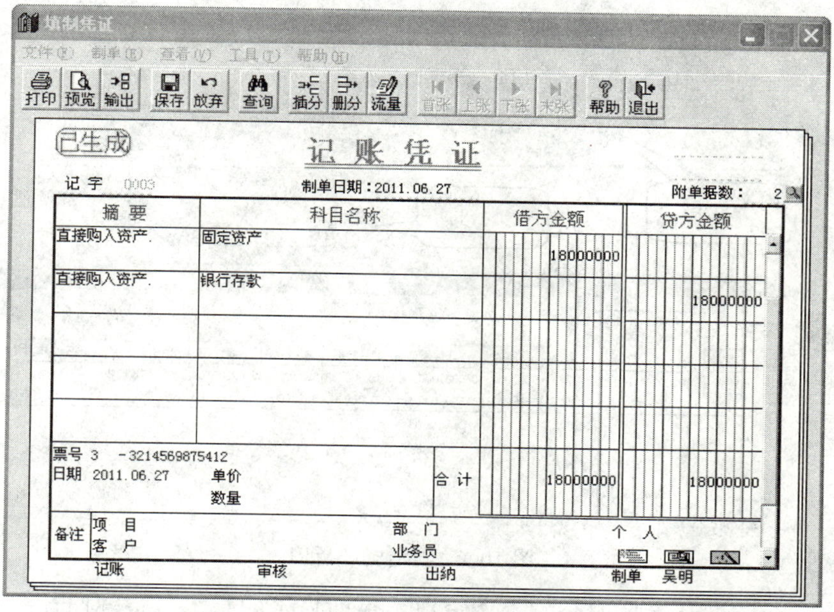

图 10.3　固定资产增加制单

自己做

企业购买了如下设备，请录入固定资产卡片。

类别名称	固定资产名称	开始使用日期	原值/元	增加方式	使用状况	使用部门
缝纫设备	平缝机（平车）	2011 年 1 月 10 日	23 000	购入	在用	生产车间
缝纫设备	包缝机（边车）	2011 年 1 月 10 日	18 000	购入	在用	生产车间
缝纫设备	圆头锁眼机	2011 年 1 月 10 日	5 000	购入	在用	生产车间

解惑小贴士：新增的固定资产在新增当月不提折旧，故累计折旧为空或零。因为是新增固定资产，所以在进行固定资产的日期录入时不能修改年和月。

任务 10.2　固定资产计提折旧

143

固定资产折旧的计提是由系统自动计算完成的，系统每月根据固定资产卡片账的数据自动计算每项固定资产的折旧，每月计提一次，并自动生成折旧分配表，自动制单并传递至总账系统。本任务将为模拟企业计提固定资产折旧。

具体操作步骤如下所示。

第一步　在"T3-用友通标准版"窗口中选择"固定资产"→"处理"→"计提本月折旧"命令，系统弹出"本操作将计提本月折旧，并花费一定时间，是否要继续？"的提示对话框，单击"是"按钮，系统又弹出"是否要查看折旧清单"提示对话框，单击"是"按钮，系统弹出"折旧清单"窗口，如图 10.4 所示。

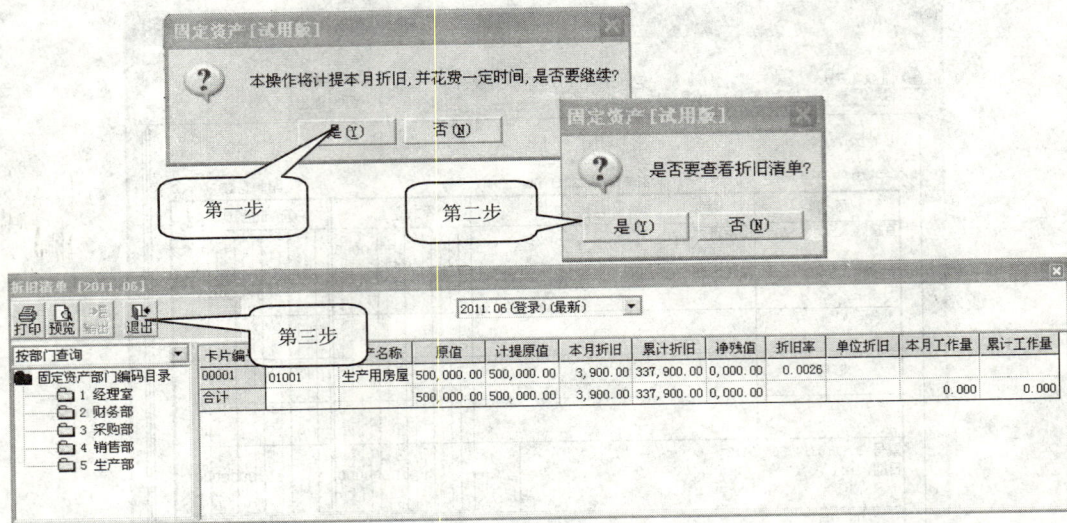

图 10.4　固定资产折旧

第二步　系统打开"折旧分配表"窗口，里面显示的是本月按部门计提的折旧额，单击"凭证"按钮，系统弹出"填制凭证"窗口，将相应的会计科目录入后，单击"保存"按钮，生成的记账凭证自动传递至总账系统。若要系统自动带出会计科目，则可在录入固定资产卡片时，录入"对应折旧科目"即可，如图 10.5 所示。

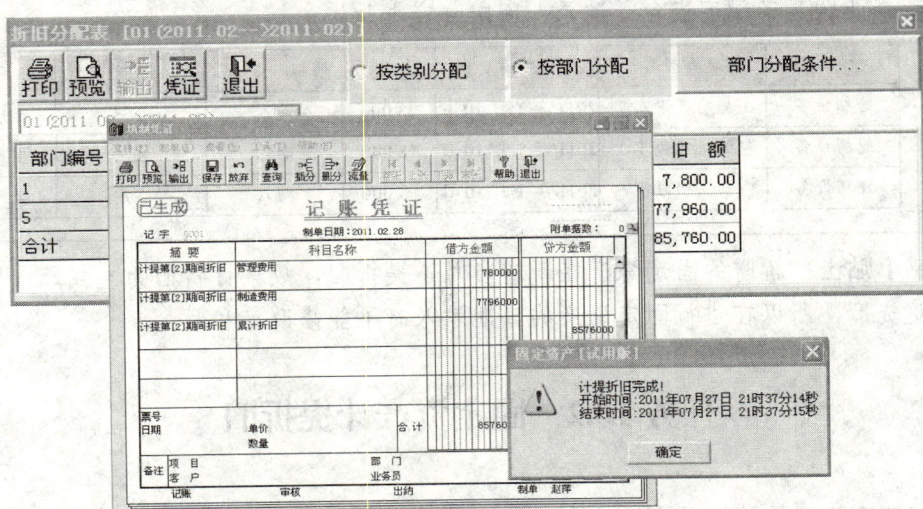

图 10.5　累计折旧制单

自己做

为模拟企业计提固定资产折旧，并进行制单处理。

解惑小贴士：固定资产折旧在同一期间可多次操作，系统并不提示已提过折旧，但多次操作的结果并不累加，因此，并不存在重复计提折旧的情况。

在计提折旧后若对账套进行了可能影响折旧计算或分配的操作，则必须重新计提折旧，否则系统无法结账。若计提的折旧已经制单并传递至总账，再重新计提折旧时须删除该凭证方可操作。

若自定义的折旧方法使月折旧额出现负数，则系统会自动中止计提。

任务 10.3　固定资产减少

固定资产在使用过程中，会由于各种原因退出企业，此时需要做固定资产的减少处理。系统提供的固定资产减少功能可以单项减少，也可以批量减少。本任务将为模拟企业进行固定资产的减少操作。

具体操作步骤如下所示。

第一步　在"T3-用友通标准版"窗口中选择"固定资产"→"卡片"→"资产减少"命令，打开"资产减少"窗口，如图 10.6 所示。

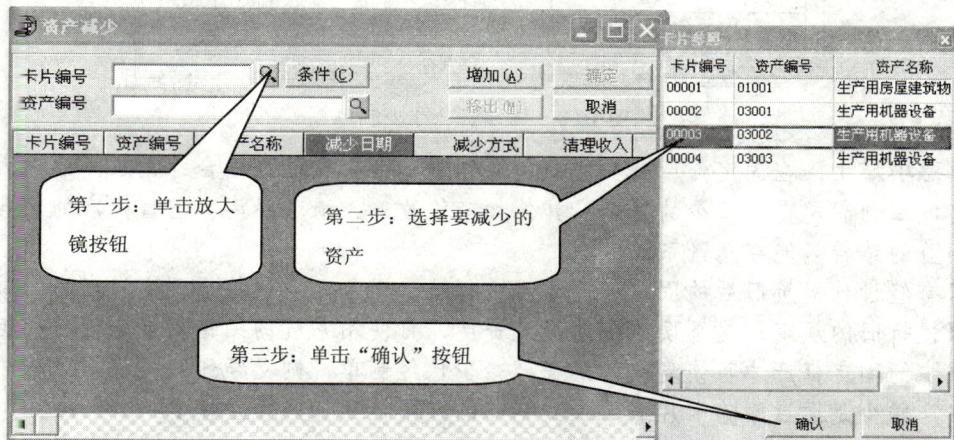

图 10.6　固定资产减少

第二步　单击"卡片编号"旁边的放大镜按钮，系统弹出"卡片参照"对话框，选择要减少的资产后，单击"确认"按钮。

第三步　在返回"资产减少"窗口后，单击"增加"按钮，分别双击"减少方式"、"清理收入"、"清理费用"及"清理原因"的空白栏，将相关信息录入后，单击"确定"按钮，如图 10.7 所示。

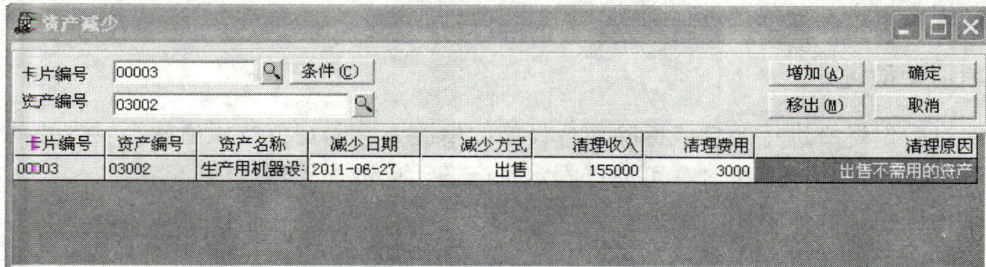

图 10.7　录入资产减少信息

第四步 系统弹出记账凭证窗口，输入相应信息后单击"保存"按钮，然后单击"退出"按钮，完成固定资产减少的操作，如图 10.8 所示。

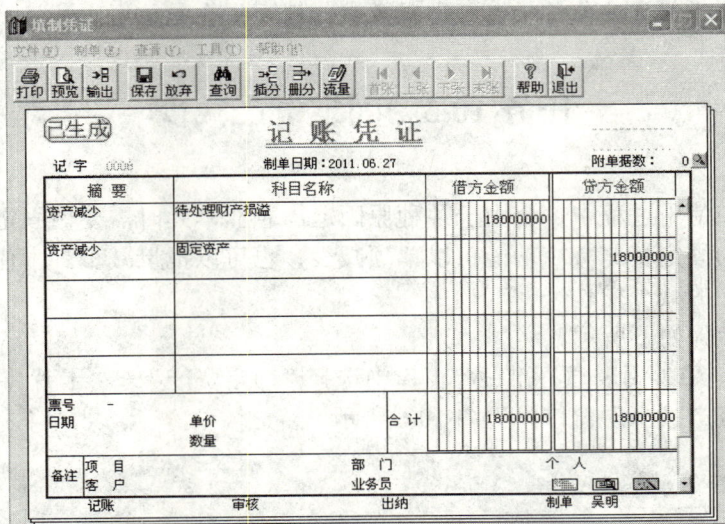

图 10.8 固定资产减少制单

解惑小贴士： 在固定资产减少的制单操作中，由于凭证金额合计无法修改，因此，这里只能填制固定资产减少的凭证，其他如变价收入、清理费用、出售资产的营业税金及净损益的结转只能在总账系统完成。

只有经过计提折旧后的固定资产才可进行减少操作，这也符合固定资产当月减少，当月照提折旧的规定。对于误减少的固定资产，可使用系统的纠错功能来恢复，但只有当月减少的固定资产才可恢复。如果资产减少已经制单，则必须删除凭证后才能恢复。如果资产减少是通过删除卡片账的形式完成的，则该项资产无法恢复。

任务 10.4 固定资产变动的处理

固定资产在日常使用过程中经常会出现原值变动、使用状况变动、使用年限调整、折旧方法改变及使用部门转移等情况，此时需要对固定资产的相关数据进行相应的调整。在用友 T3 管理系统的固定资产模块中，可通过变动单进行处理。本任务将对模拟企业的个别固定资产部分数据进行变动处理。

一、原值变动

在对固定资产进行改良或拆除部分设施的情况下，固定资产原值就会发生变动，当固定资产原值增加或减少时，可通过固定资产变动单进行处理。

具体操作步骤如下所示。

第一步 在"T3-用友通标准版"窗口中选择"固定资产"→"卡片"→"变动单"→"原值增加"或"原值减少"命令，打开"固定资产变动单"窗口，如图 10.9 所示。

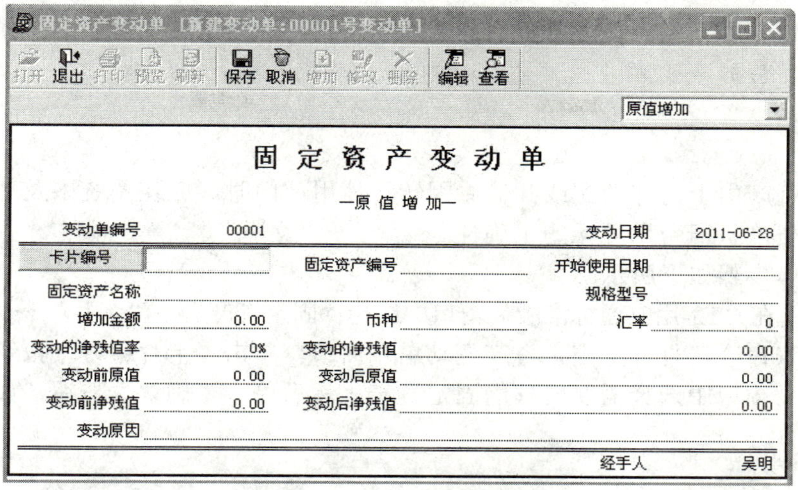

图 10.9　固定资产变动单

　　第二步　单击"卡片编号"按钮，在弹出的"卡片参照"对话框中选择需要变动的固定资产，单击"确认"按钮，输入增加（减少）金额、变动的净残值率及变动的原因，然后单击"保存"按钮（变动的净残值、变动后原值及变动后净残值无需输入，系统会自动计算）。

　　第三步　系统弹出"填制凭证"窗口，将记账凭证的相关信息录入后，单击"保存"按钮，然后单击"退出"按钮，系统提示"数据成功保存"，单击"确定"按钮，系统返回"固定资产变动单"窗口，最后单击"退出"按钮，完成操作，如图 10.10 所示。

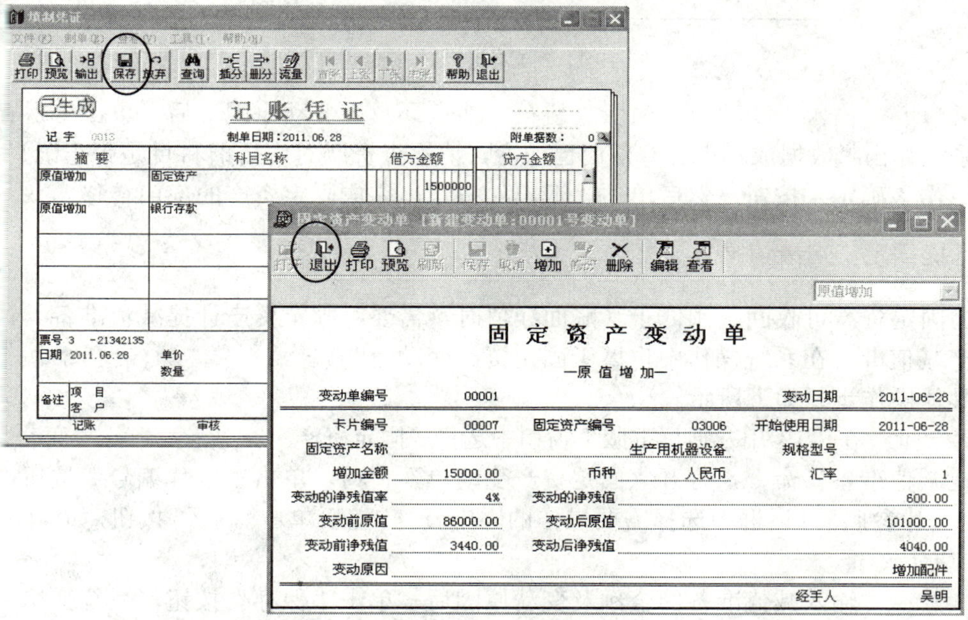

图 10.10　固定资产原值变动制单

　　解惑小贴士：变动单一旦保存成功，则不能修改，若要修改，只能删除该张变动单之后重新填制，且只能删除当月填制的变动单。固定资产原值变动后，须保证变动后的净值大于变动后的净残值。

二、部门转移

当固定资产由于内部调配或其他原因转移使用部门时，应在系统中及时进行调整，以确保固定资产折旧费用分摊的正确性。

具体操作步骤如下所示。

第一步　在"T3-用友通标准版"窗口中选择"固定资产"→"卡片"→"变动单"→"部门转移"命令，打开"固定资产变动单"窗口，单击"卡片编号"按钮，在弹出的"卡片参照"窗口中选择需要转移的固定资产，然后单击"确认"按钮，如图 10.11 所示。

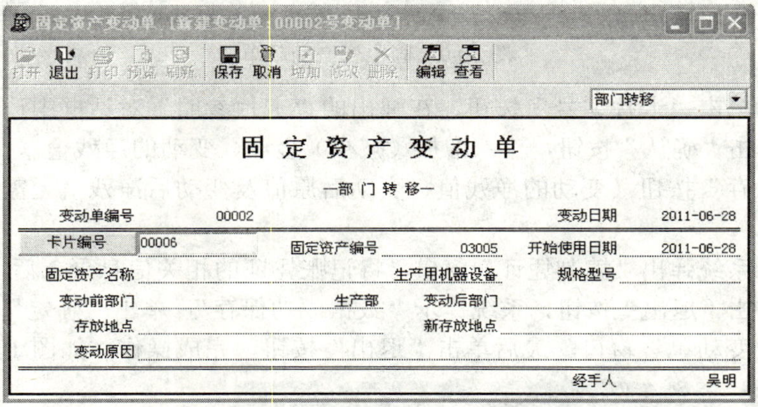

图 10.11　固定资产转移变动单

第二步　输入"变动后部门"、"新存放地点"及"变动原因"后，单击"保存"按钮，系统弹出"数据成功保存！部门已改变，请检查资产对应折旧科目是否正确！"对话框，单击"确定"按钮，然后单击"退出"按钮，完成固定资产的部门转移。

三、计提固定资产减值准备

当固定资产可收回金额低于其账面净值时，需要对固定资产计提减值准备。计提固定资产减值准备在系统操作中也属于固定资产变动范畴。

具体操作步骤如下所示。

第一步　在"T3-用友通标准版"窗口中选择"固定资产"→"卡片"→"变动单"→"计提减值准备"命令，打开"固定资产变动单"窗口，单击"卡片编号"按钮，在弹出的"卡片参照"对话框中选择需要操作的固定资产，然后单击"确认"按钮，如图 10.12 所示。

第二步　输入减值准备的金额及变动原因后，单击"保存"按钮，系统弹出"填制凭证"窗口，将制单要素输入完整后，单击"保存"按钮，然后单击"退出"按钮，系统提示"数据成功保存"，单击"确定"按钮，完成固定资产减值准备的计提操作，如图 10.13 所示。

图 10.12 计提固定资产减值准备

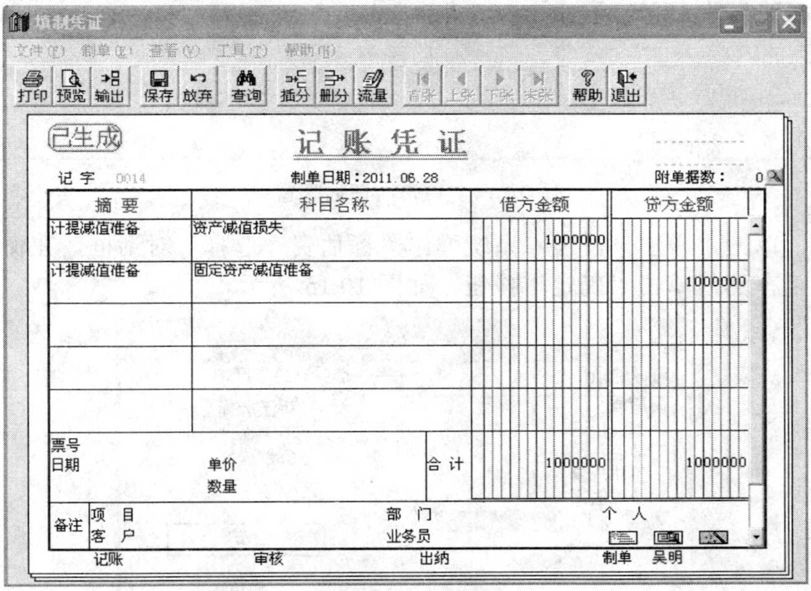

图 10.13 计提固定资产减值准备的制单

助力小贴士

固定资产一旦计提了减值准备，则不允许转回。

固定资产的其他变动，如使用状况变动、折旧方法调整、累计折旧调整、使用年限调整、工作总量调整、净残值（率）调整及类别调整等，都是通过固定资产的变动单来处理。在对固定资产使用年限进行调整后，调整当月的累计折旧就按调整后的使用年限计算。一般情况下，折旧方法的调整在年内很少发生，若需调整也一般在年初进行。变动单管理用于对用户填制的所有变动单进行查询、制单和删除。

任务 10.5 资 产 评 估

由于市场经济的变化及国家相关部门的要求，企业会对部分固定资产进行评估以确定其真实价值。用友 T3 管理系统提供了资产评估的功能，评估的资产内容包括原值、累计折旧、净值、使用年限、工作总量及净残值率等。本任务是了解固定资产的评估结果如何处理。

具体操作步骤如下所示。

第一步 在"T3-用友通标准版"窗口中选择"固定资产"→"卡片"→"资产评估"命令，打开"资产评估"窗口，如图 10.14 所示。

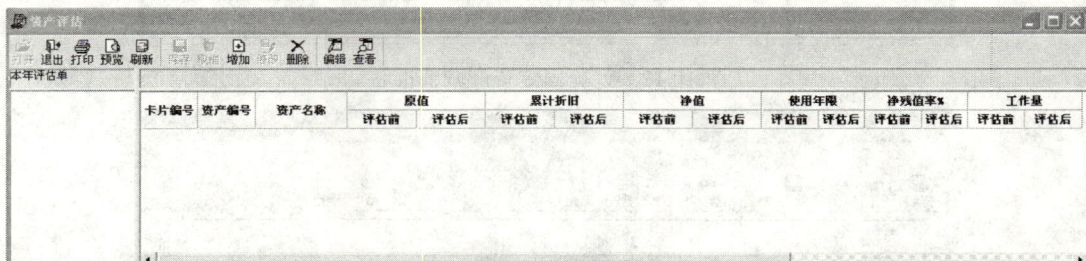

图 10.14 "资产评估"窗口

第二步 单击"增加"按钮，系统弹出"评估资产选择"对话框，在窗口左边选择可评估的项目，然后单击"确定"按钮，如图 10.15 所示。

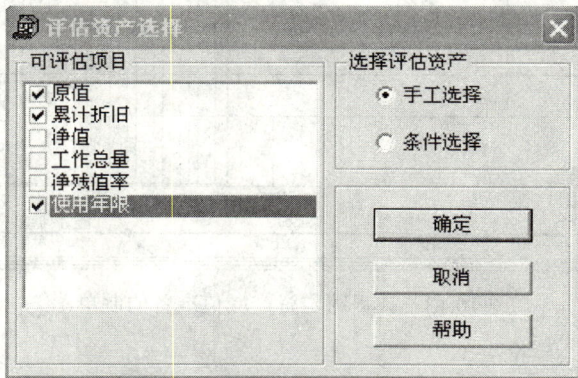

图 10.15 "评估资产选择"窗口

第三步 返回"资产评估"窗口后，单击"卡片编号"右边的放大镜按钮，在弹出的"卡片参照"对话框中选择要处理的资产，单击"确认"按钮，将评估的结果录入（A）开头的栏目，然后单击"保存"按钮，如图 10.16 所示。

第四步 系统弹出"是否确认要进行资产评估"警示对话框，单击"是"按钮，系统打开"填制凭证"窗口，录入制单信息后，单击"保存"按钮，然后单击"退出"按钮，如图 10.17 所示。

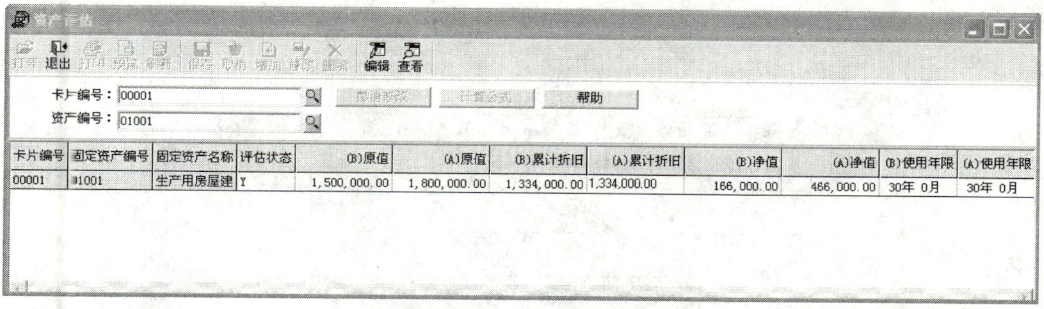

图 10.16 录入资产评估数据

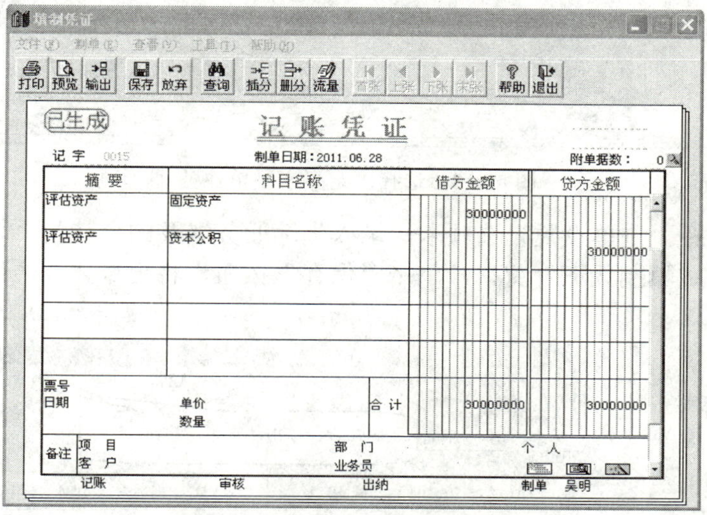

图 10.17 资产评估的制单

第三步 系统提示"数据成功保存",单击"确定"按钮,完成资产评估的操作。

解惑小贴士：在选择可评估项目时,原值、累计折旧、净值三项中只能选择其中的两项,系统不允许三项都选,因为确定了其中的两项,第三项系统会自动计算。在录入资产评估的数据时,可双击(A)开头的栏目数据,然后进行修改。

任务 10.6 固定资产制单

对于固定资产的增加、减少及其他变动情况的制单,需要在固定资产模块的"批量制单"功能里实现。任何一笔需要制单的固定资产业务完成后,都可以通过此功能填制记账凭证并传递至总账系统。本任务将为模拟企业处理其他制单业务。

具体操作步骤如下所示。

第一步 在"T3-用友通标准版"窗口中选择"固定资产"→"处理"→"批量制单"命令,系统弹出"批量制单"对话框,单击"全选"按钮,选择所有需要制单的业务,如果不需要全部制单,则双击需要制单的记录,打上红色"Y"标志即可,如图 10.18 所示。

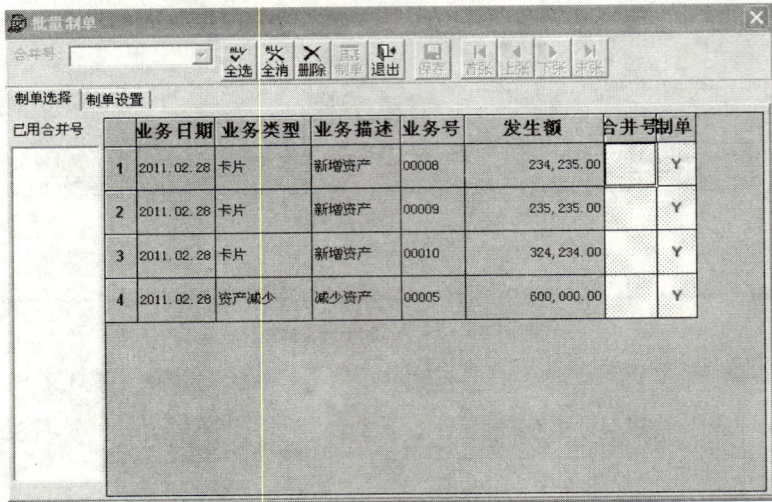

图 10.18　选择固定资产制单业务

第二步　选择"制单设置"选项卡，录入每笔业务涉及的会计科目，单击"制单"按钮，在弹出的"填制凭证"窗口，单击"保存"按钮，将记账凭证传递至总账系统，如图 10.19 所示。

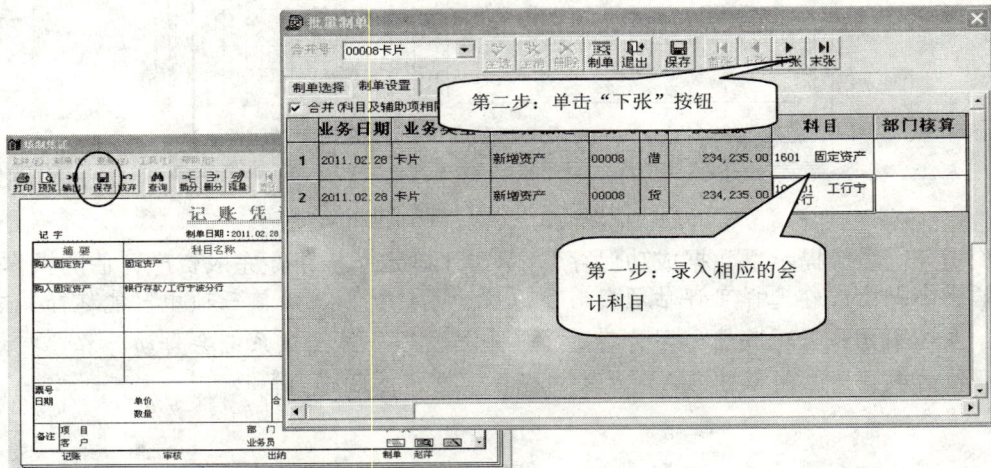

图 10.19　固定资产批量制单

自己做

请为模拟企业进行本月购入固定资产的批量制单处理，款项用中国工商银行存款支付。

解惑小贴士：对于固定资产的减少处理，此处只冲销固定资产原值及累计折旧，净额转至"待处理财产损益"账户，至于后续的处理，可在总账系统内完成。

对于购入固定资产进项税的抵扣，可在生成记账凭证后，在记账凭证窗口进行相应的修改，增加进项税科目，修改金额合计，然后保存。

任务 10.7　月末对账和结账

固定资产的月末处理除了计提折旧、计提固定资产减值准备以外，还要进行对账和结账。对账是指将固定资产模块中记录的固定资产和累计折旧数额与总账模块中的数额进行核对，验证其是否一致。只有在固定资产模块的参数设置中选中了"与账务系统对账"复选框才能使用对账功能。对账功能随时都可以使用，以便使两个模块中的数据保持一致。系统在执行月末结账时自动对账并给出对账结果。并可根据初始化设置中是否选中了"在对账不平情况下允许固定资产月末结账"复选框来判断是否允许结账。当固定资产模块完成当月全部业务后，便可以进行月末结账，以便将当月数据转至下月。本任务将为模拟企业进行固定资产的对账和结账。

具体操作步骤如下所示。

第一步　在"T3-用友通标准版"窗口中选择"固定资产"→"处理"→"对账"命令，系统弹出"与账务对账结果"对话框，提示不平衡，则查找原因，若显示平衡，则单击"确定"按钮，如图 10.20 所示。

第二步　在"T3-用友通标准版"窗口中选择"固定资产"→"处理"→"月末结账"命令，系统

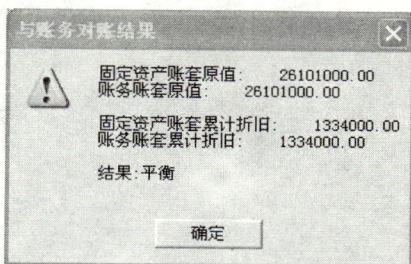

图 10.20　对账结果

弹出"月末结账"提示对话框，单击"开始结账"按钮，系统弹出"与账务对账结果"警示对话框，单击"确定"按钮，系统提示"月末结账成功完成"，单击"确定"按钮完成月末结账，如图 10.21 所示。

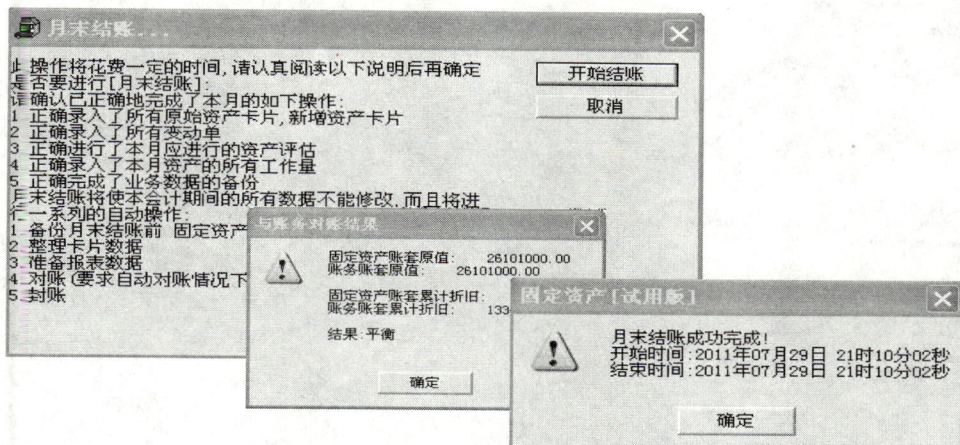

图 10.21　固定资产模块月末结账

自己做

请为模拟企业进行固定资产模块的月末结账处理（由于总账尚未处理，因此，此时对账会出现不平衡）。

解惑小贴士： 在总账系统记账处理之前，固定资产模块的对账是不平衡的，因为固定资产模块已经记账，但总账系统尚未记账，因此，固定资产模块的期末对账与结账处理须在总账系统将固定资产模块的业务登记到总账以后方可进行。

月末结账后，当月数据不允许再进行改动，但如果发现有本月未处理的业务需要修改时，可通过系统提供的"恢复月末结账前状态"功能进行反结账，然后进行修改。具体方法是在"T3-用友通标准版"窗口中选择"固定资产"→"处理"→"恢复月末结账前状态"命令完成。本期不结账，则系统不允许处理下期的数据。

项目 11
总账业务核算

项目描述

总账管理系统是用友 T3 管理软件最重要的子系统，它的重要性不仅体现在与其他模块协同运转，将其他模块的账务处理结果传递汇总至总账系统，而且，它还可以独立运行，即在不启用其他模块的情况下，所有的账务处理均可在总账系统中完成，完全能够满足一些管理要求不高的小型企业的账务核算需要。总账系统的主要功能包括初始化设置、凭证管理、账簿管理、辅助核算管理、期末处理及现金管理、往来管理和项目管理等。本项目将在理解总账系统操作流程的基础上，掌握总账系统的基本操作。

教学目标

- ✧ 掌握凭证管理的基本操作。
- ✧ 掌握出纳签字、银行对账的基本操作。
- ✧ 掌握期末结账的操作。

任务 11.1 填 制 凭 证

记账凭证是登记账簿的依据，是总账处理日常业务的起点，也是总账系统数据的主要来源。记账凭证按其来源可分为两大类，一类是由购销存模块、工资模块、固定资产模块生成并传递至总账的凭证及由总账系统期末自动转账生成的凭证；另一类是根据经济业务原始凭证在总账系统手工填制的记账凭证。本任务将根据模拟企业发生的部分经济业务手工填制记账凭证。

具体操作步骤如下所示。

在"T3-用友通标准版"窗口中选择"总账"→"凭证"→"填制凭证"命令，打开"填制凭证"窗口，单击"增加"按钮，首先选择记账凭证的种类（系统建账时若只定义一种记账凭证，则此处无需选择）、输入附件张数，然后输入经济业务摘要、选择科目名称、录入借贷方发生额，确认无误后，单击"保存"按钮。系统提示"凭证已成功保存"，单击"确定"按钮，完成凭证的填制操作，如图 11.1 所示。

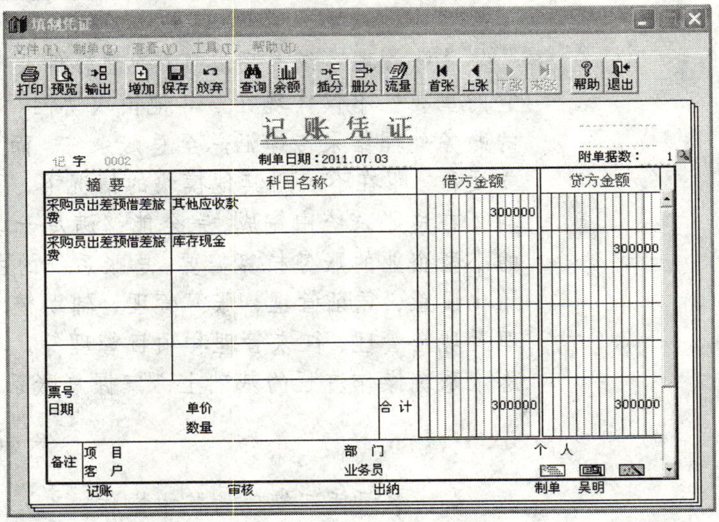

图 11.1 填制记账凭证

自己做

模拟企业发生如下经济业务，请填制相应的记账凭证。

1）向工商银行借入为期三个月的借款 50 000 元，并存入工商银行。

2）采购科朱少龙预借差旅费 3 000 元，出纳以现金支付。

3）企业开出中国工商银行的转账支票一张，号码为 2103358，金额为 11 115元，用以支付本月电费，电业局开出增值税专用发票一张，金额为 9 500 元，增值税为 1 615 元（其中，制造费用列支 7 568 元，管理费用列支 1 932 元）。

4）开出中国工商银行转账支票一张，号码为 2103356，金额为 1 350 元，用以支付报刊费。

5）企业开出转账支票一张，号码为 2103357，金额为 25 000 元，用以支付电视台广告费。

6）采购科朱少龙出差回来，报销差旅费 2 850 元，余款以现金退回。

7）企业从开户行中国工商银行借入为期一年的借款 500 000 元，款项已经划转至账户。

8）企业从中国工商银行账户划出 500 000 元，存入光大证券公司第三方银行，作为购买股票的资金。

9）月底，企业以 10.06 的价格购入华发股份（600325）40 000 股作为交易性金融资产，佣金及手续费等共计 402.4 元。

10）企业开出转账支票一张，号码为 2103358，金额为 4 800 元，用以支付办公用房的维修费。

11）签发一张宁波银行的现金支票，号码为 2305538，提取现金 70 648 元，准备发放工资。

12）以现金发放职工工资。

助力小贴士

在填制记账凭证的过程中，有如下几个问题需要注意。

1）记账凭证的编号若在总账选项设置中已设置为自动编号，则凭证号由系统自动给出，每月的编号都是从 1 开始。若未设置，则需要手工输入凭证编号。

2）在总账系统选项中若选中了"制单序时控制"复选框，则系统会自动提取该类凭证的最后一张凭证的日期作为参照，填制凭证的日期不能小于参照日期。若计算机的系统日期小于参照日期，则需要修改计算机的系统日期，方法是双击计算机屏幕右下角显示的日期，在弹出的"日期和时间属性"窗口中进行修改并保存。

3）对于常用的凭证摘要，可通过摘要编辑功能进行预置。具体方法是：在"T3-用友通标准版"窗口中选择"基础设置"→"常用摘要"命令，打开"常用摘要"窗口，双击相应栏目的空白处，录入摘要编码、摘要正文即可。或者在填制记账凭证的过程中，单击摘要空白栏旁的放大镜按钮，在弹出的"参照"窗口中单击"编辑"按钮，然后进行摘要的预置编辑。

4）在录入会计科目时，可单击相应空白栏旁的放大镜按钮，在弹出的"科目参照"窗口进行选择。若科目表中尚无该科目，则可在"科目参照"窗口单击"编辑"按钮，进行会计科目增加的操作。

5）若金额为红字，则可用负数表示。

6）第一行分录录入完毕后，可按回车键进行换行。

7）在填制分录最后一行的金额时，可在相应金额栏处按"＝"键，系统会自动计算出该处的金额。

8）填制凭证时，若会计科目当初被设置为数量金额式，则系统会要求录入数量和单价。若会计科目存在辅助核算项，则需要在弹出的辅助核算窗口录入该科目的一些辅助核算信息。这些辅助核算信息会显示在凭证的最下方，在打印时，辅助核算页将打印在该科目的后面。

9）系统默认的记账凭证行数为五行，当某笔分录的行数超出五行时，可单击凭证上方的"插分"按钮来增加行数。若要删除某行分录时，只需选中该行分录，然后单击凭证上方的"删分"按钮即可。

10）在记账凭证中选中某会计科目，然后单击凭证上方的"余额"按钮，可查询该科目的现存余额。

助力小贴士

虽然在凭证的录入环节提供了多种确保凭证录入正确的控制措施，但仍有可能会发生错误。对于错误的凭证，有如下几种方法可以更正。

一、修改凭证

此方法仅限于尚未审核的记账凭证。当记账凭证在审核前发现错误，可进行修改，具体的操作步骤是：在"T3-用友通标准版"窗口中选择"总账"→"凭证"→"填制凭证"命令，打开"填制凭证"窗口，单击凭证上方的"上张"或"下张"按钮，找到要修改的凭证，直接修改后单击"保存"按钮。已经审核过的记账凭证需要修改，则先要取消审核，然后才能修改。

从其他模块传递过来的凭证不能在总账系统中进行修改，只能回到原来的模块，取消审核后进行修改，然后保存传递至总账。需要注意的是，不是所有的凭证都能够修改。

二、作废与恢复凭证

如果出现凭证重复录入无法删除或凭证上出现不能修改的错误时，可通过记账凭证中的作废功能将错误凭证作废。方法是：在"填制凭证"窗口，找到要作废的记账凭证后，选择"制单"→"作废/恢复"命令，将当前记账凭证作废；如果要恢复已经作废的凭证，则使用同样的命令进行恢复。需要注意的是，已经审核过的凭证不能作废；从其他系统传递过来的凭证不能作废；作废的凭证仍要参与记账，但不做数据处理，相当于空白凭证；如果无需保留已作废的凭证，则可选择"制单"→"整理凭证"命令，将凭证彻底删除。

三、冲销凭证

凭证已经记账后发现错误，则可以使用凭证的冲销功能（也即相当于手工条件下的红字冲消法），填制一张与错误凭证相同的红字凭证，然后再填制一张正确的凭证，实现修改错误的目的。方法是：在"填制凭证"窗口，选择"制单"→"冲销凭证"命令，在弹出的"冲销凭证"窗口，录入要冲销凭证的所在月份、类别及凭证号后，单击"确定"按钮，系统则自动生成一张与该凭证相同的红字凭证，然后再按照正常操作，填制一张正确的记账凭证即可。

四、删除凭证

对于填制错误且无法修改的凭证或所记录经济业务已取消的凭证，可将其删除。删除凭证之前，必须先将凭证作废，然后选择"制单"→"凭证整理"功能，删除作废旧凭证。凭证删除后，该张凭证的编号将被空置，系统则会对未记账的凭证进行重新编号，重新编号之前，系统会提示是否整理凭证断号，如果此时凭证已经打印出来，则最好不要再重新编号了，否则会容易引起编号错乱。

任务 11.2　出 纳 签 字

在手工记账条件下，对涉及货币资金的业务凭证，需要出纳签盖"收讫"或"付讫"章。同样，在会计信息化条件下，为加强货币资金的管理，对涉及货币资金收付的业务凭证，也必须要由出纳人员进行核对并签章。在总账选项设置中若选中了"出纳凭证必须经由出纳签字"复选框，则收付款凭证必须经出纳签字后，才可进行后续的审核与记账。本任务要将模拟企业本月的收付款凭证进行出纳签字处理。

具体操作步骤如下所示。

第一步　以出纳的身份注册进入用友 T3 管理系统。

第二步　在"T3-用友通标准版"窗口中选择"总账"→"凭证"→"出纳签字"命令，系统弹出"出纳签字"对话框，选定凭证类别、日期等过滤条件后，单击"确认"按钮，如图 11.2 所示。

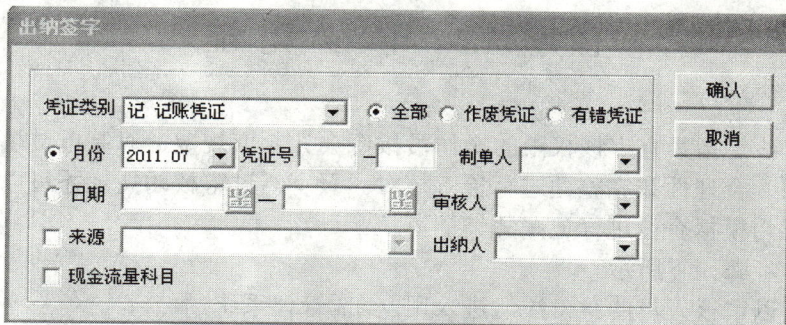

图 11.2　过滤出纳签字凭证

第三步　系统弹出需要出纳签字的所有记账凭证，单击"确定"按钮，系统弹出"记账凭证"窗口，单击上方的"签字"按钮，然后单击"下张"按钮，进入下一张待签字的凭证，以此类推，直到完成所有凭证的签字操作，如图 11.3 所示。

159

■ 自己做

　　以出纳的身份注册登录，并将模拟企业所有涉及现金、银行存款科目的凭证进行出纳签字。

解惑小贴士：要使用出纳签字功能，则必须在用友 T3 管理系统的基础信息设置的会计科目中进行会计科目的指定。具体方法参见项目 2 的"增加会计科目"。

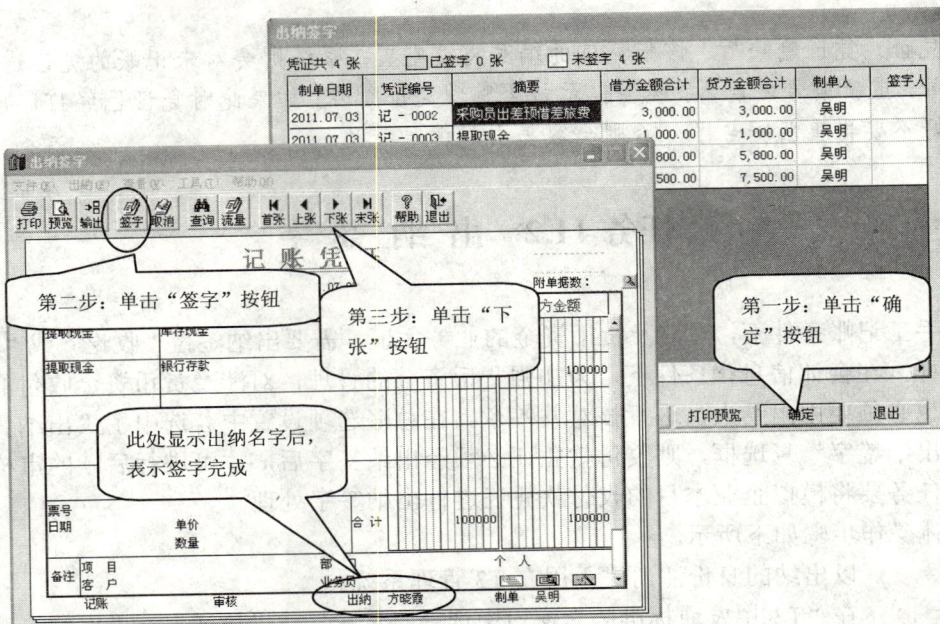

图 11.3　出纳签字

任务 11.3　审 核 凭 证

凭证的审核是指具有审核权限的操作员按照会计制度规定，对制单员填制凭证的真实性、合法性、合理性和完整性进行检查核对。只有经过审核的凭证才可以进行记账处理。本任务将为模拟企业进行记账凭证的审核。

具体操作步骤如下所示。

第一步　以审核人员的身份注册进入用友 T3 管理系统。

第二步　在"T3-用友通标准版"窗口中选择"总账"→"凭证"→"审核凭证"命令，系统弹出"凭证审核"对话框，选定相应的过滤条件后，单击"确认"按钮，如图 11.4 所示。

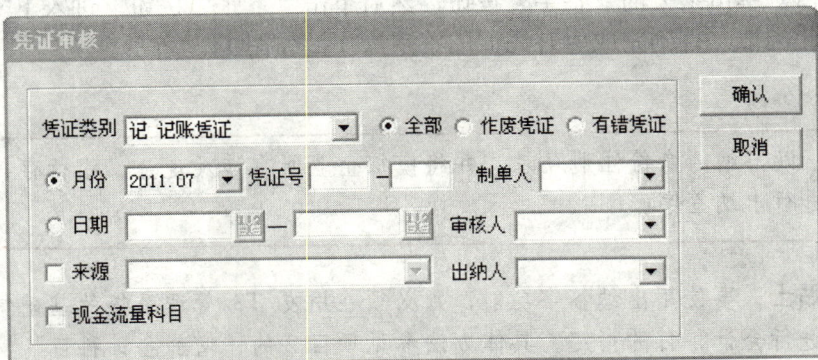

图 11.4　"凭证审核"对话框

第三步　系统弹出凭证箱，里面列示了所有待审核的凭证，单击"确定"按钮，系统弹出待审核的凭证，审核无误后，单击凭证上方的"审核"按钮，系统自动转至下一张待审核的凭证，以此类推，直至全部凭证审核完毕。若凭证审核有错，也可单击凭证上方的"标错"按钮，以便于制单人快速查找和更正，如图 11.5 所示。

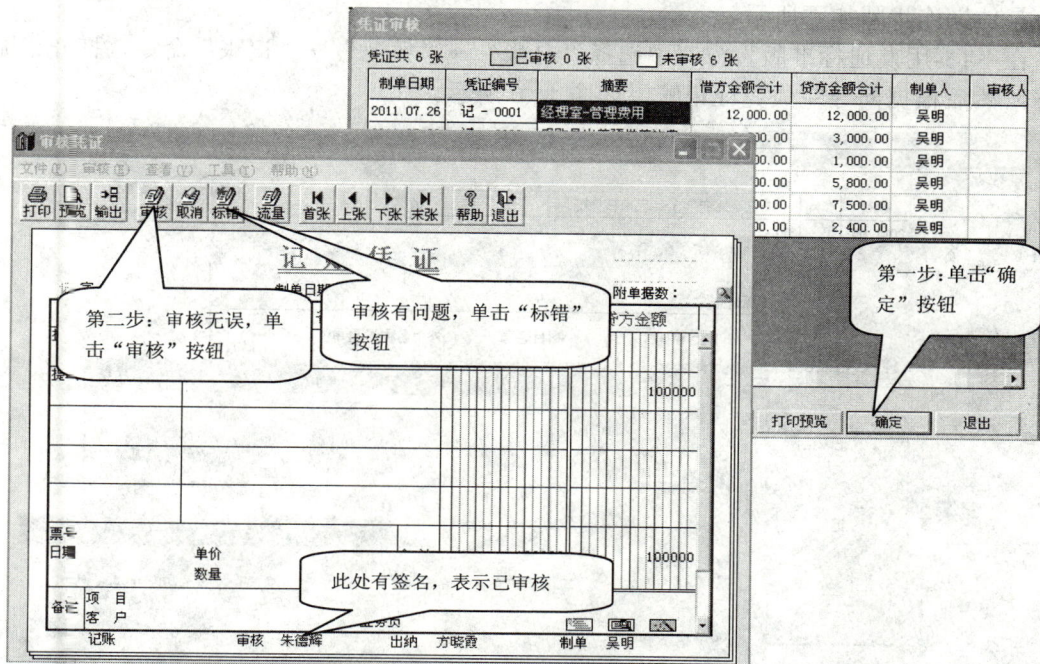

图 11.5　审核记账凭证

自己做

以刘德水的身份注册登录，并审核模拟企业的所有凭证。

解惑小贴士：系统不允许制单人和审核人为同一人，因此，记账凭证的审核必须以审核人员的身份注册登录系统后方可进行。

系统提供了两种审核方式，一是单张审核，方法如前所述；另一种是成批审核，具体方法是：在"审核凭证"窗口选择"审核"→"成批审核凭证"命令，然后单击"确定"按钮完成所有凭证的审核操作。

对已经审核过的凭证，系统还提供了取消审核的功能，包括单张取消和成批取消两种方式。

任务 11.4　凭证记账

记账凭证经过审核后，就可以记账了。所谓记账，是指将记账凭证的数据记录到相应账簿中去的过程。在手工条件下，记账人员需要根据相应的账务处理程序将凭证中的数据计入有关的总账、明细账及日记账中。而在会计信息化条件下，记账人员只需按照系统预先设定的程序，通过记账向导完成记账工作。本任务将为模拟企业进行记账操作。

具体操作步骤如下所示。

在"T3-用友通标准版"窗口中选择"总账"→"凭证"→"记账"命令，打开记账向导，然后根据向导完成凭证记账，如图 11.6 所示。

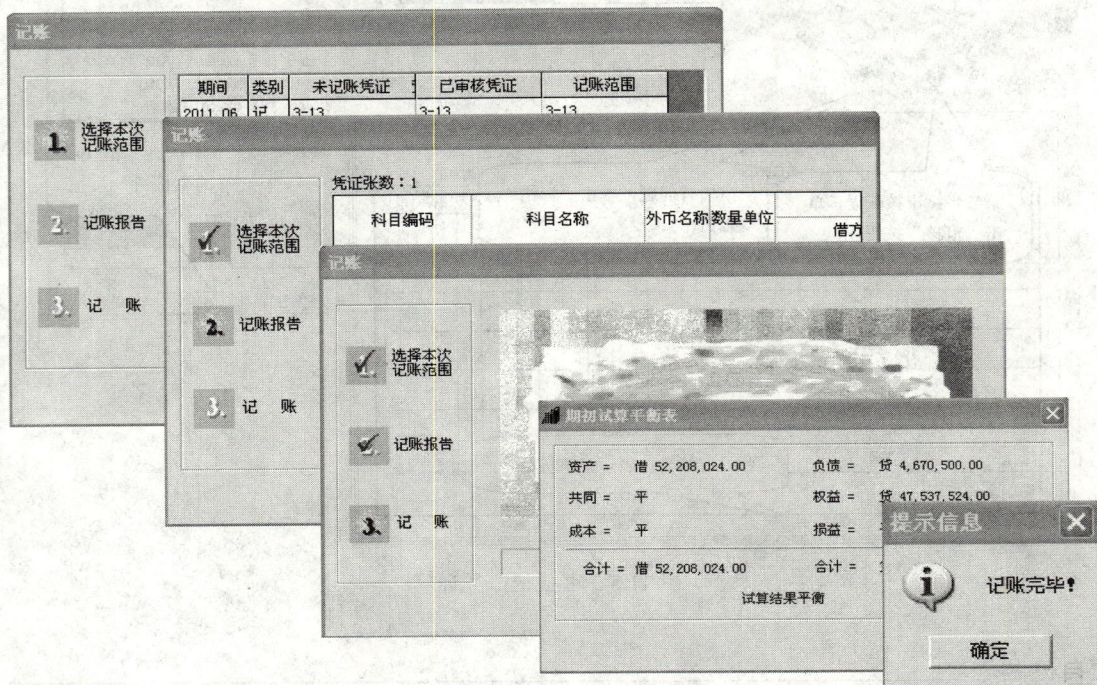

图 11.6　凭证记账

■ **自己做**

以赵萍的身份注册登录，并为模拟企业进行记账的操作。

解惑小贴士：

在系统记账前，需要进行以下项目的检查。

1）期初余额是否平衡。

2）上月未记账或结账，本月不能记账。

3）未审核的凭证不能记账。

4）作废凭证不需要审核可直接记账。

检查完成后，若存在上述问题，系统会显示检查结果，用户可根据检查结果进行相应的调整。

助力小贴士

在记账过程中，由于特殊原因造成记账过程中断，则系统会自动调用"恢复记账前状态"功能恢复数据，然后重新进行记账操作。如果由于某种原因，需要人为进行恢复记账前状态的操作，则可采取如下步骤。

在"T3-用友通标准版"窗口中选择"总账"→"期末"→"对账"命令，打开"对账"窗口，然后按 Ctrl+H 组合键，系统弹出"恢复记账前状态功能已被激活"提示对话框，单击"确定"按钮，然后退出"对账"窗口。然后在"T3-用友通标准版"窗口中选择"总账"→"凭证"→"恢复记账前状态"命令，打开"恢复记账前状态"窗口，选择恢复时间后，单击"确定"按钮，即完成了恢复记账前状态的操作。

当退出系统再次登录时，"恢复记账前状态"功能会被隐藏，或者仍在"对账"窗口按 Ctrl+H 组合键，则系统提示"恢复记账前状态功能已被隐藏"。

任务 11.5　月末自动转账

每个会计期间结束时，企业都要完成一些特定的工作，比如各项费用的计提与分配、税金的计算、销售成本的结转、期间费用的结转、利润的分配等。在会计信息化条件下，可以事先进行各种结转的定义，然后通过系统自动完成期末各种结转工作。本任务将为模拟企业定义常见结转类型及进行期末结转。

一、转账定义

若利用自动转账功能自动生成记账凭证，首先需要定义凭证模板。转账定义是指把凭证的摘要、会计科目、借贷方向及金额的计算公式预先设置成凭证模板，即自动转账分录，待期末时调用相应的自动转账分录生成凭证即可。用友 T3 管理系统提供了自定义结转、对应结转、销售成本结转、商品售价（计划价）销售成本结转、汇兑损益结转及期间损益结转等六种类型的转账定义。

具体操作步骤如下所示。

（一）自定义转账

第一步　在"T3-用友通标准版"窗口中选择"总账"→"期末"→"转账定义"→"自定义转账"命令，打开"自动转账设置"窗口，单击"增加"按钮，系统弹出"转账目录"对话框，输入"转账序号"及"转账说明"后，单击"确定"按钮，如图 11.7 所示。

第二步　返回"自动转账设置"窗口后，双击"科目编码"栏的空白处，定义借方科目名称，然后双击"金额公式"空白栏，单击旁边的放大镜按钮，系统弹出"公式向导"对话框，选择相应的数据来源后，单击"下一步"按钮，输入相应科目后，单击"完成"按钮，返回"自动转账设置"窗口，如图 11.8 所示。

163

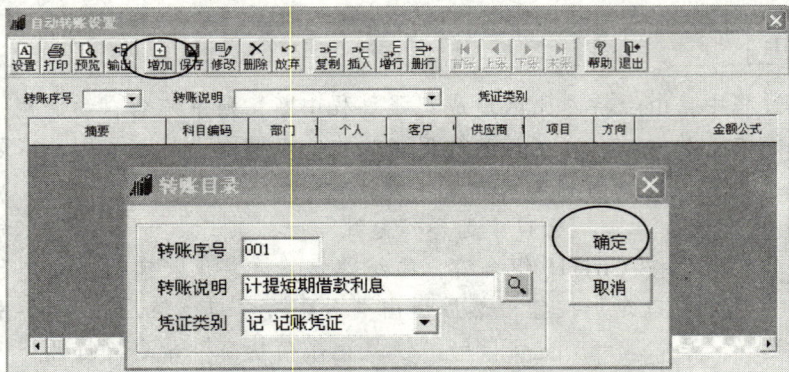

图 11.7　确定自定义转账目录

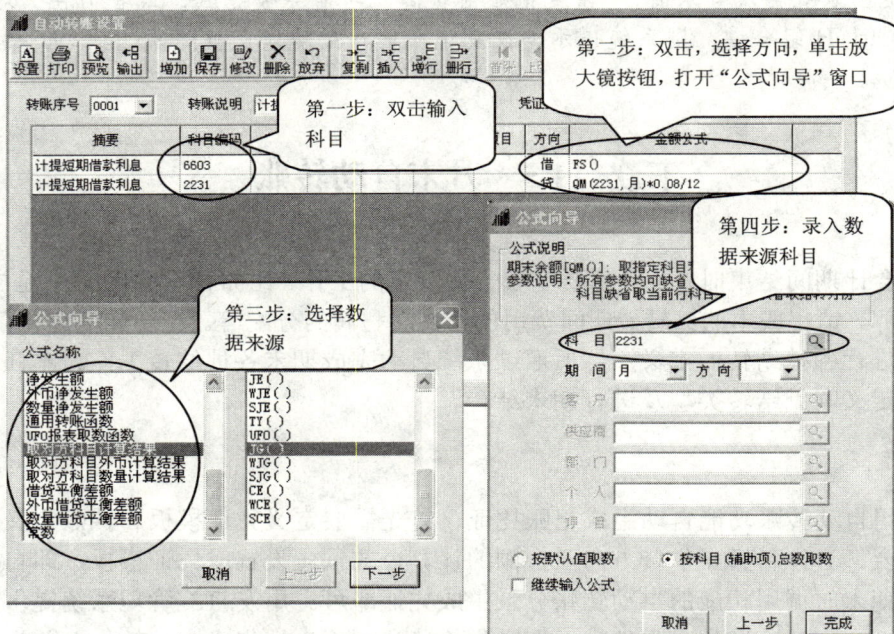

图 11.8　设置金额取数公式

第三步　单击"增行"按钮或按回车键，增加新的一行，继续定义借方或贷方科目名称、方向及金额，待整个分录定义完毕后，单击"保存"按钮，完成自定义凭证的设置。若科目涉及辅助核算，还需定义相应的辅助核算项。

（二）销售成本结转

在"T3-用友通标准版"窗口中选择"总账"→"期末"→"转账定义"→"销售成本结转"命令，打开"销售成本结转设置"对话框，首先设置凭证类别，然后录入相应的会计科目，单击"确定"按钮，如图 11.9 所示。

（三）期间损益结转

在"T3-用友通标准版"窗口中选择"总账"→"期末"→"转账定义"→"期间损

益"命令，打开"期间损益结转设置"对话框，首先设置凭证类别，然后录入本年利润科目的代码，单击"确定"按钮，如图 11.10 所示。

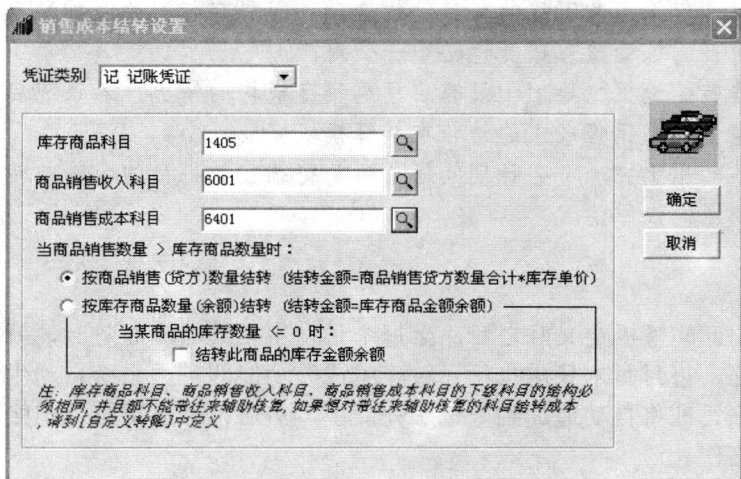

图 11.9　销售成本结转设置

图 11.10　期间损益结转设置

■自己做

请为模拟企业设置如下自动转账业务。

1）制造费用结转至生产成本（对应结转）。

2）按利润总额的 25% 计提企业所得税（自定义结转）。

3）将本年利润结转至利润分配（对应结转）。

4）按税后利润的 10% 提取盈余公积金（自定义结转）。

5）做期间损益结转的会计分录（期间损益）。

解惑小贴士：自定义转账设置是适用范围最广的一种转账方式，包括费用分配的结转、费月分摊的结转、税金计算的结转、提取各项费用的结转及各项辅助核算的结转等。在自定义结转单设置过程中会用到许多取数函数，即科目结转金额的来源及计算方式，具体可参见系统自带的帮助功能。

对应结转只能结转期末余额，可以一对一结转，也可以一对多结转。对应结转的科目可为上级科目，但必须与下级的科目结构一致，即具有相同的明细科目。若涉及辅助核算，则两个科目的辅助核算账类也必须一一对应。

销售成本结转的设置主要用于没有启用购销存模块的情况，若系统启用了购销存模块，则此处无需设置，销售成本的结转在核算模块完成。

期间损益结转用于在一个会计期间终了时，将损益类科目的余额结转至本年利润科目，从而反映企业的盈亏情况。

二、转账生成

自动转账凭证的模板定义好之后，当每个月发生相关经济业务时，就不必再通过手工录入记账凭证，每月月末只需执行"转账生成"功能即可由系统自动生成转账凭证。在此生成的记账凭证将自动追加到未记账凭证中，然后再经过审核、记账，才能真正完成期末的结转工作。

具体操作步骤如下所示。

第一步　在"T3-用友通标准版"窗口中选择"总账"→"期末"→"转账生成"命令，打开"转账生成"对话框，在左边选择凭证生成种类后，右边页面显示出待结转分录的科目，单击右上角的"全选"按钮后，再单击"确定"按钮，如图 11.11 所示。

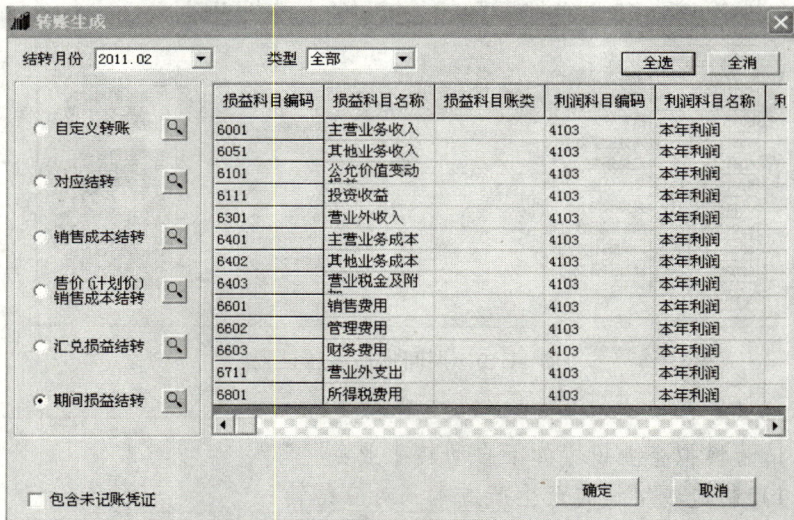

损益科目编码	损益科目名称	损益科目账类	利润科目编码	利润科目名称
6001	主营业务收入		4103	本年利润
6051	其他业务收入		4103	本年利润
6101	公允价值变动		4103	本年利润
6111	投资收益		4103	本年利润
6301	营业外收入		4103	本年利润
6401	主营业务成本		4103	本年利润
6402	其他业务成本		4103	本年利润
6403	营业税金及附		4103	本年利润
6601	销售费用		4103	本年利润
6602	管理费用		4103	本年利润
6603	财务费用		4103	本年利润
6711	营业外支出		4103	本年利润
6801	所得税费用		4103	本年利润

图 11.11　定义凭证的转账生成

第二步　系统弹出转账生成的"记账凭证"窗口，单击"保存"按钮，保存凭证。

第三步　对转账生成的记账凭证进行审核、记账处理。

▌自己做

请为模拟企业进行凭证转账生成操作，并对转账生成的记账凭证进行审核、记账处理。

解惑小贴士：通过自动转账生成的记账凭证，必须进行审核与记账才能真正完成转账工作。

由于自动转账凭证中的数据基本来自账簿，因此，在进行月末自动转账之前，必须将所有记账的凭证全部记账，尤其是对一些有先后顺序的凭证，更是必须按顺序依次进行转账生成、审核和记账。

如果转账科目有辅助核算项，但未定义具体的转账辅助项，则可以选择"按所有辅助项结转"或"按有发生的辅助项结转"。"按所有辅助项结转"是指转账科目的每一个辅助项生成一笔分录。"按有发生的辅助项结转"是指按转账科目下每一个发生的辅助项生成一笔分录。

任务 11.6　月 末 对 账

对账是指对账簿数据进行核对，以检查记账是否正确及账簿是否平衡，包括总账与明细账、总账与部门账、总账与客户往来账、总账与供应商往来账、总账与个人往来账及总账与项目账的核对。对账是月末结账前必经的步骤，可随时单独进行，也可在结账时进行。本任务将为模拟企业进行对账操作。

具体操作步骤如下所示。

在"T3-用友通标准版"窗口中选择"总账"→"期末"→"对账"命令，打开"对账"对话框，在左边选择要核对的内容，然后单击"试算"按钮，系统弹出提示对话框，单击其中的"确认"按钮完成对账，如图 11.12 所示。

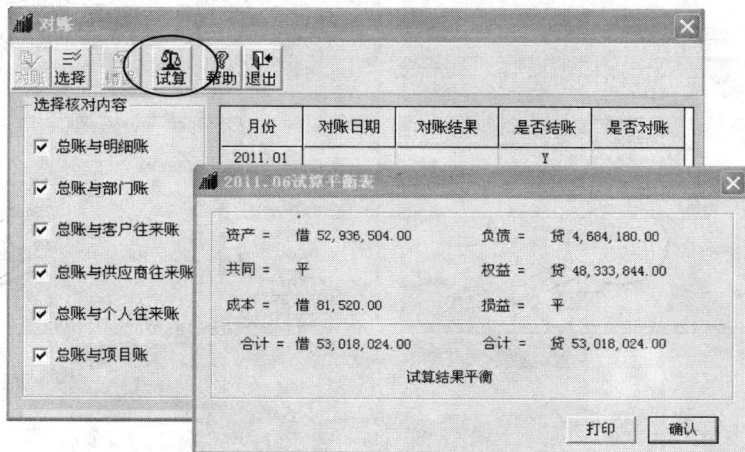

图 11.12　对账

自己做

为模拟企业进行对账操作，并查看是否平衡。

解惑小贴士：对账工作只是确定结账前总账与各明细账、部门账、辅助账等是否平衡，作为月末结账前的检查，在月末结账时系统也会自动进行对账。当对账出现错误或记账有误时，系统允许恢复记账前的状态进行检查、修改，直到对账正确为止。

任务 11.7　月　末　结　账

企业在每个月的月底都要进行结账工作，在信息化条件下，月末结账是一种批量数据处理工作，每月只进行一次，主要是对当月日常处理的终止和对下月账簿及数据的初始化，为下月的业务处理做好准备。

在总账系统结账前，需要检查本月业务是否全部处理完毕并记账，上月是否结账，除总账系统外，其他子系统是否已经结账等。本任务将为模拟企业进行总账系统的月末结账处理。

具体操作步骤如下所示。

在"T3-用友通标准版"窗口中选择"总账"→"期末"→"结账"命令，打开"结账"对话框，按照结账向导的操作步骤，单击"下一步"按钮，直到完成结账工作，如图 11.13 所示。

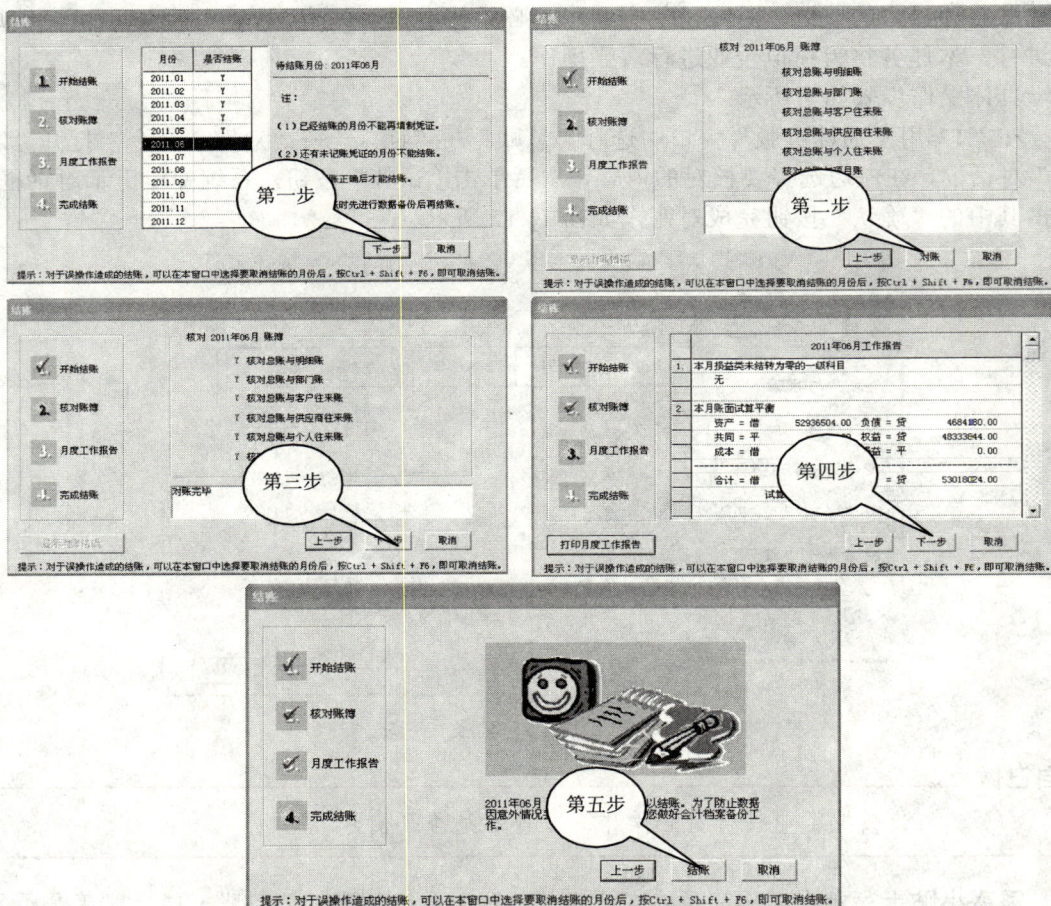

图 11.13　总账系统月末结账

自己做

请为模拟企业进行总账系统的月末结账工作。

助力小贴士

在总账系统中除提供了凭证、账簿等业务操作功能外，还提供了往来管理、现金管理及项目管理功能，其主要作用是对客户及供应商往来、现金、项目等的辅助核算项的管理与查询。

一、往来管理

往来管理包括客户往来和供应商往来，系统在往来管理中提供的只是账簿查询和打印功能，至于地区分类、客户分类、客户档案、供应商分类及供应商档案，都在基础设置中已经设置完成，无需在往来管理中再进行设置。在往来管理中能够查询和打印的账簿主要包括客户余额表、客户往来明细账、供应商余额表、供应商往来明细账等，同时还可以对客户往来催款单、供应商往来对账单进行管理，对应收账款进行账龄分析等。

二、现金管理

在现金管理中，系统提供了对现金日记账、银行存款日记账的查询及管理、支票登记簿的管理及银行存款的对账功能，以便用户随时了解企业现金及银行存款的信息。以下简要介绍银行对账的操作步骤。

第一步　初次使用的初始化。初次使用银行对账功能时，需先将最后一次对账企业方与银行方的调整前余额及启用日期前的单位日记账和银行对账单的未达项录入系统。方法是：在"T3-用友通标准版"窗口中选择"现金"→"设置"→"银行期初录入"命令，系统弹出"银行科目选择"对话框，选择需要录入的银行后，单击"确定"按钮，如图11.14所示。

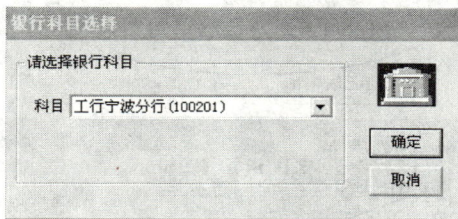

图 11.14　选择要录入的银行

第二步　在打开的"银行对账期初"窗口，录入单位日记账调整前的余额及银行对账单调整前的余额，然后单击"对账单期初未达项"按钮，录入银行的未达账项（企业已经入账银行尚未入账），接着再单击"日记账期初未达项"按钮，录入企业的未达账项（银行已经入账企业尚未入账），保存后退出，如图11.15所示。

第三步　输入银行对账单。银行对账期初数据的录入只需在启用现金管理时录入一次即可，在以后的每月对账前，只需将银行寄来的（或电子账单）对账单录入系统，便可以进行后续的对账处理了。输入银行对账单的操作步骤是：在"T3-用友通标准版"窗口中选择"现金"→"现金管理"→"银行账"→"银行对账单"命令，系统弹出"银行科目选择"对话框，选择要录入的银行并确定对账期间后，单击"确定"按钮，在打开的"银行对账单"窗口，单击"增加"按钮，然后将银行对账单的内容全部录入后，保存退出，如图 11.16 所示。

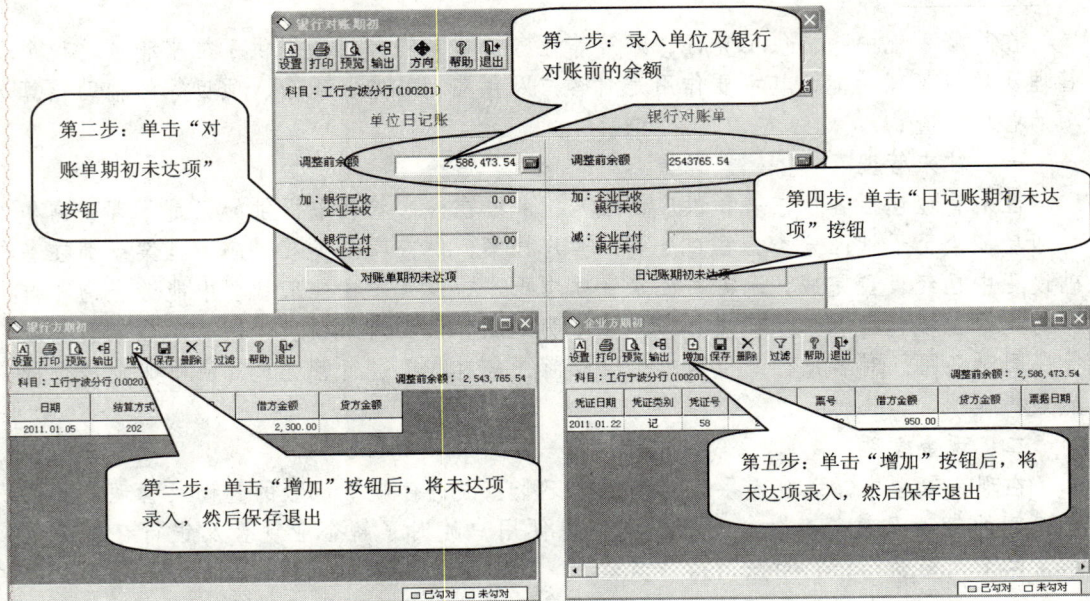

图 11.15　调整前余额及未达账项的录入

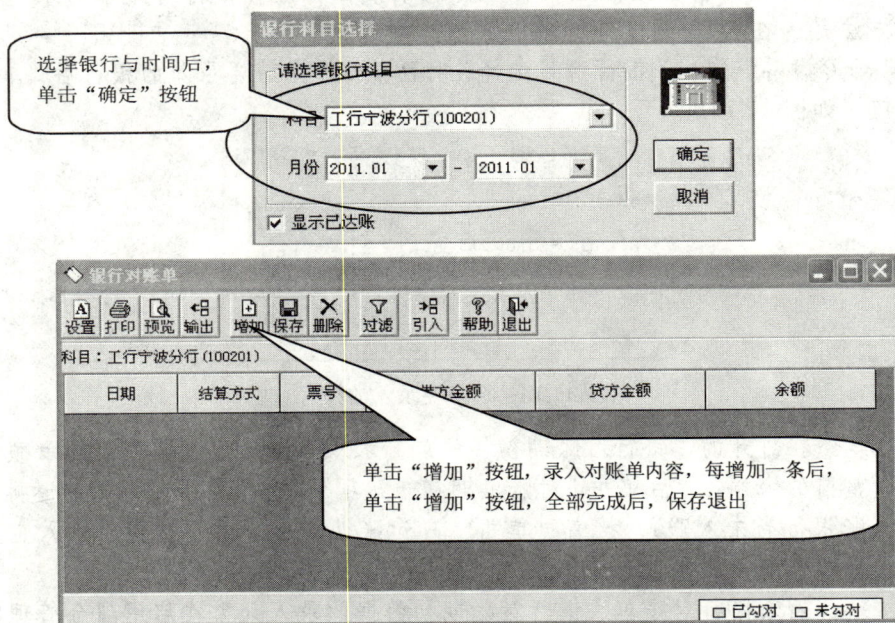

图 11.16　录入银行对账单

第四步　进行对账。在银行对账单录入完毕后，便可进行对账工作了，对账的操作步骤是：在"T3-用友通标准版"窗口中选择"现金"→"现金管理"→"银行账"→"银行对账"命令，系统弹出"银行科目选择"对话框，选择要录入的银行并确定对账期间后，单击"确定"按钮，在打开的"银行对账"窗口，单击"对账"按钮，系统弹出"自动对账"对话框，输入截止日期、确定对账条件后，单击"确定"按钮，系统会将已达账项自动勾出，如图 11.17 所示。

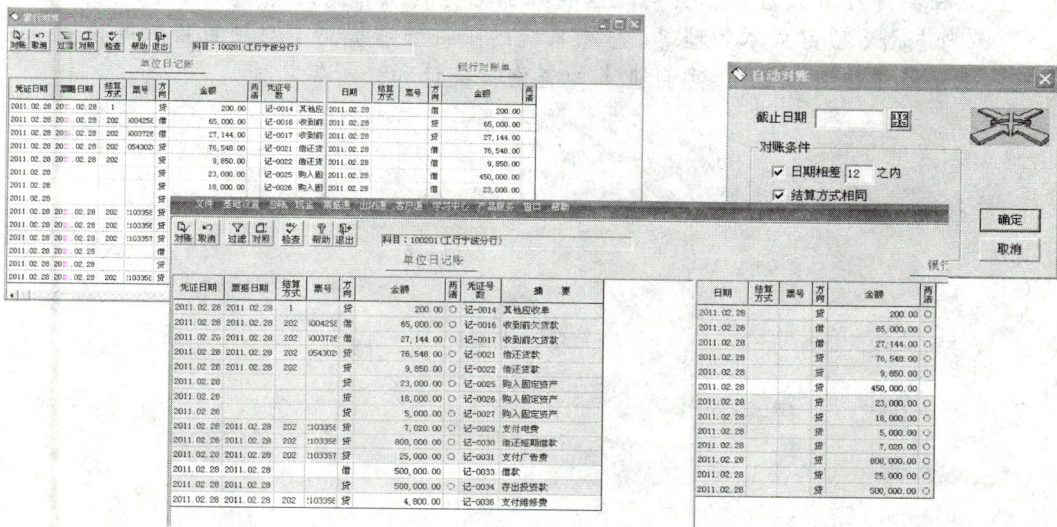

图 11.17　银行对账

第五步　银行余额调节表的查询。在对银行日记账与银行对账单进行两清勾对后，系统自动汇总整理未达账并生成"银行存款余额调节表"，选择"现金"→"现金管理"→"银行账"→"余额调节表查询"命令，可进行银行存款余额调节表的查询操作。

若企业有两个或以上的银行账户，在录入银行期初余额以及对账单时需要注意区分。

第六步　核销银行账。对于一般用户来说，在银行账核对正确后，可以将已核对过的已达账项删除，这时可使用核销银行账功能。方法是：在"T3-用友通标准版"窗口中选择"现金"→"现金管理"→"银行账"→"核销银行账"命令，系统弹出选择核销银行科目的对话框，选择需要核销的银行科目后，单击"确定"按钮，系统弹出提示对话框，单击"是"按钮，系统显示"银行账核销完毕"的提示对话框，单击"确定"按钮，完成银行账的核销操作，如图 11.18 所示。

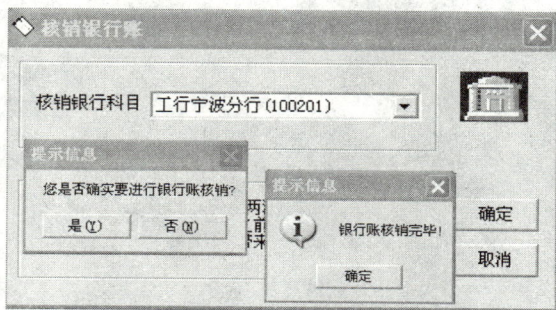

图 11.18　核销银行账

在现金管理中，还有一项重要的功能是对重要空白凭证的管理，即对空白支票的登记、使用情况进行管理，在支票登记簿中，可以详细登记支票领用人、领用日期、支票用途等情况，以便加强对支票的管理。

三、项目管理

企业在实际业务处理中，会对一些特殊业务进行项目式的核算与管理，比如在建工程、对外投资、项目成本管理等。总账系统的项目管理提供了对项目目录的设置（在基础信息设置中也可设置）、项目业务的查询、统计和分析等功能。

项目 12
会计报表处理

项目描述

　　企业的财务信息需要财务报表这个载体来呈现,所有经济业务的处理结果均体现在财务报表中,它为企业外部相关部门及企业内部管理者提供了综合反映企业财务状况、经营成果及现金流量的会计信息。在用友 T3 管理系统的各个子系统中都提供了固定的财务账表供用户查询,此外,还专门提供了一个会计报表管理的子系统,用来编辑、制作、生成用户需要的各种会计报表。会计报表子系统的主要功能包括各行业报表模板、文件管理、格式管理、数据处理、图表管理、报表输出及二次开发等功能。本项目将在熟悉报表编制及数据处理流程的基础上,利用系统提供的模板为模拟企业编制常见会计报表。

教学目标

　　◇　了解财务报表系统的基本功能。
　　◇　熟悉报表编制的基本流程。
　　◇　掌握利用模板生成资产负债表和利润表。

任务 12.1　利用模板编制资产负债表

由于较为常用的会计报表的格式相对固定，所以，用友 T3 管理系统提供了包含 19 个行业 70 多张标准财务报表在内的报表模板，用户可根据企业所在行业挑选相应的报表模板，利用报表模板快速生成财务报表。本任务将利用系统提供的模板为模拟企业生成资产负债表。

具体操作步骤如下所示。

第一步　在"T3-用友通标准版"窗口的左侧，单击"财务报表"按钮，打开"用友通－财务报表"窗口，如图 12.1 所示（由于教学软件是试用版，因此会弹出提示对话框，单击"确定"按钮即可）。

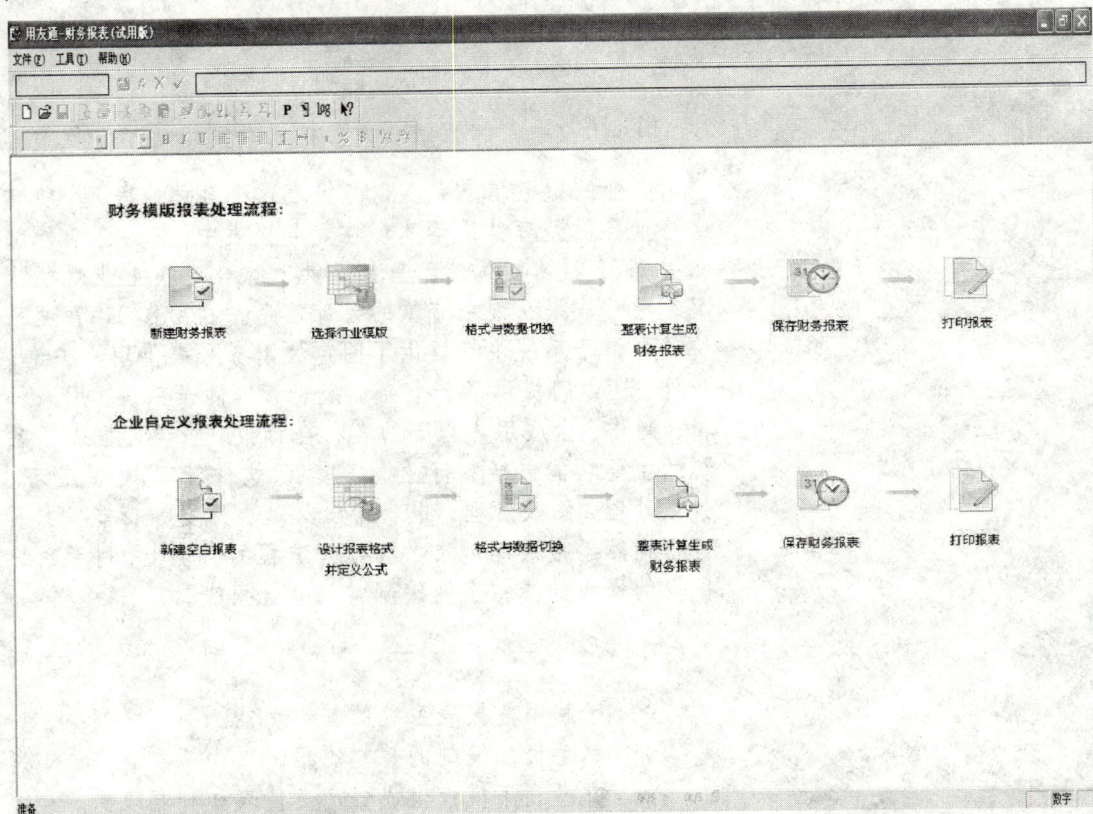

图 12.1　财务报表初始窗口

第二步　选择"文件"→"新建"命令，系统弹出模板选择对话框，根据企业所在行业及要编制的报表种类，选择其中的一个模板，然后单击"确定"按钮，如图 12.2 所示。

第三步　系统打开"资产负债表"窗口，在格式状态下，根据企业实际情况，调整表格格式及数据取值公式（没有特殊需要，可以不用修改）。

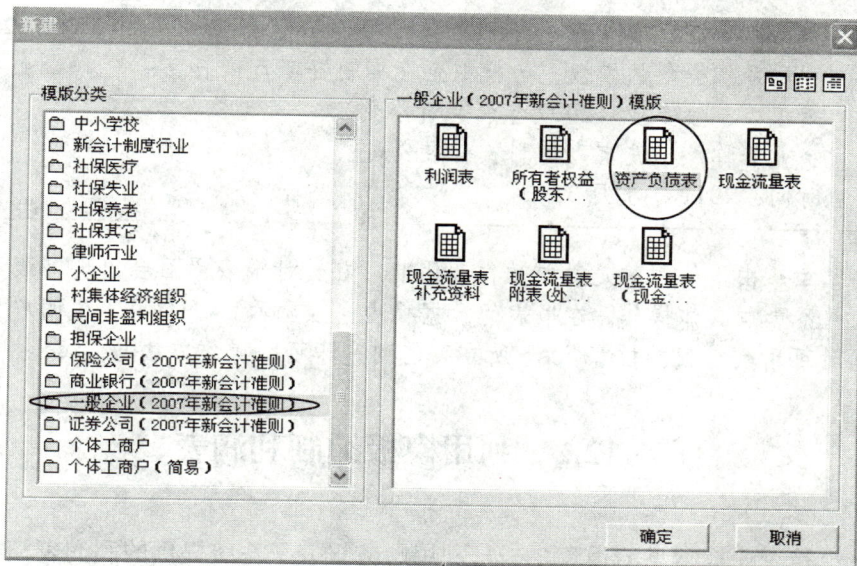

图 12.2 选择会计报表模板

第四步 单击左下角的红色"格式"按钮，切换至数据状态，选择"单位名称"单元格，然后选择"数据"→"关键字"→"录入"命令，打开"录入关键字"对话框，将单位名称、时间等信息录入后，单击"确认"按钮，系统弹出"是否重算第 1 页"的提示对话框，单击"是"按钮，如图 12.3 所示。

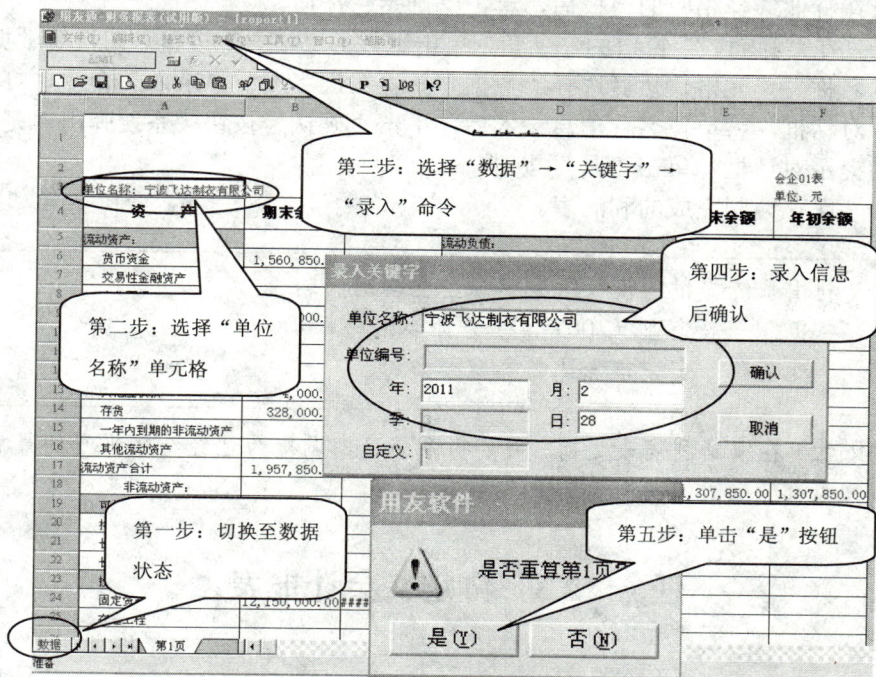

图 12.3 编制资产负债表

第五步 完成编制后，单击"保存"按钮，保存资产负债表。

自己做

利用系统提供的模板，为模拟企业编制资产负债表。

模板：一般企业（2007年新会计准则）。

企业名称：宁波市飞达制衣有限公司。

时间：2011年1月31日。

解惑小贴士：由于使用的是教学软件，因此，在会计报表界面会出现"演示数据"的字样，这并不影响具体操作。在报表的数据栏内，若显示"#"符号，说明单元格的宽度不够，此时可用鼠标直接拉宽"#"所在列的列宽即可，操作方法与Excel相同。

任务 12.2　利用模板编制利润表

利润表也是企业最常见的报表之一，利用财务报表子系统提供的利润表模板进行编制，编制企业利润表的操作与编制资产负债表的操作步骤相似。本任务将利用模板为模拟企业编制利润表。

具体操作步骤如下所示。

第一步　在"T3-用友通标准版"窗口的左侧，单击"财务报表"按钮，系统打开"用友通－财务报表"窗口，选择"文件"→"新建"命令，弹出报表模板的选择窗口，根据企业所在行业选择相应的模板后，单击"确定"按钮。

第二步　在"利润表"窗口的左下角，单击红色的"格式"按钮，切换至数据模式，选择"单位名称"单元格，然后选择"数据"→"关键字"→"录入"命令，打开"录入关键字"对话框，将单位名称信息录入后，单击"确认"按钮，系统弹出"是否重算第1页"的提示对话框，单击"是"按钮。

第三步　保存编制完成的利润表。

自己做

利用系统提供的模板，为模拟企业编制利润表。

模板：一般企业（2007年新会计准则）。

企业名称：宁波市飞达制衣有限公司。

解惑小贴士：在编制利润表之前，需要将系统日期调整为已经结账当月的最后一天，否则利润表取数将会发生错误。

任务 12.3　自定义会计报表

对于企业来说，除了对外报送的常用报表外，还有大量用于企业管理分析的内部报表。由于各个企业所属行业不同、管理需要不同，因此，内部报表的差异性很大，这就需要利用报表系统自定义会计报表。本任务将在了解自定义报表流程的基础上，为模拟企业设计内部会计报表。

　　具体操作步骤如下所示。

　　第一步　打开空表格。在"T3-用友通标准版"窗口的左侧，单击"财务报表"按钮，系统打开"用友通－财务报表"窗口，选择"文件"→"新建"命令，弹出报表模板的选择窗口，选择"空报表"，单击"确定"按钮，如图 12.4 所示。

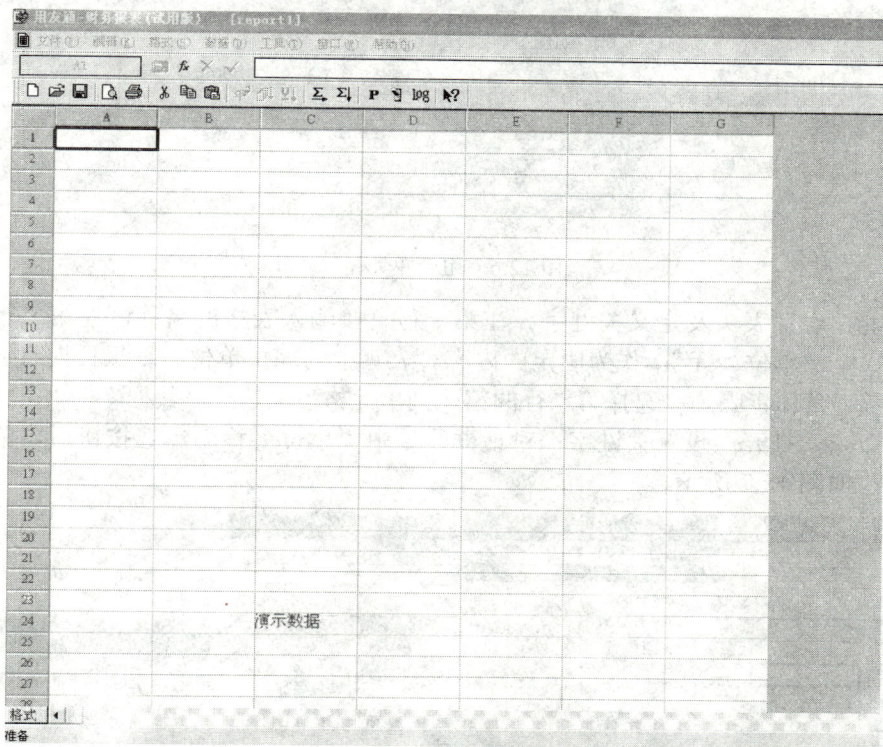

图 12.4　空报表模板

　　第二步　定义报表尺寸。选择"格式"→"表尺寸"命令，打开"表尺寸"对话框，根据自定义表格要求，将所需行数和列数录入后，单击"确认"按钮（计算行数时应包括标题、表头、标题和表尾四个部分），如图 12.5 所示。

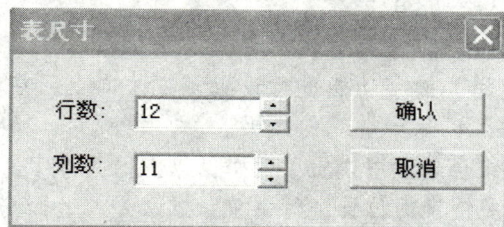

图 12.5　设置表尺寸

　　第三步　组合单元格。根据自定义表格的格式，选择需要合并的单元格，右击，在弹出的快捷菜单中选择"组合单元"命令，在弹出的"组合单元"对话框中单击"整体组合"按钮，如图 12.6 所示。

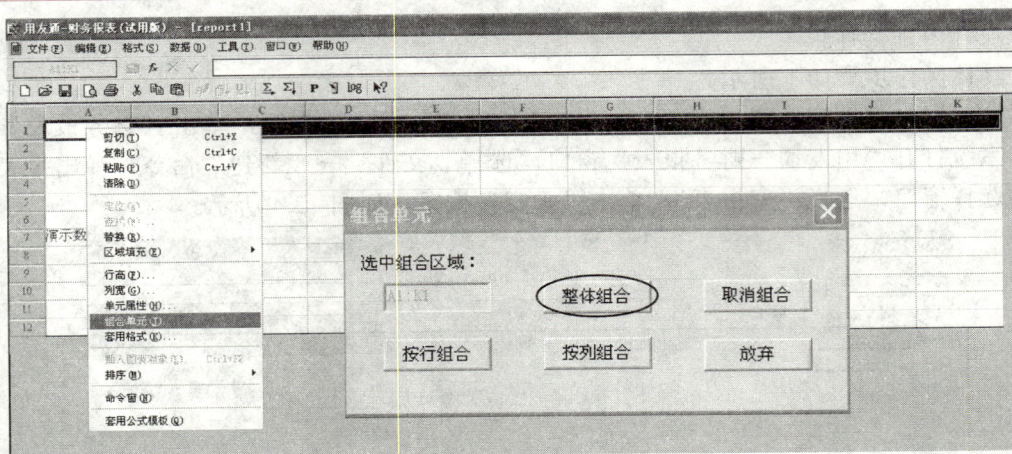

图 12.6　组合单元格

第四步　设置表头及定义关键字。在第一行直接输入表格的名称，在第二行的最后一列输入"金额单位：元"，作为固定的内容。表头中的编报单位、编报日期可通过关键字功能设置。具体步骤是：选择第二行的第一列单元格后，选择"数据"→"关键字"→"设置"命令，打开"设置关键字"对话框，选中"单位名称"单选按钮后，单击"确定"按钮，如图 12.7 所示。

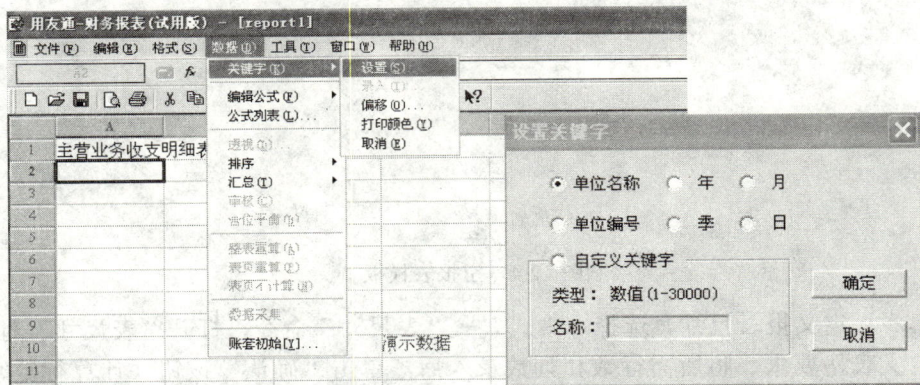

图 12.7　设置关键字

解惑小贴士：如果编报单位没有变化，也可以直接录入单位名称。由于编报日期每月都在变化，所以必须使用关键字功能进行设置，方法同上。在设置表头的过程中，可将适当的单元格进行合并，以达到美观的效果。

如果在同一单元格或组合单元中设置了两个及以上的关键字，则这些关键字将会重叠在一起，此时需要对这些关键字的位置进行调整，方法是：选择"数据"→"关键字"→"偏移"命令，打开"定义关键字偏移"对话框，在需要调整的关键字后面输入偏移量，负值为向左偏移，正值为向右偏移。

第五步　录入表体项目内容。根据所定义表格的内容，将表体内的项目名称直接录入相应的单元格。

第六步　设置单元格属性。对于数据的类型及显示的方式（字体大小、位置等）进行设置，则通过单元格属性进行设置。方法是：选中需要设置的单元格，右击，在弹出的快捷菜单中选择"单元属性"命令，打开"单元格属性"对话框，根据需要进行相应的设置，如图 12.8 所示。

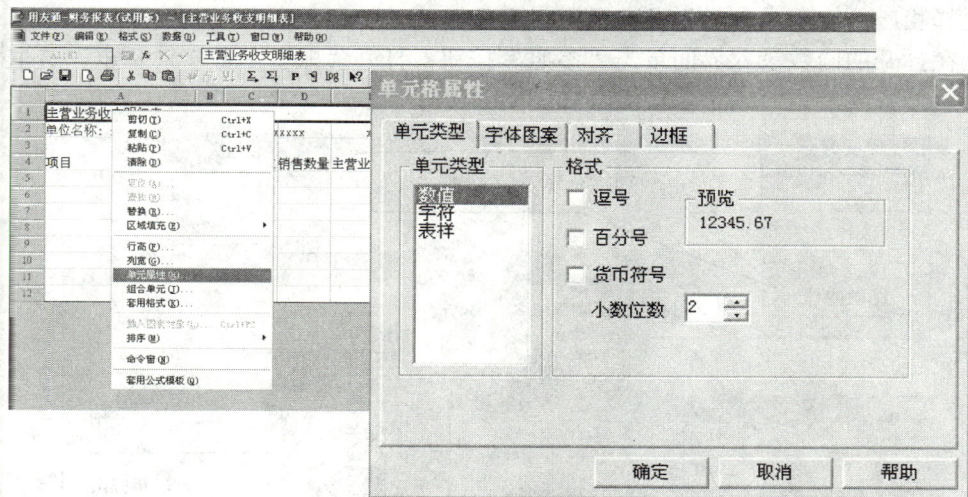

图 12.8　设置单元格属性

解惑小贴士：定义单元格属性有两个作用：一是设定单元格存放的数据类型；二是设置数据的显示形式（字体的种类、大小、颜色及对齐方式等均是通过单元格属性来设置）。系统默认所有单元格的属性均为数值型，但在"格式"状态下（右下角红色字体显示的状态），输入的内容均为"表样"型。所谓表样型，是指固定不变的内容，一般包括表头及表体中的项目名称。

第七步　画表格线。选中需要画线的区域，选择"格式"→"区域画线"命令，打开"区域画线"对话框，确定画线类型及样式后，单击"确认"按钮，如图 12.9 所示。

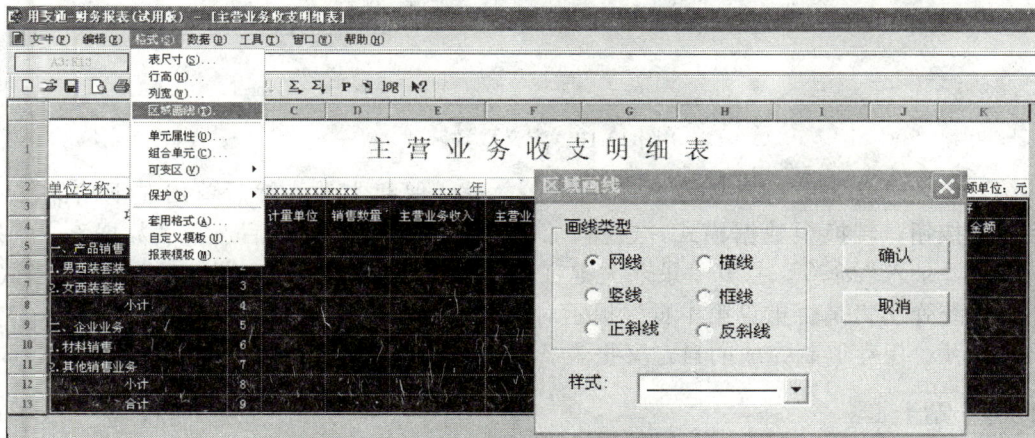

图 12.9　画表格线

第八步　定义取数公式。会计报表中的数据来源于账簿记录，在信息化条件下，必须将报表中的项目与相应账簿之间建立起联系，才能实现报表的自动取数功能。会计报表系统中提供了 17 大类函数，每一类函数均有特定的功能与作用。为报表定义取数函数的方法是：选中某个项目的数据单元格后，选择"数据"→"编辑公式"→"单元公式"命令，系统弹出"定义公式"对话框。单击"函数向导"按钮，打开"函数向导"对话框，选择相应的"函数分类"及"函数名"后（此处为用友账务函数），单击"下一步"按钮，在打开的函数录入界面单击"参照"按钮，打开"账务函数"对话框，选取相应的科目后，依次单击"确定"按钮，如图 12.10 所示。

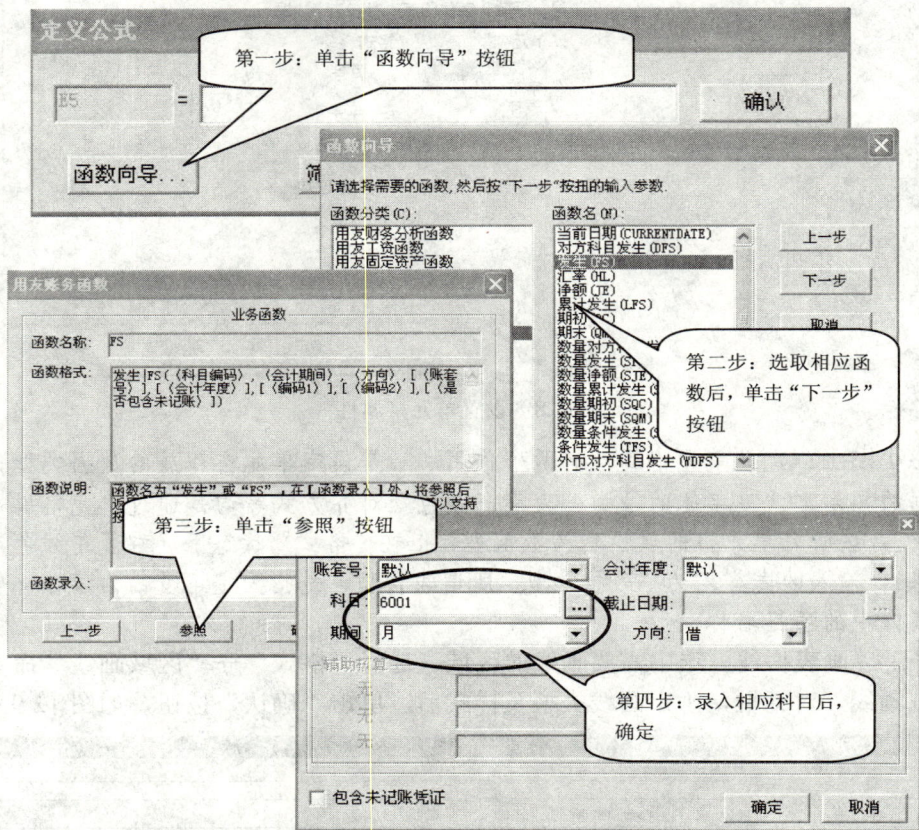

图 12.10　定义取数函数

　　第九步　定义完所有需要取数的单元格之后，保存文件。然后单击左下角的红色"格式"按钮，转换至数据模式，选择"单位名称"单元格，然后选择"数据"→"关键字"→"录入"命令，打开"录入关键字"对话框，录入单位名称信息，单击"确认"按钮，系统弹出"是否重算第 1 页"提示对话框，单击"是"按钮。

　　第十步　保存编制完成的自定义报表。

助力小贴士

　　财务报表中的很多数据都来自于账簿，而取数函数是连接报表与账簿的重要手段。按照函数的用途不同，函数可分为财务分析函数、工资函数、固定资产函数、存货核算函数、采购管理函数、销售函数、应收应付函数、账务函数、库存管理函数、统计函数、数学函数、表操作辅助函数、日期时间函数、条件取值函数、读取数据库数据函数、指针状态类函数及字符处理函数等，每类函数又包括若干具体的函数。

较为常用的是账务函数中的部分函数，如下表。

函　数　名	意　　义
对方科目发生（DFS）	本科目的金额来自对方科目的发生额
发生（FS）	取某科目的本期发生额
累计发生（LFS）	取某科目的累计发生额
期初（QC）	取某科目的期初余额
期末（QM）	取某科目的期末余额
数量对方科目发生（SDFS）	本科目的数量来自对方科目本期发生的数量
数量发生（SFS）	取某科目本期发生的数量
数量累计发生（SLFS）	取某科目一定时期累计的数量
数量期初（SQC）	取某科目的期初数量
数量期末（SQM）	取某科目的期末数量

在进行取数定义的时候，有些数据需要进行运算才能得到，函数之间的加减法可直接在函数录入界面直接录入。

项目 *13*
综合模拟训练

项目描述

　　企业发生的经济业务并不像之前列举的那样分类别发生，而是遵照企业生产经营过程的要求和规律发生。因此，在使用用友 T3 处理企业经济业务的实际工作中，尤其是启用了购销存模块时，就必须根据经济业务的需要，综合运用各个模块进行处理。本项目是在前 12 个项目处理完毕的基础上，综合处理模拟企业第二月发生的所有经济业务。

教学目标

　　◇　进一步熟悉用友 T3 各个模块的操作流程。
　　◇　熟练掌握经济业务的综合处理。

根据以下资料处理模拟企业发生的经济业务。

一、操作员权限

操作员权限的设置由账套主管刘德水完成。

1）注销操作员朱少龙和李金书。

2）赋予会计赵萍所有有关系统工具的权限。

二、经济业务的处理

经济业务的处理一般由会计赵萍完成，有关现金管理的内容以及出纳签字由出纳刘德丽完成，记账凭证的审核由账套主管刘德水完成。所有经济业务的处理均在模拟企业的第二个月进行。

1）开出工行转账支票一张，号码为10046357，金额为3 800元，用以支付广告宣传费。

2）销售科李金书报销差旅费865元，剩余款项退回现金。

3）收到温州联谊商厦的一张银行汇票，金额为22 1128元，用以偿还前欠货款，企业填制银行进账单后，将款项送存工行。

4）生产车间领用幅宽150厘米的坯布1 000米，幅宽120厘米的坯布1 000米，内衬布2 000米，用于生产产品。

5）填制一张采购订单，向宁波轻纺贸易公司订购黑纱线500轴，彩纱线400轴，男套装辅料600套，女套装辅料600套，订单已经发送至宁波轻纺贸易公司。

6）经与相关部门协商后，决定取消采购科的备用金，由财会室收回采购科的备用金额度，采购科以现金偿还。另为销售科设立备用金，额度为2 000元，出纳以现金支付。

7）销售给上海东方商厦男西装200套，其中M-M 30套，M-L 60套，M-XL 70套，M-XXL 40套，每套不含税单价590元。女西装180套，其中W-S 40套，W-M 50套，W-L 70套，W-XL 20套，每套不含税单价530元。开出增值税专用发票，号码为100310254，货物已经发出，另以现金代垫运费600元，货款尚未收到。

8）开出工行转账支票一张，号码为 10046358，用以偿还前欠宁波轻纺贸易公司的货款4 563元。

9）生产车间领用黑纱线250轴，彩纱线20轴，男套装辅料100套，女套装辅料60套，用以生产产品。

10）订购自宁波轻纺贸易公司的材料已经到货，经验收，黑纱线为500轴，彩纱线为400轴，男套装辅料580套，女套装辅料600套，对方开来的增值税专用发票上注明黑纱线单价11元，彩纱线单价27元，男套装辅料12元，女套装辅料13元。另收到运输单位开具的运输发票（号码为203853），金额为300元，运费已由宁波轻纺贸易公司代垫。

11）企业签发一张工行转账支票，号码为10046359，用以偿还前欠宁波华美织造厂的货款，共计56 160元。

12）采购科联系了一家新的供应单位：台州塞瑞棉纺厂，并在该厂采购了一批原材料，其中幅宽150厘米的坯布1 500米，幅宽120厘米的坯布1 500米，货物已达到企业，经验收全部合格并入库。对方开来的增值税专用发票上（号码为62100468）注明，幅宽150厘米的坯布单价为38元，幅宽120厘米的坯布单价为30元。另收到运费发票

（号码为 7106254）一张，金额为 500 元，运费已由对方垫付。

13）生产车间完工一批产品，其中 M-M 40 套，M-L 60 套，M-XL 60 套，M-XXL 40 套，全部验收入库。

14）销售科人员报销差旅费 1 300 元，以现金补足备用金。

15）办公室购买办公用品 600 元，以现金支付。

16）宁波向阳小学的工会主席打来电话，要求订购男西装 28 套，其中 M 号 5 套，L 号 16 套，XL 号 5 套，XXL 号 2 套，女西装 65 套，其中 S 号 8 套，M 号 29 套，L 号 27 套，XL 号 1 套。企业已将货物送至学校，并开具了普通发票（号码为 50243302），男装每套 585 元，女装每套 526 元，货款尚未收到。

17）向工商银行申请银行汇票一张，金额为 176 885 元，收款人为绍兴华锦纺织厂，用以偿还前欠购货款。

18）填制现金支票一张，号码为 3012608，金额为 3 000 元，提现备用。

19）生产车间领用幅宽 150 厘米坯布 1 200 米，幅宽 120 厘米坯布 1 200 米，内衬布 1 000 米，彩纱线 180 轴，男套装辅料 350 套，女套装辅料 320 套，用以生产产品。

20）签发一张转账支票，号码为 10046360，金额为 5 850 元，用以购买裁剪车间使用的电裁刀，对方开来的增值税专用发票上注明价款为 5 000 元，增值税为 850 元。到货后，送至裁剪车间，当月投入使用。

21）收到工行收账通知，收到金华双龙商厦的前欠货款 212 270 元，已转入企业账户。

22）收到工商银行存款利息 235.24 元，已经划入至企业账户。

23）收到银行的转账通知，支付本月电费 12 584 元。企业按如下比例分配：管理部门 4 500 元，生产部门 8 084 元。

24）生产车间完工产品一批，其中 W-S 80 套，W-M 120 套，W-L 120 套，W-XL 60 套，全部验收入库。

25）销售给宁波四明超市男西装 50 套，其中 M-M 10 套，M-L 10 套，M-XL 20 套，M-XXL 10 套，女西装 30 套，其中 W-S 5 套，W-M 10 套，W-L 10 套，W-XL 5 套，开出增值税专用发票，注明男装不含税单价 580 元，女装不含税单价 540 元，货物已经发出，货款尚未收到。

26）收到宁波四明超市开来的转账支票一张（号码为 3024458），用以偿付前购货款，企业填制进账单，将款项存入工行账户。

27）企业开出转账支票一张（号码为 10046361），金额为 5 800 元，用以支付机器设备的维修费。

28）收到杭州飞跃商场签发来的银行汇票一张，金额为 39 312 元，用以偿付前欠货款，款项已存入工行存款户。

29）收到绍兴华锦纺织厂开来的增值税专用发票，上面注明坯布 120 厘米数量为 1 000 米，单价为 41 元，当即签发一张银行汇票，偿付该批货款（货物上月已经验收入库）。

30）结算本月工资：基本工资与岗位津贴本月不变，奖金数据如下表。

人员	办公室人员	财务科人员	采购科人员	销售科人员	生产车间人员
奖金/元	1 200	1 000	1 000	1 200	2 200

31）本月生产的产品全部完工，除前期验收入库的完工产品以外，本次又验收入库男套装 250 套，其中 M 号 50 套，L 号 80 套，XL 号 80 套，XXL 号 40 套。

32）计提本月固定资产折旧。

33）结转本月制造费用，本月制造费用全部由完工产品负担。

34）计算并结转本月完工产品成本，直接材料、直接人工以及制造费用均按产品完工数量分配。

35）计提本月应负担的短期借款利息 2 500 元，计提本月应负担的长期借款利息 3 200 元。

35）企业上月购入的 600325 在月底的收盘价为 10.86，确认公允价值变动损益。

37）结转已销产品的生产成本。

33）按 7%计提本月应交城建税，按 3%计提本月应交教育费附加。

33）开出转账支票，号码为 10046362，金额为 50 000 元，缴纳本月增值税。其余多缴或未缴的增值税予以转出。

4）将损益类账户余额结转至本年利润。

41）计算并结转本月应交所得税。

42）将本年利润账户余额结转至利润分配账户。

43）按税后利润的 10%提取盈余公积。

以上所有业务操作完成后，将所有模块进行月末结账处理，并编制模拟企业本月份的资产负债表和利润表。